THE THEORY AND PRACTICE OF CHRISTIAN EDUCATION ADMINISTRATION

제3판

기독교교육 행정학의 이론과 실제

김성중 지음

민영사

머리말

기독교교육학과 교육행정학을 다같이 공부한 필자는 기독교교육행정학 책을 쓰면서 기독교 학교 현장에서, 교회 현장에서 꼭 필요한 교육행정학의 주제와 내용을 선정하고 최대한 이해하기 쉽게 학문적인 언어를 일상의 언어 속에 담으려고 노력했다.

한국의 교육학계 안에서는 "교육행정학"이라는 말이 교육학 내에서 익숙하게 사용되고 있으나, 이제 미국의 교육학계 안에서는 "교육행정학(Educational Administration)"이라는 용어보다 "교육리더십(Educational Leadership)"이라는 용어를 선호하며 사용한다. "교육리더십"이 "교육행정학"이고, "교육리더십" 안에서 교육정책(법, 제도), 교육 관리, 교육 경영을 포괄하는 것이다.

따라서 이 책의 다른 제목은 바로 "기독교교육리더십의 이론과 실제"인 것이다. 다만 아직 우리나라 교육학계에서는 "교육행정학"이라는 용어를 계속 익숙하게 사용하고 있기에 "기독교교육행정학의 이론과 실제"라는 제목을 붙인 것이다.

이 책이 기독교교육행정학 분야의 체계적인 연구에 있어서 시작점이 되며, 기독교교육행정학이라는 학문의 발전에 있어서 새로운 지평을 열어줄 것이라 믿는다.

이 책은 2015년에 출간된 "기독교교육행정학의 이론과 실제"라는 책이 나온 이후에 두 번째로 개정되어 나온 책이다. 시대의 변화에 따라 이론과 실제는 추가되거나 수정되거나 더 발전될 수 있는 것이다.

현재 기독교교육의 리더 겸 행정가들로 활동하고 있는 기독교교육자 (기독교 학교에서는 교장, 이사(장), 교사 등, 교회에서는 담임목사, 교육목사, 준전임전도사, 교육전도사, 교회학교 교사 등)뿐만 아니라, 기독교교육 전문가가 되기 위해 준비하고 있는 신학과, 기독교교육과 학생들이 이 책을 읽고 기독교교육행정학에 관심을 가지게 되기를 소망하며, 실제 교육의 현장에서 이론과 실제의 도움을 제공 받기를 소망한다.

2021년 7월

저자 김성중

차례

제1장

기독교교육행정학의 탐색

제 1 장 기독교교육행정학의 탐색

1. 기독교교육행정학 연구의 필요성

지금까지 기독교교육학의 학문적인 영역은 일반교육학의 영향을 받으며 꾸준하게 발전해 왔다. 구체적으로 기독교교육학은 일반교육학의 세부 전공(교육철학, 교육과정, 교육심리 및 상담, 교육방법 등)에 영향을 받으며 연구되어 왔다. 하지만, 유독 교육행정분야의 연구가 심도있게 진행되지 못했다. 어떠한 현상에는 반드시 그 이유가 있듯이 기독교교육학 내에 교육행정학적인 측면에서의 연구가 그동안 부족했던 몇 가지 이유를 필자는 세 가지로 요약해 보았다.

(1) 교육행정은 교육의 장과 교육의 리더를 명확히 규정해야 연구가 효과적으로 진행될 수 있는데, 기독교교육학에 있어서는 교육의 장이 애매하며 교육의 리더의 범주가 폭넓기 때문이다.

행정은 교육의 장에 따라, 교육 리더의 범주에 따라 이론적인 접근법과 방법론적인 실제가 달라진다. 그런데 기독교교육학에 있어서는 교육의 장이 애매한 것이 사실이다. 자세히 말하면, 기독교교육의 장이 기독교 학교가 될 수도 있고, 교회가 될 수도 있고, 가정이 될 수도 있다. 교육 리더의 범주도 마찬가지이다. 교육의 리더가 학교의 경우는 교장이나 이사장이 될 수 있고, 교회의 경우는 목회자(담임목사, 교육목사, 교육부 담당 전임전도사, 교육전도사)나 부장이 될 수 있고, 가정의 경우는 부모가 될 수가 있다. 일반교육학에서는 교육의 장이 학교로서 명확하게 규정된다. 게다가 교육의 리더도 학교의 상황 내에서 학교행정가들(교장, 이사장 등)로 제한된다. 이러한 이유 때문에 기독교교육학에서 교육행정학적인 연구가 풍성하게 진행되지 못했다고 분석된다.

(2) 많은 교회들은 교회행정의 학문적인 접근에 대해 관심이 없었고, 이에 따라 교회 안의 기독교교육행정에 대한 학문적인 정립도 쉽지 않았기 때문이다.

한국의 많은 교회들에서는 '행정'이라는 단어만 들어도 알러지 반응을 일으키며 소위 은혜없는 인본주의적 시각으로 바라보는 성도들이 제법 많이 있다. 그리고 지금까지 교회 내에서 '행정'을 단지 복사하고 스캔하고, 문서 정리 하는 정도로만 생각해 왔다. 이에 대해서는 다음 장에서 더 자세하게 논의해 보겠지만 우선 결론적으로 이러한 편견은 아주 잘못된 것이다. 교회행정은 목회 그 자체이며, 교회의 본질적 사명을 잘 감당하기 위한 모든 관리와 수단의 총체라고 정의내릴 수 있다. 그렇다면 기독교교육행정은 기독교교육 그 자체이며, 기독교교육의 본질적인 사명을 잘 감당하기 위한 모든 관리와 수단의 총체라고 정의내릴 수 있다. 이러한 교회행정에 대한 오해와 무지 때문에 교회행정에 대해 학문적으로 정립해 줄 기독교교육행정학이 발전하지 못했다.

(3) 일반교육행정학 이론을 배제한 기독교교육행정학만의 특수성을 찾기가 어렵기 때문이다.

물론 이것은 기독교교육행정학에만 국한되는 것이 아니다. 기독교교육심리, 기독교교육철학, 기독교교육방법 등도 마찬가지이다. 하지만, 기독교교육학의 목적과 그에 따르는 목표들이 일반교육학의 그것들과는 확연히 다르고, 영적이고 계시적인 측면이 있기 때문에 기독교교육행정학만의 특수성을 찾을 수 있고, 일반교육행정학의 이론과 실제들을 비판적으로 수용하고 발전시켜서 기독교교육행정학만의 학문적인 정체성을 마련할 수 있다. 기독교교육학은 일반교육학의 응용적인 학문으로 제한되어서는 안 된다. 학문의 하위

분야는 공유하더라도 기독교교육학은 형이상학적인 학문의 내용과 인문사회과학의 학문적인 범주를 포괄하는, 일반교육학보다 더 넓은 학문의 세계를 지향한다는 점을 잊지 말아야 한다.

2. 기독교교육행정학의 정의

(1) 일반행정학적인 접근

우리는 일상 생활 속에서 '행정'이라는 단어를 많이 듣고 쓴다. 뉴스를 보아도 정부 조직에 대해 언급할 때 '행정'이라는 단어가 많이 언급된다. 교회에서는 출력하고, 복사하고, 컴퓨터 작업하는 것을 '행정'이라고 말하며 이 단어를 많이 쓴다. 학교에서도 '교무행정부', '행정실'이라는 용어를 사용한다. 자! 그럼 과연 '행정'이라는 단어의 뜻은 과연 무엇인가?

민중서림의 국어대사전에 의하면, '행정'이라는 단어는 법률에 입각하여 의사를 형성하고 그것을 집행하는 목적을 가지는 작용이라고 정의되어 있다. 그리고 왈도(Waldo)에 의하면, '공공의 목표를 달성하기 위한 인간의 협동행위'라고 정의되어 있다. 또한 연세대학교 정철현 교수는 행정이란 '공공의 이익을 추구하는 정부 또는 공공조직의 기능과 역할'이라고 정의한다(정철현, 1998, p.3). 공공조직의 예로는 공기업, 병원, 교회, 박물관, 미술관, 국립공원 관리공단 같은 조직을 들 수 있다. 그렇기 때문에 '행정'을 정의함에 있어서 가장 중요한 단어는 바로 '공공성'이다. '공공성'의 강조점은 바로 '공동체'이다. 행정은 개인을 위한 것이 아니라, 공동체를 위한 것이다. 행정은 개인의 만족과 이익을 위한 것이 아니라, 공동체의 만족과 이익을 위한 것이다. 즉, 행정의 과정은 공동체의 유지와 발전을 위해 반드시 필요한 과정이다.

(2) 어원적인 접근

기독교교육행정학을 정의하기 위해서는 일반행정학에서 말하는 '행정'에 대한 정의를 사용할 수 있으나, 더 나아가 용어의 어원을 분석하며 의미를 찾는 것도 매우 중요하기 때문에 어원적으로 '행정'이라는 단어를 분석해보기로 하자.

'행정'이라는 용어의 라틴어는 'Administrare'이다. 이 뜻은 '섬기다', '돕다', '관리하다', '봉사하다'라는 뜻을 가지고 있다. 성경에 나오는 헬라어 원어에 제일 가까운 단어는 교회의 다섯 가지 주요 기능(케리그마, 레이투르기아, 디다케, 코이노니아, 디아코니아) 중의 하나인 'διακονια(디아코니아)'이다.

따라서 '행정'이라는 단어자체에 대한 어원적 분석과 일반행정학에서 말하는 '행정'에 대한 정의를 차용해서 '기독교교육행정'을 정의해보면, '기독교교육행정'이란 프린트, 복사, 서류 정리 정도의 일이 아니라, 하나님 나라의 구현이라는 공공의 교육목표를 달성하기 위해 하나님의 말씀과 예수 그리스도의 복음이 하나님의 지혜를 활용해서 기독교 학교의 학습자 개개인에게, 교회 안의 성도 개개인에게, 가정 안의 아이들 개개인에게 효율적이고 효과적으로 잘 전달될 수 있도록 돕고, 섬기고, 봉사하는 모든 활동을 말한다.

기독교교육행정학에서 학교의 경우 교장이나 이사장이 교육의 장을 대표하는 리더 겸 행정가가 될 수 있고, 교회의 경우 목회자(담임목사, 교육목사, 교육부 담당 전임전도사, 교육전도사)나 부장이, 가정의 경우는 부모가 교육의 장을 대표하는 리더 겸 행정가가 될 수 있다.

그럼 행정에 필요한 3대 요소는 무엇일까? 이것은 정책(policy), 관리(management), 경영(administration)이라고 한다. 이 3대 요소는 기독교교육행정에도 적용할 수 있다. 그래서 '기독교교육정책'은 신앙적 목표를 설정하고, 하나님의 비전을 제시하는 과정이며, '기독교교육관리'는 그 목표와 비전에 따라 구체적인 교육의 업무를 기획(planning task)하고, 시행(implementing task)하며, 평가(evaluating task)하고, 감독(monitoring task)하는 과정이다. 마지막으로 '기독교교육경영'은 기독교교육 사역을 진행함에 있어, 바로 옆에서 영적 · 정신적 · 물질적으로 도와주는 업무(supporting task)와 사역의 효율을 높여주기 위해 연구하는 업무(enhancing task), 그리고 위로하고 격려하는 업무(encouraging task)를 의미한다(이성희, 1994).

(3) 원리적인 접근

원리는 이상향이다. 그렇게 진행되고 추구되어야 한다는 것이다.

기독교교육행정의 첫 번째 원리는 효과성이다. 효과성은 목표대로 이루어지는 것이다. 리더와 구성원이 세운 목표대로 진행되어야 기독교교육행정이 잘 이루어졌다고 평가할 수 있는 것이다.

두 번째 원리는 효율성이다. 효율성은 투자 대비해서 많은 결과를 내는 것이다. 시간, 재정, 노력을 투자해서 좋은 결과를 내는 것이다. 물론 기독교교육행정학은 효율성이라는 원리가 전부는 아니다. 기독교교육행정학으로 조직을 운영할 때, 효율성이 중요하지 않을 때도 많다. 하지만 효율성이라는 원리를 세상적인 논리라고 생각해서 무시해서는 안 된다. 기독교학교, 교회도 시간, 재정, 노력이 투자되는 조직이다. 그렇기 때문에 조직 운영에 있어서 효율성이 배제되면 조직의 생존에 문제가 발생될 수 있다. 위의 첫 번째 효과성과 비교해보면 효율성과 효과성이 같이 이루어지는 때도 있다. 그러나 효율성과 효과성이 별개로 작동할 수도 있다. 예를 들어, 교회학교에서 새신사 초청잔치를 하는데 목표를 참여한 사람들이 예수 그리스도의 복음을 듣고 예수 그리스도를 영접하는 것이라고 세웠는데, 결과는 예상보다 많은 새신자가 왔으나 그들이 새신자에게 주는 선물만 받아갔다고 하면, 많은 수가 참여했기에 효율성의 측면에서는 인정될 수 있으나 목표를 이루었느냐의 효과성의 측면에서는 인정될 수 없다.

세 번째 원리는 민주성이다. 민주성이라는 것은 다른 말로 하면 참여성이다. 구성원들이 의사결정과 조직운영에 참여했는가, 아니면 구성원 참여가 배제된 채 리더 단독으로 의사결정이 이루어지고 조직이 운영되는가를 살펴보면서 민주성을 확인할 수 있는데, 구성원들이 의사결정과 조직운영에 참여한다면 민주성이 발휘되는 것이고, 그 조직은 민주적인 조직인 것이다.

네 번째 원리는 체계성이다. 체계성이라는 것은 단계를 밟는다는 뜻이다. 조직을 운영할 때, 어떤 교육이나 프로그램을 진행할 때 단계를 세우고, 단계를 밟아서 한다면 체계성의 원리가 발휘되는 것이다. 체계성의 반대는 즉흥성, 직관성이다. 조직의 리더와 구성원들이 즉흥적으로, 직관적으로 어떠한 일을 결정한다면 그것은 기독교교육행정학의 원리에 위배되는 것이다.

다섯 번째 원리는 합리성이다. 합리성이라는 것은 논리성과 연관이 된다. 조직 구성원들뿐만 아니라 그 조직을 바라보는 외부인들의 머리 즉 이성으로 이해될 수 있어야 하고, 인과관계에 의해서 설명될 수 있어야 한다. 합리성의 반대는 감정성이다. 조직의 리더나 조직 구성원의 감정에 의존해서 의사결정이 진행되거나 조직 운영이 된다면, 그 조직은 일관된 원칙과 계획된 목표 아래 운영될 수밖에 없을 뿐만 아니라, 안정적인 조직이 되기가 힘들 것이다.

(4) 교회론적인 접근

기독교교육행정을 이해하기 위해서는 제일 먼저 행정학적인 측면에서 교회를 살펴보아야 한다. 왜냐하면 기독교교육의 대표적인 교육의 장은 교회이며, 교회와 다른 교육공동체(예: 학교, 가정)는 유비적 관계에 있기 때문이다. 그렇기 때문에 교회 공동체 안에서 이루어지는 교회행정이 성경을 근거로 한 것이라면, 마찬가지로 더 넓은 범위에서의 다른 기독교교육 공동체 안에서 이루어지는 기독교교육행정도 성경을 근거로 해야만 한다.

그럼 기독교교육에 있어서 '행정'이 필요한가에 대한 문제를 고찰해보기 위해, 교회는 '행정'이 이루어질 수 있는 공동체인지 아닌지 교회의 정체성에 대해 먼저 살펴보도록 하자!

교회의 정체성에 대해 이야기할 때, 교회가 '유기체'인지, '조직'인지에 대한 논쟁은 교회 안에서 제법 많이 일어난다. 왜냐하면, 많은 보수적인 목회자들과 성도들이 '유기체'는 우리의 몸과 같아서 자연스럽게 운영될 수 있는 공동체이고, '조직'은 왠지 딱딱한 회사 분위기가 나서 세상에서 쓰는 행정 시스템이 있어야만 운영될 수 있는 공동체라고 오해하기 때문이다. 결론적으로 말해서 교회는 유기체인 동시에 조직이다. 유기체와 조직은 뗄래야 뗄 수 없고, 같이 혼재되어 있다는 것이다. '유기체'는 '신앙 공동체'이고, '조직'은 '세상 공동체'라고 딱 잘라 말하는 사람이 있다면 '유기체'와 '조직'의 개념을 제대로 이해하지 못하는 사람인 것이다. 유기체(organism)는 조직(organization)과 같은 'organ'이라는 어원을 사용한다. 이것은 유기체나 조직이나 구성원의 개체성에 시작점을 둔다는 뜻이다. 구성원 한 사람 한 사람으로 시작되어 유기체도 되고 조직이 되는 것이다.

어떤 사람은 유기체로서의 공동체는 우리 몸과 같아서 뗄레야 뗄 수 없다고 말한다. 그러나 그것은 조직도 마찬가지다. 세포는 '조직'이라는 것을 기억하면 쉽게 이해가 될 것이다. 우리는 '세포조직'이라는 말을 쓰지 않은가! 예를 들어 우리 몸을 근거로 든다면 세포조직이 분화하고 발전해서 장기가 되고, 그 장기가 모여서 몸을 구성하니까 오히려 '조직'이 먼저이고, '유기체'가 나중인 것이다. 즉, 조직이 유기체의 근원이 된다는 것이다.

그럼에도 불구하고 우리가 교회를 '조직'이라고 표현하는 것에 알러지 반응을 일으키는 것은 '조직'에는 인간이 만든 세속적인 '행정시스템'이 필요하다고 생각하기 때문에 그럴 것이다. 그렇다면, 행정시스템은 영적이거나 성경적인 것이 아니고, 세속적인 것일까?

현실에서 행정시스템이 없는 교회도 없고, 행정시스템이 없는 교육도 없다. '행정시스템'을 반대하는 목회자와 성도들의 교회에서도 행정은 계속 이루어지고 있다. 단지 행정이 무엇인지 이해하지 못할 뿐이다. 사실 교회학교에서 분반 자체가 시스템이다. 목회자와 평신도들의 업무분담 자체가 시스템이다. 교회의 각 부서 자체가 시스템이다. 교회의 직분 자체가 시스템이다.

물론 행정시스템에만 포커스를 맞추는 것은 옳지 않다. 시스템의 목적이 중요한 것이다. 시스템의 목적은 화려하고, 뭔가 있어 보이는 시스템 자체가 아니다. 시스템을 통해 학습자 한 사람 한 사람이 하나님의 말씀과 예수 그리스도의 복음을 더 잘 듣고 받아들일 수 있도록 돕고, 하나님께서 기뻐하시는 하나님 나라의 사역을 효율적이고 효과적으로 잘 감당하기 위해 필요한 것이다.

정리하면, 교회가 유기체냐, 조직이냐의 구분과 논쟁은 의미가 없는 것이고, 교회 안에서의 행정시스템은 인위적인 것이 아니라, 교회 안에서 일어나는 자연스러운 목회의 과정이다. 교회를 기반으로 하는 기독교교육의 행정은 기독교교육의 현장에서 일어나는 자연스러운 기독교교육의 과정인 것이다.

(5) 성경적인 접근

성경에는 인사행정시스템을 통해 사역을 진행하는 장면들이 굵직굵직하게 나온다. 출애굽기 18장 14절에서 26절을 보면 모세가 장인 이드로의 말을 듣고 천부장, 백부장, 오십부장, 십부장을 세운 내용이 나온다.

> "모세의 장인이 모세가 백성에게 행하는 모든 일을 보고 이르되 네가 이 백성에게 행하는 이 일이 어찌 됨이냐 어찌하여 네가 홀로 앉아 있고 백성은 아침부터 저녁까지 네 곁에 서 있느냐. 모세가 그의 장인에게 대답하되 백성이 하나님께 물으려고 내게로 옴이라. 그들이 일이 있으면 내게로 오나니 내가 그 양쪽을 재판하여 하나님의 율례와 법도를 알게 하나이다. 모세의 장인이 그에게 이르되 네가 하는 것이 옳지 못하도다. 너와 또 너와 함께 한 이 백성이 필경 기력이 쇠하리니 이 일이 네게 너무 중함이라. 네가 혼자 할 수 없으리라. 이제 내 말을 들으라! 내가 네게 방침을 가르치리니 하나님이 너와 함께 계실지로다. 너는 하나님 앞에서 그 백성을 위하여 그 사건들을 하나님께 가져오며 그들에게 율례와 법도를 가르쳐서 마땅히 갈 길과 할 일을 그들에게 보이고 너는 또 온 백성 가운데서 능력 있는 사람들 곧 하나님을 두려워하며 진실하며 불의한 이익을 미워하는 자를 살펴서 백성 위에 세워 천부장과 백부장과 오십부장과 십부장을 삼아 그들이 때를 따라 백성을 재판하게 하라 큰 일은 모두 네게 가져갈 것이요 작은 일은 모두 그들이 스스로 재판할 것이니 그리하면 그들이 너와 함께 담당할 것인즉 일이 네게 쉬우리라. 네가 만일 이 일을 하고 하나님께서도 네게 허락하시면 네가 이 일을 감당하고 이 모든 백성도 자기 곳으로 평안히 가리라. 이에 모세가 자기 장인의 말을 듣고 그 모든 말대로 하여 모세가 이스라엘 무리 중에서 능력 있는 사람들을 택하여 그들을 백성의 우두머리 곧 천부장과 백부장과 오십부장과 십부장을 삼으매 그들이 때를 따라 백성을 재판하되 어려운 일은 모세에게 가져오고 모든 작은 일은 스스로 재판하더라."

사도행전 6장 1절에서 6절에도 일곱 명의 초대교회 일꾼을 세워서 사역을 진행하는 내용이 나온다.

"그 때에 제자가 더 많아졌는데 헬라파 유대인들이 자기의 과부들이 매일의 구제에 빠지므로 히브리파 사람을 원망하니 열두 사도가 모든 제자를 불러 이르되 우리가 하나님의 말씀을 제쳐 놓고 접대를 일삼는 것이 마땅하지 아니하니 형제들아 너희 가운데서 성령과 지혜가 충만하여 칭찬 받는 사람 일곱을 택하라 우리가 이 일을 그들에게 맡기고 우리는 오로지 기도하는 일과 말씀 사역에 힘쓰리라 하니 온 무리가 이 말을 기뻐하여 믿음과 성령이 충만한 사람 스데반과 또 빌립과 브로고로와 니가노르와 디몬과 바메나와 유대교에 입교했던 안디옥 사람 니골라를 택하여 사도들 앞에 세우니 사도들이 기도하고 그들에게 안수하니라."

우리의 구주 예수님은 제자 그룹을 세 그룹으로 나누어서 업무를 분담시킨 것을 알 수 있다. 예수님의 첫 번째 제자 그룹은 예수님 가장 가까이에서 동행했던 베드로, 안드레, 야고보, 요한이고, 두 번째 그룹은 빌립, 바돌로매, 도마, 마태이다. 세 번째 그룹은 알패오의 아들 야고보, 다대오, 가나안인 시몬, 가룟유다이다(이성희, 1994).

"열두 사도의 이름은 이러하니 베드로라 하는 시몬을 비롯하여 그의 형제 안드레와 세베대의 아들 야고보와 그의 형제 요한, 빌립과 바돌로매, 도마와 세리 마태, 알패오의 아들 야고보와 다대오, 가나안인 시몬 및 가룟 유다 곧 예수를 판 자라 (마태복음 10:2-4)"

마지막으로 고린도전서 12장 28절을 보면 직분자를 세워서 업무를 분담하는 인사행정(personnel), 임무배치(assignment)의 내용이 나온다.

"하나님이 교회 중에 몇을 세우셨으니 첫째는 사도요 둘째는 선지자요 셋째는 교사요 그 다음은 능력을 행하는 자요 그 다음은 병 고치는 은사와 서로 돕는 것과 다스리

는 것과 각종 방언을 말하는 것이라."

물론 시스템이 시스템 자체에 초점이 맞춰지지 않고, 행정 사역이 일로 끝나지 않기 위해서는 그 안에 '예수 그리스도의 사랑'이 있어야 한다. 기독교육자는 학습자 한 사람 한 사람이 교사 자신 같이 느껴져야 한다. 몸의 특징은 몸의 한 부분이 아프면 몸 전체가 다 신경 쓰이게 되며, 아프게 되고, 몸의 작은 한 부분이라도 소중하지 않은 곳이 없다는 것이다. 마찬가지로 교육 공동체 안에 예수 그리스도의 뜨거운 사랑이 있으면 공동체의 한 지체의 아픔은 나의 아픔이 되는 것이고, 한 지체 한 지체가 다 소중하게 된다는 것이다. 이 안에 평화가 넘치고, 열정이 넘치고, 은혜가 넘치게 되는 것이다. 고린도전서 12장 12절에서 27절, 디모데전서 3장 15절의 말씀을 붙들고, 사랑 안에서 살아있는 하나된 교회공동체를 만드는 것, 하나님의 말씀과 복음으로 무장되어 효율적 · 효과적 · 자발적으로 하나님께서 기뻐하시는 사역을 감당하는 아름다운 교회 공동체를 만드는 것이 중요한 것이다.

"몸은 하나인데 많은 지체가 있고 몸의 지체가 많으나 한 몸임과 같이 그리스도도 그러하니라. 우리가 유대인이나 헬라인이나 종이나 자유인이나 다 한 성령으로 세례를 받아 한 몸이 되었고 또 다 한 성령을 마시게 하셨느니라. 몸은 한 지체뿐만 아니요 여럿이니 만일 발이 이르되 나는 손이 아니니 몸에 붙지 아니하였다 할지라도 이로써 몸에 붙지 아니한 것이 아니요. 또 귀가 이르되 나는 눈이 아니니 몸에 붙지 아니하였다 할지라도 이로써 몸에 붙지 아니한 것이 아니니 만일 온 몸이 눈이면 듣는 곳은 어디며 온 몸이 듣는 곳이면 냄새 맡는 곳은 어디냐 그러나 이제 하나님이 그 원하시는 대로 지체를 각각 몸에 두셨으니 만일 다 한 지체뿐이면 몸은 어디냐 이제 지체는 많으나 몸은 하나라. 눈이 손더러 내가 너를 쓸 데가 없다 하거나 또한 머리가 발더러 내가 너를 쓸 데가 없다 하지 못하리라. 그뿐 아니라 더 약하게 보이는 몸의 지체가 도리어 요긴하고 우리가 몸의 덜 귀히 여기는 그것들을 더욱 귀한 것들로 입혀 주며 우리의 아름답지 못한 지체는 더욱 아름다운 것을 얻느니라. 그런즉 우리의 아름다운 지체는 그럴 필요가 없느니라 오직 하나님이 몸을 고르게 하여 부족한 지체에게 귀중함을 더하사 몸 가운데서 분쟁이 없고 오직 여러 지체가 서로 같이 돌보게 하셨느니라.

만일 한 지체가 고통을 받으면 모든 지체가 함께 고통을 받고 한 지체가 영광을 얻으면 모든 지체가 함께 즐거워하느니라. 너희는 그리스도의 몸이요 지체의 각 부분이라"(고린도전서 12장 12-27절).

"만일 내가 지체하면 너로 하여금 하나님의 집에서 어떻게 행하여야 할지를 알게 하려 함이니 이 집은 살아 계신 하나님의 교회요 진리의 기둥과 터니라"(디모데전서 3장 15절).

정리문제

1. 지금까지 기독교교육행정학의 연구가 발전되지 못한 근본적인 이유와 교회의 상황은 무엇인가?
2. 일반행정학적인 측면에서 '행정'이라는 단어와 어원적인 측면에서, 교회론적인 측면에서, 성경적인 측면에서 기독교교육행정학을 어떻게 정의하고 이해할 수 있을까?
3. 기독교교육행정학과 일반교육행정학은 내용에 있어서 어떤 공통점과 차이점을 지니는가?
4. 기독교교육행정학은 기독교교육학의 다른 분과들이랑 어떤 연계성을 지니는가?

참고문헌

1. 이성희 (1994). 교회행정학. 서울: 한국장로교출판사
2. 정철현 (1998). 행정학개론. 서울: 법문사
3. 출애굽기 18:14-26
4. 마태복음 10:2-4
5. 사도행전 6:1-6
6. 고린도전서 12:12-27
7. 고린도전서 12:28
8. 디모데전서 3:15

제2장

일반교육행정학과 기독교교육행정학의 비교

1. 교육행정학의 정의

레이트우드 외 몇 명의(Leithwood et al.) 교육행정학자들은 교육행정학이란, 학교의 행정가들이 교육의 공통적인 목표를 성취하기 위하여 교사와 학생 재능과 교육에 대한 에너지를 끌어내주고 주는 과정이라고 정의하였다. 요즘 교육행정학계에서는 ‘교육리더십’ 혹은 ‘학교리더십’이라는 용어를 사용하며 교육행정학을 좀 더 리더십의 측면에서 바라보며 정의하였다(Leithwood et al. 2006, pp.16-17). 대표적인 교육행정학자인 호이(Hoy)는 교육행정학은 교육의 리더가 바람직한 학교 문화를 선도하고, 학생들의 학습에 이바지할 수 있는 전문적인 교육 프로그램을 제공함으로 말미암아 학교 안에 있는 모든 학생들이 학업적인 면에서 성취를 이룰 수 있도록 돕는 과정이라고 정의하였고(Hoy & Hoy, 2009, p. 2), 또 다른 교육행정학자인 톰슨(Thomson)은 교육행정학은 교육에 관여하는 리더들이 높은 수준의 교육적인 결과물을 얻고, 그럼으로써 더 발전된 학교를 만들 수 있도록 이끄는 리더십의 과정이라고 정의하였다(Thompson, 1992, p. 10). 마지막으로 쿠반(Cuban)이라는 학자는 교육행정학은 구체적인 목표를 가지고 있는 교육 리더들이 가르침의 역할과 경영과 관리의 역할, 그리고 정치적인 역할을 하면서 효율적이고 체계적으로 학교를 운영하는 과정이라고 정의하였다(Cuban, 1996).

이 모든 학자들의 정의를 종합해보면, 교육행정학은 학교의 리더들이(교장, 이사장, 교육감 등) 그들의 학교를 운영하면서 중요한 교육의 목표들을 성취하기 위해 효율적이고 효과적이며 체계적으로 넓은 범위로서의 학교의 구성원(교사, 직원, 학생, 학부모)들을 이끌고, 격려하고, 돕는 과정이라고 정리할 수 있다.

2. 교육행정학의 주요 연구주제

교육행정학의 주요 연구주제는 상당히 광범위하고, 교육행정학자들마다 제시하는 것이 다르다. 먼저 현재 미국 교육행정학계에 많은 영향력을 주고 있는 마르자노, 워터스, 맥널티(Marzano, Waters & McNulty, 2005)는 교육행정학의 주요 연구주제들을 알기 위해서 학교교육(schooling)의 기능적인 측면을 살펴보아야 한다고 주장한다.

그래서 그들이 제시하는 학교교육의 기능적인 측면은

(1) 커리큘럼과 가르침의 기능
(2) 교사의 학급경영
(3) 학생들에 대한 교사의 태도
(4) 학교 전체와 학급의 분위기나 문화
(5) 안전하고 질서 있는 환경

이다. 이 5가지의 기능들이 바로 교육행정학의 주요 연구주제들이 되어야 한다는 것이다.

다음으로 팔레스티니(Palestini)는 교육행정학의 연구 안에서 조직적인 분석의 중요성을 강조한다.

여기에서 조직적인 분석이란, 교육행정가가 체계적으로 교육적인 제도의 다양한 측면을 살펴보고 분석하는 것을 의미한다(Palestini, 1999, p.249). 팔레스티니는 조직적인 분석의 내용으로는 (1) 학교구조 (2) 학교문화 (3) 의사소통 (4) 의사결정을 제시했다. 그리고 이 네 가지 분야가 교육행정학의 주요 연구주제들이 되어야 한다고 믿었다.

조금 더 구체적으로 이 네 가지 분야를 조사할 때 필요한 질문들을 다음과 같이 제시했다.

(1) 학교구조-"이 학교는 적절한 분업이 이루어지고 있고, 융통성이 있는가?",

"이 분업은 학교의 목표에 도달하는데 도움을 주고 있는가?", "학교의 구조는 체계적으로 설계되어 있는가?", "학교의 구성원들은 효과적으로 일하고 있는가?", "학교의 구조는 우발적으로 발생될 수 있는 문제에 대비하고 있는가?"

(2) 학교문화-"학교는 상호신뢰와 존중의 문화를 가지고 있는가?", "학교는 강압적인 문화 속에 있는가?", "학교 구성원들이 가지고 있는 신념과 가치들은 무엇인가?", "학교 구성원들의 태도가 학교에 주는 순기능과 역기능은 무엇인가?"

(3) 의사소통-"의사소통의 과정이 얼마나 효과적인가?", "적절한 의사소통의 방법이 사용되고 있는가?", "의사소통의 장애물은 무엇인가?", "상호신뢰와 존중의 분위기 속에서 의사소통이 진행되고 있는가?", "학교 구성원들은 공격적인 혹은 적극적인 혹은 친화적인 의사소통을 하고 있는가?"

(4) 의사결정-"어떤 형태의 의사결정이 진행되고 있는가?", "학교는 적절한 의사결정 과정을 가지고 있는가?", "효과적인 의사결정을 방해하는 장애물은 무엇인가?", "이 장애물을 극복하는 방법은 무엇인가?"(pp.249-251).

앞에 얘기한 마르자노, 워터스, 맥널티(Marzano, Waters & McNulty, 2005)와 팔레스티니(Palestini, 1999)의 주장을 합쳐보면, '교사의 학급경영'은 '의사결정'과 연관되고, '학생들에 대한 교사의 태도'는 '의사소통'과 연관되고, '학교 전체와 학급의 분위기나 문화'는 '학교문화'와 연관되고, '안전하고 질서 있는 환경'은 '학교구조'와 연관된다.

또 다른 교육행정학자인 고튼(Gorton, 1980)도 교육행정학의 주요 연구주제로서 의사결정과 의사소통, 그리고 학교문화를 제시했다. 게다가 호기(Haughey, 1992)도 학교조직 안에서 목표를 달성하기 위한 학교구성원들의 행동들을 설명하고 예측하는 연구결과물들을 종합하면서, 교육행정학의 연구주제로 (1) 학교구조 (2) 연속되는 의사결정 (3) 정보전달과 의미교환으로서의 의사소통 (4) 학교문화를 제시했다.

한편, 톰슨(Thomson, 1992)과 같은 학자는 교육행정학에서 수업 지도성(instructional leadership)이 중요한 연구분야가 되어야 한다고 주장했다. 그는 교육행정학자들은 일반 대중들에 의해 수업 프로그램을 관장하는 전문적인 리더가 되기를 요구받는다고 말했다. 미국의 공공법은 모든 학생들이 학교에서 학습의 내용을 숙달하고, 삶 속에서 지식을 습득하는 기술을 알고 적용하도록 명시하고 있다(p.9). 따라서 교육행정학의 주요관심은 바로 이 수업과 관련된 리더십이 되어야 한다는 것이다.

피츠와 퀸(Piltch & Quinn, 2011), 호이와 호이(Hoy & Hoy, 2009), 그리고 그린필드(Greenfield, 1987)도 학교리더는 반드시 가르침 분야에서도 전문성을 가진 리더가 되어야 한다고 주장하며, 교육행정학에서 수업지도성을 중요한 연구분야로 꼽았다.

위에서 얘기한 여러 교육행정학자들의 논의를 종합하고 정리해 보면, 교육행정학의 주요연구주제는

(1) 수업지도성(instructional method)
(2) 의사결정과정(the process of decision-making)
(3) 의사소통 방법(communicative method)
(4) 학교문화(school culture)
(5) 학교구조(school structure)

가 되어야 한다.

이와 같은 일반 교육행정학 이론을 기독교교육행정학에 적용하면, 기독교교육행정학은 교육의 리더들(기독교학교: 교장, 이사장 등의 행정가, 교회: 목회자<담임목사, 교육목사, 부서담당전도사>, 부장교사, 가정: 부모)이 그들의 학교, 교회, 가정을 운영하면서 하나님 나라의 구현이라는 기독교교육의 중요한 목표를 달성하기 위해 효율적이며, 효과적이고, 체계적으로 학교, 교회, 가정의 구성원들(기독교학교: 교사 · 직원 · 학생 · 학부모, 교회: 교사 · 학생 · 학부모, 가정: 아이들)을 은혜롭게 이끌고, 격려하고, 돕는 과정이라고 정리할 수 있다.

그리고, 기독교교육행정학의 주요연구주제는

(1) 하나님 말씀 교육을 위한 수업지도성(instructional method)
(2) 의사결정과정(the process of decision-making)

(3) 의사소통 방법(communicative method)

(4) 기독교학교 문화 또는 교회 문화(school culture & church culture)

(5) 기독교학교 구조 또는 교회 구조(school structure & church structure)

가 될 수 있다.

(1) 수업지도성

교육의 리더들(예: 학교-교장, 교회-목회자)은 직접적으로 반에 들어가서 아이들을 가르치지 않아도 가르침의 분야에 있어 교사들을 뛰어넘는 전문성을 가져야 한다. 학교의 리더, 교회의 리더라는 의미는 단지 학생들의 리더 뿐만 아니라, 교사의 리더이기도 하기 때문이다. 특히 교육의 현장에서 교사들이 느끼는 가장 큰 어려움은 바로 교육방법에 대한 어려움이다. 어떤 방법이 가장 적절한지에 대한 고민이다. 따라서 교육의 리더들은 가르침의 방법에 대해 정통해야 하며, 교사들의 가르침을 능가하는 전문성과 능력을 가지고 있어야 한다.

기독교교육행정학의 수업지도성은 일반교육학의 그것과 같을 수 없다. 따라서 일반교육학과의 차이를 두기 위해 신학적으로, 기독교교육철학으로 뒷받침해주는 근거가 있어야 한다.

많은 신학자들은 자신들의 이론적인 구조를 정립할 때 삼분법을 이용한다. 그 이유는 삼분법이 안정감을 주는 구조이기도 하지만, 기독교 신학의 핵심 중의 하나인 삼위일체신학이 무의식적인 영향을 주기 때문이기도 할 것이다. 물론 이 삼분법은 히브리 철학에 기반을 두기도 한다. 예를 들어 히브리 철학에서 우리의 존재를 삼분법으로 나눈다: 영(spirit) · 혼(soul) · 육(body). 데살로니가 5장 23절에서 사도 바울은 이 삼분법 이해를 가지고 데살로니가 교회 성도들을 축복한다.

"평강의 하나님이 친히 너희를 온전히 거룩하게 하시고 또 너희의 온 영과 혼과 몸이 우리 주 예수 그리스도께서 강림하실 때에 흠 없게 보전되기를 원하노라!"

고린도전서 13장 13절에서도 삼분법의 철학은 드러난다:

"그런즉 믿음, 소망, 사랑, 이 세 가지는 항상 있을 것인데 그 중의 제일은 사랑이라!"

먼저 기독교 삼분법의 가장 큰 근거가 되는 삼위일체신학에서 기독교교육행정학의 수업지도성 이론 설정의 모티브를 얻을 수 있다. 삼위일체신학에서 성부 하나님, 성자 예수님, 성령 하나님은 언제나 함께 하시고 사랑 안에서 서로 교제하신다. 조화로운 관계 속에서 각각 다른 역할을 감당하시지만, 한 분이신 하나님이시다.

성부 하나님은 우리에게서 계명을 주시고, 지키라고 명령하시는 엄격하신 분이시다. 신명기 11장 26~28절을 보면,

"내가 오늘 복과 저주를 너희 앞에 두나니 너희가 만일 내가 오늘 너희에게 명하는 너희의 하나님 여호와의 명령을 들으면 복이 될 것이요 너희가 만일 내가 오늘 너희에게 명령하는 도에서 돌이켜 떠나 너희의 하나님 여호와의 명령을 듣지 아니하고 본래 알지 못하던 다른 신들을 따르면 저주를 받으리라."

고 나와 있다. 하나님과의 관계에서 그의 백성들은 어떠한 의심이나 불신이 없어 하나님께서 주신 명령과 율례와 법도를 지키고 따라야 한다.

성자 예수님은 성부 하나님께서 인간에게 주신 율법의 핵심은 바로 사랑이라는 것을 일깨워주시는 역할을 하셨다. 많은 유대인들은 하나님께서 주신 율법을 철저하게 지켰으나 껍데기만 지켰다. 율법을 주신 목적은 잊어 버렸다. 그러므로 하나님의 아들 성자 예수님은 잘못 이해된 율법을 바로잡아 재해석하시고, 진정한 사랑을 알려주시기 위해 잘못된 것들을 비판하고 깨는 역할을 하셨다. 산상수훈에 이러한 점이 잘 나와 있다.

"또 간음하지 말라 하였다는 것을 너희가 들었으나(모세의 율법) 나는 너희에게 이르노니 음욕을 품고 여자를 보는 자마다 마음에 이미 간음하였느니라(재해석)." "또 눈은 눈으로, 이는 이로 갚으라 하였다는 것을 너희가 들었으나(모세의 율법) 나는

너희에게 이르노니 악한 자를 대적하지 말라 누구든지 네 오른편 뺨을 치거든 왼편도 돌려 대며(재해석).”

성령 하나님은 2000년 전 예수님께서 이 세상에 오셔서 제자들에게 가르쳐 주신 말씀들을 다시 우리의 삶 속에 살아 움직이는 말씀으로 재생시켜 주시는 역할을 하신다.

“보혜사 곧 아버지께서 내 이름으로 보내실 성령 그가 너희에게 모든 것을 가르치고 내가 너희에게 말한 모든 것을 생각나게 하리라”(요한복음 14:26).

그래서 성령님은 예수님의 말씀에 따라서 우리가 살아갈 수 있도록 격려하신다. 즉, 성령님은 우리의 의지를 자극시켜서 이 세상 속에서 예수님께서 말씀하신 것처럼 빛과 소금의 삶을 살아가도록 만드신다. 게다가 사도행전 1장 8절의

“오직 성령이 너희에게 임하시면 너희가 권능을 받고 예루살렘과 온 유대와 사마리아와 땅 끝까지 이르러 내 증인이 되리라 하시니라.”

의 말씀처럼, 우리의 의지를 자극시켜서 예수님을 증거하는 제자의 삶을 살 수 있도록 도우신다.

다음으로 구약신학자이자 기독교교육학에 지대한 영향을 끼친 브루그만(Brueggemann)의 삼분법으로 진행된 그의 이론에 대해서 살펴보자.

브루그만은 기독교교육과 구약을 연결시킨다. 그는 예레미야 18장 18절을 근거로 해서 구약성경의 세 가지 분류를 주장한다.

“제사장에게서 율법이, 지혜로운 자에게서 책략이, 선지자에게서 말씀이 끊어지지 아니할 것이니”

그의 설명에 의하면, 율법서는 후대로 계속 전수되는 명확한 하나님의 명령과 권위적인 질서 안에서 규범적인 신앙의 기본적인 내용이다. 이와 같은 율법 중심의 교육은 학습자들이 하나님의 약속과 계명들을 잘 듣고 지킬 수 있도록 양육하는 것이다.

그러나 선지자들이 중심이 된 선지서는 하나님의 진정한 정의를 보호하고, 하나님의 정확한 뜻을 깨달아 알기 위해서 화석화된 율법과 질서를 깨는 역할을 한다. 선지서에는 하나님의 정의와 진리를 향한 하나님의 열정을 드러낸다. 마지막으로 지혜서는 세상 속에서 하나님의 뜻을 구현하는 것에 관심을 가지고 있다. 왜냐하면 지혜는 세상 속에서의 경험을 통해 발견되기 때문이다. 이 '지혜'에는 단순히 위험을 대처하는 지침만 포함하는 것이 아니라, 우리가 세상 안에서 무엇을 해야 하는지에 대한 긍정적이고, 실제적이고, 구체적인 지침을 포함한다(Brueggemann, 1982).

브루그만의 삼분법 이론은 자연스럽게 삼위일체신학과 연관된다. 브루그만이 이야기한 '율법서'의 특징은 하나님의 법과 계명을 가르쳐 주시고 우리에게 지키라고 명령하시는 성부 하나님과 연관이 되고, '선지서'의 특징은 율법주의에 빠진 화석화된 법과 전통들을 깨고 진정한 사랑을 보여주신 성자 예수님과 연관이 되고, '지혜서'의 특징은 이 세상 속에서 살아갈 때 하나님의 말씀을 잘 지킬 수 있도록 영적인 지혜와 힘을 주시는 성령 하나님과 연관이 된다.

다음으로 저명한 기독교교육학자인 그룸(Groome)의 삼분법으로 된 이론을 살펴보자! 그는 기독교 신앙을 전수하는 기독교교육은 반드시 세 가지 측면에서 신앙이 증진되도록 설계되어야 한다고 주장했다.

세 가지 측면은 바로 믿기(believing), 신뢰하기(trusting), 행하기(doing)이다.

믿기(believing)는 지성의 작용을 강조하는 인지적인 측면이다. 이러한 신앙의 측면에서 기독교 전통은 강조된다. 기독교 전통은 의미를 만드는 수단으로서 전통에 대한 지식과 믿음을 받아들일 수 있도록 공동체 구성들에게 소개된다. 그러므로 기독교교육자는 새로운 공동체 구성원들에게 신앙 전통의 교리적인 표현을 가르쳐야 한다.

다음으로 신뢰하기(trusting)는 정서적인 측면을 강조하고, 하나님과의 관계에 관심을 둔다. 신앙의 정서적인 측면에서 우리는 신뢰와 경외와 존경과 감사의 감정을 사용하면서 하나님을 향한 신앙적인 표현을 할 수 있다. 구체적으로 하나님을 향해 열정적으로 기도함으로서 이 감정을 사용할 수 있다.

마지막으로 행하기(doing)는 행동적인 측면을 강조하는데, 세상과의 관계 속에서 사랑을 실천하는 삶으로 부르시는 데 관심을 가지고 있다. 그룸은 기독교 신앙은 반드시 봉사를 실천하는 삶으로 나아가야 한다고 주장한다. 즉, 신앙의 행동적인 측면은 예수 그리스도 안에서 하나님의 왕국을 건설하기 위해 이 세상 속에서 좋은 일을 하는 것을 강조한다(Groome, 1980).

지금까지 살펴본 학자들의 삼분법을 묶어 보면, 파트 1은 '성부 하나님(삼위일체 신학), 율법서(브루그만), 믿기(그룸)'로 묶을 수 있고, 파트 2는 '성자 예수님(삼위일체 신학), 선지서(브루그만), 신뢰하기(그룸)'로 묶을 수 있고, 파트 3은 '성령 하나님(삼위일체신학), 지혜서(브루그만), 행하기(그룸)'로 묶을 수 있다.

간단하게 유형화해서 파트 1은 '머리 중심(head-focused education)'의 교육이고, 파트 2는 '가슴 중심(heart-focused education)'의 교육이고, 파트 3은 '손(의지) 중심(hand-focused education)'의 교육이다.

이처럼 기독교신학과 기독교교육에 근거한 삼분법의 분류를 기초로 해서 실제적인 방법론을 적용해 보면, '권위주의적인 방법', '비판적인 방법', '의지적인 방법'으로 나눌 수 있다.

	기독교교육학적인 접근			방법론적인 접근		
	삼위일체신학	성경(브루그만)	신앙(그룸)	교육시스템(프레이리)	방법론	구체적인 방법의 예
파트 1	성부 하나님	율법서	믿기	은행저축식	권위적(교육자⋯→학습자)	강의, 설명, 선포
파트 2	성자 예수님	선지서	신뢰하기	문제해결식	비판적(학습자⋯→교육자)	비판적인 사고와 의심, 브레밍스토밍과 토론, 질문하기
파트 3	성령 하나님	지혜서	행하기	프락시스	경험적(교육자∞학습자)	사례연구, 역할극, 협력학습, 발견, 현장학습, 게임

1) 권위주의적인 방법

권위주의적인 방법은 삼위일체 신학에서 성부 하나님의 대표적인 이미지를 포함하고 있다. 성부 하나님의 이미지를 근거로 기독교교육의 권위주의적인 방법은 교육자가 책임감을 가지고 교육의 내용을 학습자들에게 일방적으로 전달하고, 받아들이도록 요구한다. 따라서 권위주의적인 방법은 가르침에 있어서 효율성을 강조하며, 정확한 내용 전달을 강조한다. 프레이리(Freire, 1993)의 용어를 빌리면, '은행저축식 교육(banking education)'과 어느 정도 연결될 수 있다.

은행저축식 교육에서 교육자는 내용전달자가 되어서 학습자들에게 기계적으로 전달한 내용을 무조건 받아들이도록 요구한다. 이 교육 안에서 학습자는 그저 수용만 하는 수동적인 입장이 된다(pp. 71-72).

권위주의적인 교육방법의 구체적인 예는 강의, 설명, 선포이다(Pawlas & Oliva, 2008). 이러한 교육방법의 약점은 창의성의 부족한 것이다. 교육자는 빠른 시간 안에 정확한 정보 전달에 초점을 두고 있기 때문에 학습자의 창의적인 생각과 의견이 필요하지 않는다. 게다가 전달된 내용에 대한 의심이나 질문을 허용하지 않는다. 오히려 이러한 의심이나 질문은 교육의 방해요소로 작용하기가 쉽기 때문이다(Bogue et al, 2000). 그 결과 이러한 권위적인 교육방법 아래에서 학습자는 교육자가 전달한 교육내용을 의심없이, 그리고 질문없이 무조건적으로 수용해야 함을 의식적이거나 무의식적으로 강요받는다.

2) 비판적인 방법

비판적인 방법은 삼위일체 신학에서 성자 예수님의 대표적인 이미지를 포함하고 있다. 비판적인 교육은 학습자가 다양한 견해를 가지고 사물을 바라볼 수 있는 눈을 키워주기 위해 노력한다. 교육자는 학습자의 의견을 존중하며, 그들이 논리적 잣대를 가지고 교육내용에 대해 비평적인 시각을 갖는 것을 허용한다. 즉, 교육자가 전달한 교육내용이 맞는지 틀리는지에 대해 의심할 수 있는 것을 허용한다. 더 나아가 교육내용을 기계적으로 받아들이는 것이 아니라, 그 내용에 대해 다양한 질문들을 가질 수 있도록 돕는다.

여기서 '비판적인'이라는 의미는 불신의 표현이 아니라 진리를 더 완전하게 알아가는 노력을 의미한다.

프레이리(Freire, 1993)의 견해에 따르면, 이러한 교육은 바로 '문제제기교육(problem-posing education)'과 연결된다. 문제제기교육에서 교육자는 학습자와 대화의 관계를 유지하면서 그들이 현실의 문제를 비판적으로 인식하고, 그 문제를 해결할 수 있는 힘을 길러주는 교육이다(p. 81). 그러나 다시 한 번 강조하지만, 문제제기교육의 목적은 부정적인 생각을 기르거나 매사에 판단하는 태도를 기르는 것이 아니라는 점이다. 교육방법의 측면에서 이 문제제기교육의 핵심은 가르침의 과정에서 학습자의 생각, 의견, 감정을 존중한다는 것이다. 구체적이고 비판적인 교육방법의 예로는 비판적인 사고와 의심, 브레인스토밍과 토론, 질문하기 등을 들 수 있다 (Pawlas & Oliva, 2008).

3) 경험적인 방법

경험적인 기독교교육방법은 삼위일체 신학에서 성령 하나님의 대표적인 이미지를 포함하고 있다. 경험적인 방법에서는 교육자와 학습자의 상호작용을 강조한다. 구체적으로 경험적인 교육방법을 추구하는 교육자는 일방적으로 학생들을 가르치지 않는다. 그 대신에, 교육자와 학습자는 상호의존과 상호연관의 관계 속에서 함께 진리를 찾기 위해 노력한다. 프레이리(Freire, 1993)의 견해에 따르면, 이러한 교육은 바로 '프락시스(praxis)'와 연결된다. 프락시스는 교육자는 학습자가 삶 속에서 실천을 통해 교육적인 경험을 가질 수 있도록 돕는다(p. 81).

경험적인 방법에서 교육자는 실제적이고 경험주의적인 학습을 통하여 그들의 학습자들과 함께 배움의 과정에 참여한다. 따라서 교육자는 학습의 상황을 고려하고, 철저하게 학습자에게 그들의 눈높이를 맞추는 것이다. 경험적인 교육방법 안에서 학습자들은 그들 교사와의 상호작용과 함께함을 통해 교육의 내용을 깨닫는다. 물론 배움의 과정에서 교육자는 학습자들이 아무 의미 없는 경험이 아니라 교육적으로 유익한 경험에 참여할 수 있도록 격려하고, 이끄는 역할을 한다. 왜냐하면 모든 경험이 다 교육적으로 유익하고, 효과가 있는 것이 아니기 때문이다. 학습의 과정에서 교육자와 학습자는 평등한 관계로 함께 참여하지만, 교육적인 경험을 제공해주고 그 안으로 인도하는 역할은 교육자에게 있는 것이다. 구체적이고 경험적인 교육방법의 예는 사례연구, 역할극, 협력학습, 발견, 현장학습, 게임 등을 들 수 있다(Pawlas & Oliva, 2008).

(2) 의사결정과정

1) 교육리더(학교: 교장, 교회: 목회자) 중심의 의사결정과정

리더 중심의 의사결정과정에서 리더는 전체 조직을 위하여 문제 해결방법을 제시한다. 리더는 감시와 통제의 방법을 사용함으로서 조직을 위한 의사결정을 하고, 그 결정에 따라서 조직이 직면하고 있는 문제를 해결한다(Dessler & Starke, 2004). 리더는 구성원에게 의사결정 시에 필요한 중요한 데이터나 정보들을 공개하지 않는다. 그렇기 때문에 리더중심의 의사결정과정에서는 리더와 구성원들 사이에 의사소통의 장벽이 생길 수가 있다. 리더는 데이터를 가지고 일방적으로 의사결정을 하고, 리더에 의해 결정된 사항은 하향식 전달과정을 통해 구성원들에게 전달된다.

예를 들어, 리더중심의 의사결정과정을 가진 기독교학교의 현장을 보면 교장은 결정된 사항에 대해서 주임교사에게 전달하고 주임교사는 결정된 사항을 실행하기 위해서 각 교사들에게 어떠한 업무를 해야 하는지에 대해 전달한다. 따라서 교장이 의사결정을 하면 그 다음 단계는 학교의 각 구성원들이 최대한 효율적으로 결정된 사항을 수행하는 것이다. 만약에 이러한 의사결정에 따르지 않거나 배분된 업무를 충실히 감당하지 않고 태만한 교사는 전체 학교에 안 좋은 영향을 끼칠 수 있기 때문에 징계처분을 받게 된다(Bogue, E. G. et al. 2000).

물론 이러한 학교 상황 가운데서도 교장은 다른 교사의 의견을 듣지 않는 것은 아니다. 좀 더 정확한 학교 상황을 파악하고 그에 따라서 학교에 발전적인 방향으로 의사결정을 하기 위해서 많은 교장들은 자신과 가장 가까운 교사 중 둘 혹은 세 명과 의견을 나누기도 하고, 주임교사 회의를 통해 제안을 받기도 한다(Carlin, & Jess, 2012, p.28).

다음으로 리더 중심의 의사결정과정을 가진 교회에서는 목회자가 최종 의사결정의 권한을 가진다. 물론 이러한 문화는 담임목사님의 리더십과 그에 따르는 교회의 문화에 달려있다. 그 교회의 담임목사님이 권위적인 리더십을 발휘하고 담임목사님 중심의 의사결정과정을 가지고 있다면 그 교회의 교육부서도 마찬가지로 목회자 중심의 의사결정과정을 가지기가 쉽다. 목회자 중심의 의사결정과정을 가진 교육부서에서 부장은 단순한 행정을 담당하고, 목회자에 의해 결정된 사항을 일반 교사들에게 전달하는 수동적인 역할을 한다. 물론 목회자 중심의 의사결정을 가진 교육부서에서도 목회자는 임원교사모임(부장, 총무 선생님 등 참여)을 통해 교육부서의 정확한 상황을 파악할 수 있고, 발전적인 방향으로 나아갈 수 있는 의견을 제안 받을 수 있다.

그러나 학교교육 현장이나 교회교육 현장 모두 리더중심의 의사결정과정에서 최종의사결정의 권한과 책임은 리더 자신에게 있다는 것이다.

2) 교육리더와 교사 사이에 공유된 협력적 의사결정 과정

이 의사결정과정에서 학교나 교회 모두에서 교사는 단순히 교육리더의 결정을 기계적으로 따르는 수동적인 존재가 아니다. 대신에 교사들도 적극적으로 의사결정 과정에 참여할 수 있는 권한과 책임이 있다. 이러한 의사결정과정에서 교육리더는 교사들에게 조직의 데이터와 중요한 정보들을 함께 공유한다. 이러한 자료들을 통해서 교사들은 정확한 조직의 상황을 파악할 수 있고, 문제들을 발견할 수 있다.

구체적으로 기독교학교현장에서 교장은 정기적으로 교사회의를 통해 교사들을 만난다. 이 회의에서 교장과 교사들은 솔직하게 학교 안의 문제들에 대해서 이야기를 나눈다. 이 회의에서 교사들은 학교의 제반 문제들을 해결할 수 있는 건설적이고 실제적인 의견과 방안을 제시할 수 있다. 그리고 의사결정과정에서 교장은 자신의 생각을 관철시키는 것이 아니라, 다수결의 원칙에 의거해서 진행한다(Lester, 1975, p.5). 교장은 학교의 중요한 목표들과 비전들을 교사들에게 알려주며, 이 목표들과 비전들 안에서 교사들이 주인의식과 큰 책임감을 가지고 학교의 발전과 유지를 위해 의사결정과정에 적극적으로 참여할 수 있도록 돕는다(Lester, 1975). 이러한 의사결정과정은 책임감과 권한을 분산시키는 민주적인 리더십 하에서 진행되기가 쉽다.

교회교육현장에서도 목회자는 매주 교사회의를 통해서 교사들을 만난다. 이 회의에서 목회자는 교사들의 사역에 있어서 어려움과 고충을 들어주며, 교사들이 맡고 있는 학생들의 상황을 듣는다. 그리고 목회자는 교사들이 더 발전적인 교육부서가 될 수 있는 건설적인 방안이나 의견들을 제시할 수 있도록 돕는다. 교사들의 제안과 의견 그리고 목회자의 판단을 종합해서 다수결의 원칙에 의거한 의사결정을 진행한다. 이러한 의사결정과정을 가진 교회에서 교사는 책임감과 주인의식을 가지고 의사결정과정에 적극적으로 참여해야 한다.

3) 교사위주의 의사결정과정

교사위주의 의사결정과정에서 교육리더는 교사들에게 결정할 수 있는 권리를 준다. 즉, 실질적인 의사결정을 교사들에게 위임하는 것이다. 교사는 정확한 의사결정을 할 수 있는 능력을 갖춘 가장 중요한 조직의 구성원으로 간주한다. 교사 위주의 의사결정과정을 가진 조직에서 교육리더는 교사들이 교사자치회(teacher council)를 만들고, 그 안에서 교사 중심의 활동이 이루어지고, 교사 중심의 의사결정을 수행할 수 있도록 최대한 협조한다.

교회 현장에서도 마찬가지로 교사회의를 통해 중 · 장기, 그리고 단기 계획 짜기, 프로그램 및 공과 선정, 수련회 계획 등 크고 작은 모든 사항들이 결정된다. 이 안에서 목회자는 신앙적인 측면(말씀, 기도, 예배 등)과 관계되는 면에서만 의사결정에 권한을 가지고, 나머지 행정적인 측면들은 교사에게 위임한다. 그리고, 행정적인 측면의 의사결정과정에 참여하기 위해서는 교사와 동등한 입장이 된다. 이러한 교사위주의 의사결정과정은 진보적인 교단의 교회들이나 특수한 목적을 가진 교회들, 혹은 가정교회의 형태를 갖춘 교회들에서 나타나지만, 아직까지 한국교회의 문화에서는 정착되기 힘든 면이 많다.

이러한 의사결정과정의 문화를 가진 조직에서는 책임체제(accountability system)가 형성될 수 있다. 이 책임체제 하에서는 각 교사들이 무한한 책임감을 가지고 교사 각자가 자신의 전문성에 근거해서 자율적으로 업무를 분담하고 수행하면서 조직을 운영한다. 이 책임제제 하에서는 교사들이 토론과 회의를 통해 조직의 문제를 정확하게 파악하고, 의사결정을 진행하고, 결정된 사항이 제대로 실천되고 있는지 감독하고, 계속적인 발전이 이루어질 수 있도록 노력한다 (Goodwin, Englert, & Cicchinelli, 2003).

(3) 의사소통유형

사실 의사소통에 관한 담론은 행정학 뿐만 아니라, 심리학, 상담학, 커뮤니케이션학에서도 다루기 때문에 교육행정학에서만 다루는 내용이라고 볼 수는 없다. 그러나 교육행정학에서 다루는 의사소통론이 다른 학문에서 다루는 의사소통론과 다른점은 개인 대 개인 간, 개인 대 개인들 간의 의사소통을 다루는 것뿐만 아니라, 조직 안의 부서 대 부서 간의 의사소통을 다룬다는 점이다. 교육행정학은 리더십의 측면이 강하기 때문에 조직 안의 리더 대 구성원 간, 리더 대 구성원들 간의 의사소통유형을 다룬다. 이 뿐만 아니라, 조직마다 부서 대 부서 간의 의사소통유형을 가지고 있다. 따라서 기독교교육행정학에서는 교육리더(교장, 목회자)와 구성원(학교교사, 교회학교 교사) 간의 의사소통유형을 다루고, 학교 안의, 교회 안의 부서 대 부서 간의 의사소통유형을 다룬다.

의사소통유형은 크게 두 가지로 나누어지는데, 하나는 단방향 의사소통유형이고, 다른 하나는 쌍방향 의사소통유형이다. 개인 대 개인, 개인 대 개인들간에도 한 사람이 주도해서 의사소통이 진행되면 단방향 의사소통유형이 되고, 서로 주거나 받거니 하면 쌍향향 의사소통유형이 된다. 그리고 부서 와 부서 간에 한 부서가 의사소통의 주도권을 쥐고 일방적으로 지시하거나 명령하면 단방향 의사소통유형이 되는 것이고, 부서와 부서 간에 서로 평등한 관계 속에서 협력을 위한 대화가 오고 가면 쌍방향 의사소통유형이 되는 것이다.

1) 단방향 의사소통방법(One-Way Communication)

단방향 의사소통방법은 한 명의 사람이 다른 사람에게 일방적으로 이야기할 때 사용한다. 그렇기 때문에 이러한 의사소통의 방법은 말하는 사람에게서 시작되어서 듣는 사람에게서 끝나는 일방적인 방법이다. 그렇기 때문에 단방향 의사소통방법에서는 메시지를 전달하는 사람이 중요하다. 메시지를 전달하는 사람은 자기가 어떤 내용을 전달할 것인지를 정확히 알아야 하며, 명확하게 표현할 수 있는 설명과 묘사의 방법을 사용할 줄 알아야 한다. 단방향 의사소통방법은 빠른 시간 안에 정확한 정보전달이라는 목표에 중점을 두고 있기 때문에 효율성이 많이 강조된다(Hoy & Miskel, 2013).

기독교학교 교육현장에서 교장은 정보전달의 목적을 위해 단방향 의사소통방법을 사용한다. 교장은 정확한 설명과 묘사의 방법을 사용함으로써 전달하는 내용을 교사가 정확히 이해하기를 원한다. 단방향 의사소통방법을 통해서는 학교의 업무와 관련된 내용 전달이 이루어지기 때문에 개인적인 대화에는 거의 사용되지 않는다.

교회교육현장에서도 목회자는 사역과 관계된 정보전달을 위해서 단방향 의사소통방법을 사용한다. 그렇기 때문에 목회자가 이러한 의사소통방법만 사용하게 되면 관계보다는 일 중심(ministry-centered)의 사람으로 비쳐지기가 쉽다.

2) 쌍방향 의사소통방법(Two-Way Communication)

의사소통은 단순히 송신자가 수신자에게 일방적으로 메시지를 전달하는 단방향 의사소통방법만 있는 것이 아니라, 두 사람 사이에서 메시지를 주거나 받거나 하며 상호작용하는 쌍방향적인 과정이기도 하다(Salomon, 1981, p.39). 따라서 교육리더는 구성원들과 효과적인 의사소통을 하기 위해 쌍방향 의사소통의 전략을 사용한다. 호이와 미스켈(Hoy & Miskel)에 의하면, 쌍방향 의사소통방법은 대화(conversation), 질의 (inquiry), 논의(debate), 설명(instruction)의 네 가지 단계로 구성되어 있다.

이 네 단계를 기독교 학교 교육현장에 적용해 보자!

학교에 어떠한 문제가 발생했고, 그 문제를 해결해 감에 있어서 교장은 교사와의 의사소통을 필요로 할 것이다. 그래서 첫 번째 '대화'의 단계에서는 교장과 교사가 서로의 경험과 생각을 나눔으로 서로의 관점을 이해한다. '질의'의 단계에서는 교사가 궁금한 사항에 대해서 질문을 던지고 교장이 성실하게 답변한다. 더 나아가 교장과 교사 사이에 불일치했던 면이 있었다면 그것을 해결하고, 두 사람이 다 합의하는 타협점에 도달한다. '논의'의 단계에서는 교장과 교사가 같이 공유한 방법을 통해서도 문제가 해결이 안 되었을 경우에는 어떻게 해야 하는지 대안을 세우는 것에 대해 토론한다. 마지막으로 '설명'의 단계에서는 지금까지 나눈 것들을 교장이 정리하고 이야기하며 마무리한다(Hoy & Miskel, 2013, p.396).

쌍방향 의사소통방법은 일의 관계에서 뿐만 아니라 교육리더와 구성원 사이의 일상적인 대화에서도 사용될 수 있다. 일상적인 대화에서 교육리더는 구성원들의 생각과 의견, 그리고 바램들을 들을 수 있다. 교육리더는 더 효과적인 쌍방향 의사소통을 위해서 상담적인 접근을 사용할 수도 있다. 상담적인 접근은 의사소통의 과정에서 공감을 강조한다. '공감'은 다른 사람의 감정과 동화되는 것이다. 좀 더 구체적으로 '공감'은 다른 사람의 깊은 내면의 감정에 동화되면서 그의 삶을 이해하려고 할 때 일어난다(Burke, 1984, p.25). 공감을 가지고 의사소통을 하기 위해서 교육리더는 돌봄과 상호존중의 태도를 가져야 한다. 돌봄은 모든 상담에서 필요로 하는 타인에 대한 깊은 관심이며, 상호존중은 비판하지 않고, 강압적으로 요구하지 않고, 비교를 하지 않는 것이다(Bernard & Fullmer, 1977, p.17).

상담적 접근에 강조를 둔 의사소통(counseling-centered two-way communication)은 언어적인 표현을 통해서도, 비언어적인 표현을 통해서도 진행된다. 다음 네 가지는 공감적인 의사소통이 이루어지기 위해서 필요한 언어적인 표현이다: 인식(recognition), 반사(reflection), 번역(translation), 명확하게 하기(clarification) (Burke, 1984, pp.29-30).

이번에는 이 네 가지를 교회교육 현장에 목회자의 입장에서 적용하면 다음과 같다.

〈1〉 인식(recognition) – 이것은 목회자가 대화하는 교사를 잘 알고 있다는 느낌을 교사 자신이 가질 수 있게 하는 것이다.

〈2〉 반사(reflection) – 이것은 교사가 한 말을 정확히 이해하기 위해서 반복해서 말해보는 것이다.

〈3〉 번역(translation) – 이것은 교사가 한 말을 다른 방식으로 표현해보는 것이다.

〈4〉 명확하게 하기(clarification) – 이것은 교사의 생각과 느낌을 더 잘 이해하기 위해서 질문을 던지는 것이다.

이처럼 공감적인 의사소통은 언어적인 표현을 통해서 이루어지지만, 비언어적인 표현을 통해서도 진행된다. 교회교육현장에서 목회자의 태도로 예를 들면, 목회자는 교사와 대화할 때 바른 자세로 앉거나, 눈을 맞춘 다거나, 손을 보인다든가, 웃는다든가, 따뜻하게 손을 잡고 악수한다든가 하면서 친근한 태도를 보이며 목회자 자신은 지금 의사소통에 집중하고 있다는 것을 보여줄 수 있다(Holmes, 2013).

공감이 기반이 된 상담적인 접근의 쌍방향 의사소통은 교사의 개인적인 문제를 해결하는데 중요한 방법이 된다(Hoy & Hoy, 2009). 교사가 문제를 가지고 나오면 교육리더는 그의 감정상태를 정확히 파악해야 한다. 그리고 그가 가지고 있는 문제의 핵심이 무엇인지를 파악해야 한다. 교사는 자신이 교육리더에 의해 부정적으로 평가되고 있지 않고 공감받고 있다고 느낄 때 안정감을 가지고 속에 있는 모든 이야기를 꺼낼 수 있다. 그렇기 때문에 21세기의 교육리더는 상담적인 면에서도 전문성을 가진 존재여야 한다.

(4) 조직문화

문화를 가장 간단히 정의하면 공유한(shared) 신념, 가치, 철학, 분위기, 삶의 스타일이라고 할 수 있다. 문화는 구성원들이 자연스럽게 함께 공유하는 것이다. 문화는 보통 구성원의 과반수가 넘어가면 형성되는 경향을 가진다. 어떤 조직이든지 간에 그 조직에서 구성원들이 함께 공유하고 있는 문화가 있다. 공유하고 있는 문화는 전통이 되어서 다른 구성원이 참여하게 되어도 그 문화를 이어 받기 때문에 문화가 유지된다. 그러나 조직의 리더가 새로운 사람이 와서 이전 리더와는 다른 새로운 유형의 리더십을 발휘하고 문화를 바꾸려고 시도하게 되면 구성원들이 리더에 발맞춰서 따라가게 된다. 구성원의 과반 이상이 리더에 동조하게 되면 문화가 바뀌게 된다(문화변혁). 그러나 구성원이 동조하지 않을 경우는 리더가 원하는 문화와 구성원들이 편하게 느끼는 문화가 충돌하기 때문에 조직이 혼란함을 느끼게 된다. 교육조직에서 쉽게 발견되는 문화는 통제의 문화와 협력의 문화와 학문적 낙관주의의 문화이다.

1) 통제의 문화

교육리더는 조직문화를 형성하는데 중요한 역할을 감당한다. 통제의 문화는 조직의 질서를 유지하는 것을 가장 큰 목표로 하고 있다. 그렇기 때문에 이러한 문화가 형성되는 조직은 엄격한 통제를 강조하게 된다(Hoy & Miskel, 2013, p.200).

통제의 문화 속에 있는 학교에서의 교장은 교장과 교사 사이에 엄격한 위계질서와 서열을 강조하며, 권위주의적인 조직으로서 학교를 이해한다. 통제의 내용은 교사가 학교에서 무엇을 해야만 하고, 어떤 내용을 따라야 하는지에 대한 구체적인 면을 포괄한다(Greenfield, 1987, p.144). 통제의 문화에서 교사는 의심과 질문 없이 교장의 의견에 따라야 한다. 왜냐하면 권력이 위에서 아래로 흐르고 있기 때문이다. 교사들 사이에서도 맡은 보직과 위치, 교사경력에 따라 암묵적으로 서열이 정해지며, 서열이 높은 교사는 그 아래 교사를 통제할 수 있는 권한을 가진다. 예를 들어, 통제의 문화가 있는 학교에서 주임교사는 다른 교사보다 더 큰 권위와 힘을 가진다. 그래서 많은 교사들이 주임교사가 되기를 원하는 것일 수 있다.

90년대 초반까지만 해도 이러한 통제의 문화를 가지고 있는 학교가 상당수를 차지했었다. 그것은 기독교학교도 마찬가지였다. 우리나라가 독재시대 군사문화 속에 있을 때는 학교에서 통제의 문화는 자연스러운 것으로 받아들여졌다. 더구나 뿌리 깊은 유교문화까지 영향을 받으면서 계급, 서열을 강조하는 통제의 문화는 자연스럽게 학교 안에서 정착되었다. 그러나 우리나라 사회가 민주화되고, 서구화된 학교 문화가 들어오면서 통제의 문화는 부작용이 많은 문화로 인식되었다. 그래서 지금은 많은 학교에서 통제의 문화의 강도가 약해졌다.

교회교육의 현장에서도 통제의 문화가 존재하는 곳이 있다. 하지만, 예수 그리스도의 사랑과 예수 안에서의 평등을 가르치는 교회교육 현장에서 위계질서와 서열, 계급을 강조하는 통제의 문화는 지양되어야 한다.

"너희는 유대인이나 헬라인이나 종이나 자유인이나 남자나 여자나 다 그리스도 예수 안에서 하나이니라"(갈라디아서 3:28).

2) 협력의 문화

협력의 문화가 있는 학교에서 교장은 교사들이 서로 서로 가르침의 실제에 대해서 이야기하고 노하우와 지식을 공유하고, 잘 한 부분에 대해 서로 격려하고 응원할 수 있도록 돕는다(Barth, 2006, p.13). 협력의 문화를 형성하기 위해서 교장은 교사들이 다른 동료 교사들을 수용하고, 지지해주며, 가르침의 과정에서 동료 교사들의 성취를 축하해주고, 다른 동료 교사들의 실력과 전문성과 재능을 존중하는 협력적인 행동(collegial behaviors)을 할 수 있도록 돕는다. 이러한 협력의 문화 가운데서 교사들 사이에서 신뢰는 쌓이게 되고 서로 존경하게 된다(Hoy & Hoy, 2009, p.331). 교장과 교사의 관계 사이에서도 신뢰는 형성하게 되며, 그 신뢰를 바탕으로 학교에 대해, 학생들에 대해 책임감을 가지고 교육에 임하게 된다(Hoy & Hoy, 2009, p.331).

교회교육 현장에서 협력의 문화를 형성하는 것은 시급한 과제이다. 목회자는 교사들을 신뢰하고 함께 일하며, 교사들은 서로의 부족함을 채워주며 협동하는 사역이 진행되어야 한다. 특히 교회교육 현장에서 실제적인 가르침과 반 목회에 대한 개 교사의 노하우들과 전문성이 서로 공유되지 못하는 실정이다. 교사들은 각자 알아서 반을 맡고 있고, 어떻게 아이들을 가르치는지 서로 알지 못한다. 다만 전도를 가장 많이 해서 반을 부흥시킨 교사, 출석률이 높은 반의 교사들이 성공한 교사로 인정받고 있고 잘 가르치는 교사라고 추정하고 있을 뿐이다. 반의 인원이 늘었다고, 출석률이 높다고 좋은 교사라고, 가르침의 전문성이 있다고 단정지을 수 없다. 돈이 많은 교사가 매주 아이들에게 비싼 음식을 사 주고, 선물을 주어도 단기간에 부흥될 수 있다. 그렇기 때문에 가르침의 영역에 대해서 교사들이 서로의 노하우를 공유하고, 잘 하는 부분은 서로 배워가고, 서로 피드백을 해 줄 수 있는 가르침에 대해서 협력하는 문화가 한국교회 교육현장에 절실히 요청된다. 목회자는 이러한 문화가 정착될 수 있도록 교사들이 서로의 교육 노하우를 공유할 수 있는 세미나를 정기적으로 열거나 교사모임 때 각자의 가르침에 대해 허심탄회하게 나눌 수 있는 문화를 가꾸어 나가야 한다.

3) 학문적 낙관주의(Academic Optimism)의 문화

학교교육의 현장에서 학문적 낙관주의의 문화는 학생들의 학업성취를 높이는 데 학교 구성원 모두가 최고의 관심을 갖는 것이다. 이 문화 속에서 학교의 최대 관심은 '학생들의 학업' 그 자체이다. 교장은 학생들이 최고의 면학 분위기에서 공부할 수 있도록 도와주고, 교사들은 편안한 분위기 가운데서 학생들에게 최선을 다해 잘 가르칠 수 있도록 도와준다. 그렇다고 이 문화 안에서 학생들의 학업 성취도를 높이기 위해 교사들을 서로 경쟁시키거나, 공부 못하는 아이들에게 차별을 준다거나 하는 비인간적인 방법은 사용하지 않는다.

이 문화에서는 세 가지 강조점이 있다.

첫째는 '집합적 효능감(collective efficacy)'이고, 둘째는 '집합적 신뢰(collective trust)'이고, 셋째는 '학업의 강조(academic emphasis)'이다(Hoy & Miskel, 2013). 즉, 학생들의 학업성취를 높이기 위해서 학교에서 제시하는 제도와 방법이나 프로그램의 차이는 있겠지만, 교육을 통해 학생들에게 공통으로 효능이 나타나야 하고, 교사들은 서로를 신뢰해야 하고, 또한 신뢰와 존중을 바탕으로 학생들의 학업을 지속적으로 강조해야 한다. 이러한 문화를 형성하기 위해 교육리더인 교장은 학교의 지적인 리더가 되어야 하고, 교사들이 가진 전문성을 뛰어 넘는 전문성과 실력을 갖추어야 한다. 교장과 교사들은 모두 학생들의 학업성취에 대해 자신감을 가져야 하고, 자신의 실력과 전문성을 신뢰하면서 학생들의 학업성공에 대해 낙관적인 자세를 견지해야 한다.

교회교육현장에서는 학생들이 하나님의 말씀인 성경의 내용을 올바로 깨닫고, 삶 속에서 하나님의 말씀을 실천할 수 있는 진정한 기독교인들을 만드는 데에 최고의 관심을 가져야 한다. 교회교육현장에서 '학업성취도가 높다'는 의미는 '앎과 삶이 일치한다'는 의미로 해석될 수 있다. 목회자와 교사들이 하나님의 말씀을 학생들에게 제대로 가르치고, 학생들은 배운 말씀들을 자신의 삶의 현장에서 지켜야 한다. 제대로 된 앎이 본인의 삶으로 연결될 때 학업성취도가 높다고 평가할 수 있다. 목회자와 교사는 자신들이 먼저 하나님의 말씀을 간절히 사모하고, 제대로 공부하고 이해하며, 삶 속에서 실천해야 한다. 목회자와 교사가 학생들에게 신앙의 롤모델이 될 때, 자동으로 학생들은 목회자와 교사를 따라갈 수 있게 되고, 그 결과 그들의 신앙은 자라갈 수 있고, 기독교적인 앎과 기독교적인 삶이 일치되는 참된 신자로 성장할 수 있는 것이다.

(5) 조직구조

조직구조는 크게 권위주의적 조직구조와 베버리안(Weberian) 조직구조와 전문화된 조직구조로 나뉘어질 수 있다. 루넨버그(Lunenburg Fred C.)와 오른수타인(Ornstein, Allen C.)(1996)은 의사소통망을 이야기하며 조직구조의 네 가지 유형을 제시했는데, 이 네가지는 쇠사슬형, 수레바퀴형, 원형(또는 오각형), 상호연결형이다.

1) 권위주의적 조직구조

권위주의적 조직구조에서 권위는 자리와 서열, 계급에 따라 주어지고, 권력은 위에서부터 아래로 흐른다(Kannonier, 1985, pp.221-222). 즉, 권위주의적 조직구조가 있는 학교에서는 교장과 교사들 사이에, 그리고 교사 간에 엄격한 서열이 존재하고, 관료주의적인 모습이 학교의 각 부서에 형성된다. 각 부서는 엄격한 보고라인이 형성되어 있으며 최종 결재자는 학교의 리더인 교장이 된다. 각 부서는 상대방의 부서가 어떤 일을 하는지에 대해 관심이 없고, 위에서 지시 내려진 사항을 완벽하게 수행해내는 데에만 관심을 가지고 있다.

보그(Bogue)에 의하면(2000), 권위주의적 조직구조에서는 명확하게 하나의 의사결정이 도출되고, 많은 사람이 조직을 운영하는 것보다 소수의 힘 있는 자들이 조직을 운영하는 것이 더 효율적이다(p. 26). 그래서 권위주의적 조직구조가 있는 학교에서 교장은 주임교사(각 부서의 대표교사)들을 선정하고, 그들에게 권위를 부여하고, 다른 일반 교사들은 이들을 교장처럼 따르고 신뢰해야 한다.

교회교육의 상황에서 권위주의적 조직구조는 전적으로 필요하지는 않지만, 일의 효율적인 측면에서는 장점이 있다. 하지만 민주화된 현대사회, 그리고 교회개혁이 대두되는 현시점에서는 교회구조의 권위주의적인 면은 지양되어야 한다. 다만 권위적인 성격 그 자체의 장점에 관해서는 교회교육의 여러 측면에서 적용할 수 있다. 예를 들어, 기독교교육의 내용적인 측면에서 예수 그리스도의 복음의 진리가 변질되지 않도록 목회자는 엄격한 권위와 통제를 가지고 교사들이 순수한 복음만 가르칠 수 있도록 이끌어야 한다. 또 다른 예로는, 교회구조 속에 세속적인 면이나 천민 자본주의 형태의 모습이 나타날 시에는 엄격한 통제와 감독을 통해서 바꿔 나가야 한다.

이러한 권위주의적 조직구조 안에서는 '닫혀진 조직 분위기(closed climate)'가 형성될 수밖에 없다. 조직 안에 흐르는 분위기는 구조적인 측면에 따라갈 수 밖에 없다. '닫혀진 조직 분위기'는 엄격한 감독과 끊임없는 통제, 강력한 지도를 통해서 오직 업무의 효율만 강조되기 때문에 조직 구성원들의 친밀도는 떨어지게 되고, 협력하는 분위기는 찾기가 힘들게 된다(Hoy, Tarter, & Kottkamp, 1991, p.34).

권위주의적 조직구조에 해당하는 유형으로 루넨버그(Lunenburg)와 오른수타인(Ornstein)이 제시한 유형은 쇠사슬형과 수레바퀴형이다.

〈1〉 쇠사슬형

쇠사슬형은 마치 쇠사슬 모양으로 수직적으로 연결되어 있는 조직구조이다. 서열과 질서를 매우 중시하는 군대와 같은 조직에서 많이 나타나는 조직구조로 맨 위 부서의 명령이 아래로 아래로 하달되는 형식을 가진다. 이 유형에서는 바로 상위에 있는 부서의 명령을 받고 움직이는 유형이다. 그렇기 때문에 오히려 쇠사슬형에서 아래 쪽에 위치하고 있는 부서들은 맨 위 쪽의 부서들에게 직접적인 통제를 받지는 않는다. 쇠사슬형의 최대 장점은 빠른 의사결정과 신속한 실행이다. 우리나라의 대형교회에서도 쇠사슬형이 많이 나타난다. 예를 들어, 맨 위의 부서인 담임목사(최종리더는 조직에서 부서가 될 수 있다)가 당회에 영향을 주고, 당회 그 다음 부서인 목회실에 영향을 주고, 목회실은 그 다음 교육부에 영향을 주고, 교육부는 교육부 각 부서에 영향을 주는 단계로 조직구조가 진행된다.

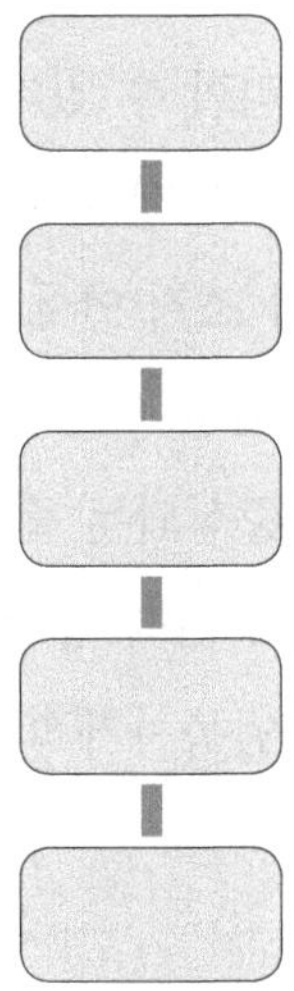

그림 1-1　쇠사슬형 조직구조 모형

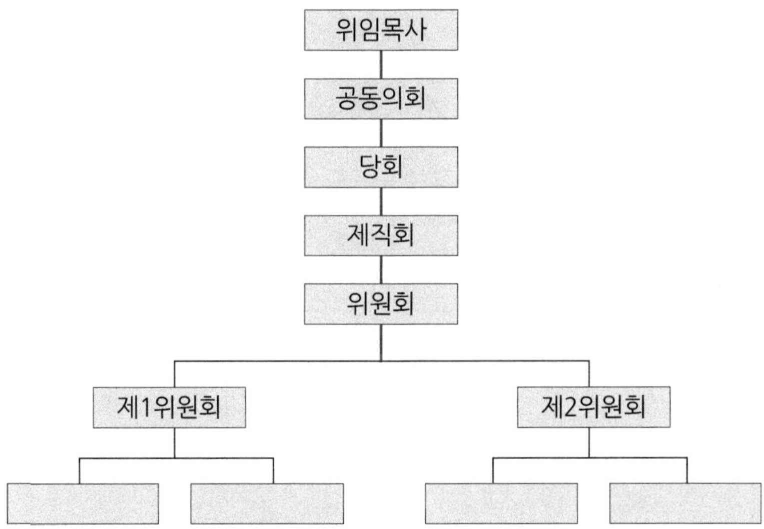

그림 1-2　쇠사슬형 조직구조 예시

〈2〉 수레바퀴형

수레바퀴형은 마치 수레바퀴 모양으로 연결되어 있는 조직구조이다. 수레바퀴형의 가장 큰 특징은 중심되는 부서가 있다는 것이다. 중심 되는 부서가 각각의 부서에게 일을 하달하고, 관리할 수 있다. 이러한 수레바퀴형은 중심 되는 부서가 각각의 부서를 직접적으로 통제하기 때문에 모든 부서의 상황을 바로 바로 알 수 있고, 중심되는 부서가 조직 안에서 가장 강력한 힘을 가지게 될 수 밖에 없는 유형이다. 그리고 각각의 부서는 서로 연결되어 있지 않기 때문에 부서간에 친밀도가 떨어지고, 오직 중심되는 중앙의 부서와만 연결되어 있기 때문에 중심되는 부서에 서로 잘 보이기 위해 경쟁하거나 갈등할 수 있는 우려가 있다. 예를 들어, 중심되는 부서가 담임목사가 되면 담임목사가 한 부서 한 부서의 운

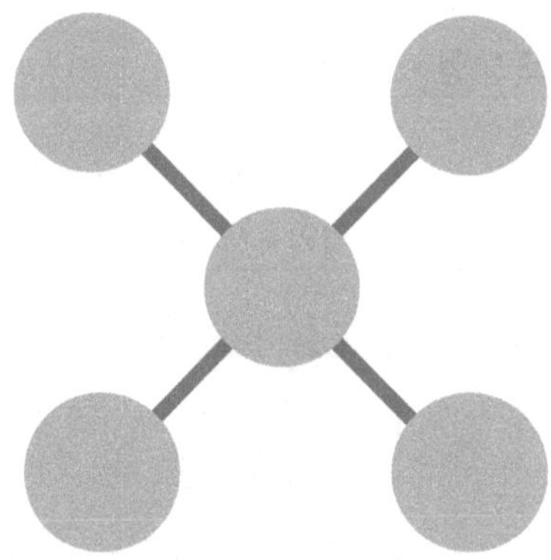

그림 2-1 수레바퀴형 조직구조 모형

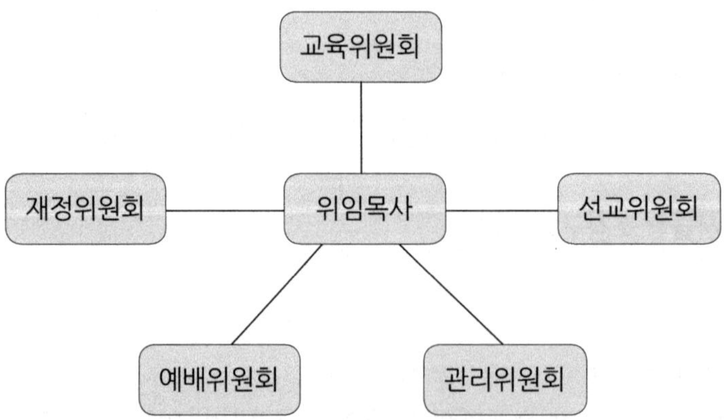

그림 2-2 수레바퀴형 조직구조 예시

영에 다 관여하고, 사역을 지시하고, 관리하고 감독하게 되는 조직구조 유형인 것이다. 그리고 각각의 부서는 담임목사에게 인정받기 위해 경쟁적으로 일하고, 부서 간에는 친밀함이 없이 갈등이 존재할 수 있는 유형인 것이다.

2) 베버리안(Weberian) 조직구조

베버리안 조직구조 안에서 교육리더는 교사들과 서로서로 협력해서 업무를 감당하고 조직을 운영할 수 있다. 한마디로 '베버리안 조직구조'는 관료주의(중앙집권)(bureaucratization(centralization))와 전문화(특수화)(professionalization(specialization))를 모두 포괄한 구조이다. 이 조직 구조는 사회학자 베버(Weber)에 의해 주장된 이상적인 조직의 형태와 비슷하기 때문에 이름을 '베버리안 조직구조(Weberian structure)'라고 붙이게 되었다. 좀 더 자세하게 이 구조는 계급과 서열, 철저한 원칙과 일의 과정을 강조한다. 이것은 관료주의(중앙집권)의 특성에 들어간다. 그러나 동시에 구성원들의 전문성과 특수성을 인정하고, 존중한다(Hoy & Miskel, 2013).

베버리안 조직구조를 가지고 있는 학교에서 교장과 교사는 모두 공통된 관심에 초점을 맞추고 공유된 목표들을 성취하기 위해 함께 부단히 노력한다. 베버리안 조직구조에서 교장과 교사 사이에는 서열이 존재한다. 교장은 학교의 최고 리더로서 존중을 받고, 교사는 교장의 판단을 신뢰하고, 회사조직의 상사처럼 따른다. 하지만 동시에 교장은 교사의 전문성을 인정하고, 전문적인 교육의 영역에서는 교사의 의견과 판단을 신뢰하고 따른다. 예를 들어, 학생들의 체력향상을 위한 교육 지침과 프로그램을 만드는 경우에서는 전문성을 가진 교사가 체육교사이다. 그렇다면 교장은 자신의 지식과 판단보다는 체육교사의 지식과 판단을 신뢰하고 그의 의견에 따른다.

학교 조직의 각 부서들 간에도 위계질서는 있지만, 각 부서의 전문성이 있기 때문에 서로의 전문적인 영역과 업무를 인정하는 가운데, 교장은 각 부서 담당교사나 주임교사의 전문성을 신뢰하고, 그 부서에 관해서는 그들이 최고 전문가이기 때문에 그들의 의견을 주의 깊게 듣고 그들의 판단을 전적으로 신뢰한다.

교회교육 현장에서도 베버리안 조직구조의 특징은 나타난다. 목회자가 다른 교사들보다 더 많은 권한이 있고, 더 특별한 권위가 부여되지만, 목회자는 반 교사들의 전문성을 인정하고 반 목회와 반 운영에 관해서는 그들의 의견을 신뢰하고 따른다. 반의 상황을 가장 잘 알고 있는 존재는 목회자가 아니라, 그 반을 담당하고 있는 교사이기 때문이다.

한마디로 베버리안 조직구조는 권위주의적 조직구조와 다음에 살펴볼 전문화된 조직구조의 중간단계의 구조이다. 이러한 베버리안 조직구조 하에서는 '반 열려진 그리고 반 닫혀진 조직 분위기(half-open and half-closed climate)'를 가지고 있다. 이 분위기 역시 닫혀진 조직 분위기와 열려진 조직 분위기의 중간단계이다. 이러한 조직 분위기 안에 있는 학교(교회)의 업무에 있어서는 교장(목회자)의 엄격한 감독과 지도가 있지만, 업무 외적인 면에 있어서는 관계 지향성을 추구하기 때문에 교장(목회자)과 교사들 사이에서 친밀도는 떨어지지 않는다.

베버리안 조직구조에 해당하는 유형은 네모형이다.

〈1〉 네모형

네모형은 필자가 제시하는 조직구조 유형인데, 가운데 중심부서가 있는 것은 수레바퀴형과 같으나 각각의 부서는 서로 연결되어 있다. 그렇기 때문에 이 유형에서도 중심부서의 영향력이 가장 크지만, 부서 간에는 경쟁보다는 서로 존중하고 협력하는 가운데 조직이 세운 목표를 이루기 위해 노력하게 된다. 예를 들어, 중심되는 부서가 담임목사이면 담임목사가 각각의 부서 운영과 사역에 깊숙

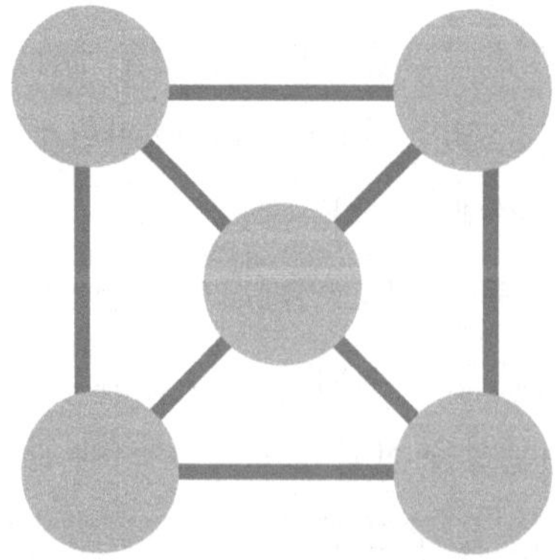

그림 3-1 네모형 조직구조 모형

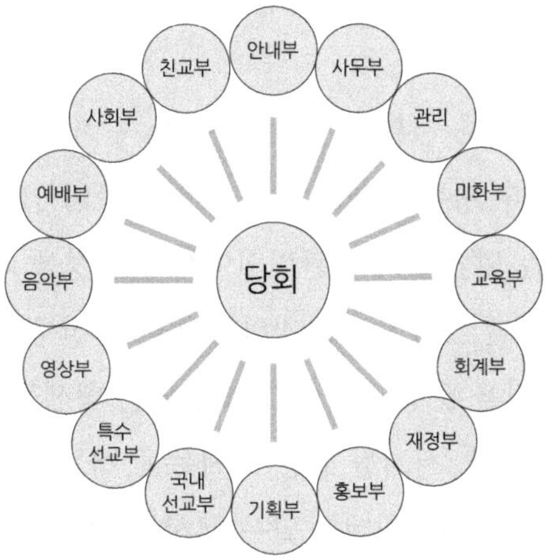

그림 3-2 네모형 조직구조 예시

이 관여하지만, 부서 안에 그 부서의 전문가가 있기 때문에 그 전문성을 인정하고 전문가의 이야기를 듣고 협력한다. 부서가 찬양대인 경우 찬양대에는 담임목사보다 음악에 대해, 찬양에 대해 더 잘 알 수도 있는 지휘자나 찬양대장이 있다. 그렇기 때문에 전문성을 인정하고 협력하게 되는 것이다. 이 뿐만이 아니라, 부서와 부서 간에도 서로 협력하고 각 부서의 사역의 전문성을 인정하면서 일 중심과 관계 중심을 동시에 추구하게 된다.

3) 전문화된 조직구조

전문화된 조직구조는 베버리안 조직구조보다 더 교사들의 전문성에 초점을 맞춘 구조이다. 이러한 조직구조 하에서 교사는 전문적인 능력과 실력을 갖춘 프로로 인정을 받는다(Hoy & Miskel, 2013, p.111). 전문화된 조직구조를 갖춘 학교에서는 학교 안의 모든 부서들이 교장과 협력적으로 연결되어 있다. 교장은 각 부서의 독특한 역할과 전문적인 업무를 존중하고, 가능한 많이 각 부서에게 자율성을 부여한다. 즉, 각 부서의 담당교사나 주임교사의 전문적인 능력을 인정해서 각자의 지식과 경험, 판단에 의해 부서 운영을 할 수 있는 자율적인 권한을 준다. 더 나아가 교장은 일반 교사 한 명 한 명의 경험과 특별한 재능이나 능력을 존중하고, 교사와 동등한 위치에 있는 평등한 구조를 원한다. 교장은 학교 운영과 행정의 측면에서만 전문성을 가진 것 뿐이기 때문에 다른 교사와 다를 바가 없는 것이다.

교회교육현장에서도 전문화된 조직구조는 찾아볼 수 있다. 목회자와 부장교사, 일반교사는 모두 평등한 위치에 있으며, 각자의 업무가 있고, 각자의 전문성이 있다. 목회자는 말씀사역에 관련되어서 전문성을 가지고 있고, 부장교사는 교회학교부서 전체를 조율하고 운영하는 면에서 전문성을 가지고 있고, 일반 반교사들은 각자의 반을 운영하고, 소그룹에 있는 학생들에게 말씀을 가르치는 데 전문성을 가지고 있다. 서기를 맡은 교사는 문서를 기록하고, 자료를 정리하는 데 전문성을 가지고 있고, 회계를 맡은 교사는 예산을 집행하고 관리하는 데 전문성을 가지고 있고, 찬양팀 교사는 찬양과 관련된 면에 전문성을 가지고 있는 것이다. 따라서 목회자와 부장 교사, 그리고 일반교사는 각자의 전문성을 잘 키우는 동시에 다른 구성원들의 전문성을 인정하고 존중할 수 있어야 한다. 교회학교부서 내에 또 세부 부서(예: 찬양팀, 문화선교팀, 영상팀, 교육팀, 행정팀)가 존재하는 교회라면, 목회자는 각 부서의 전문적인 역할을 인정하고 자율적인 권한을 부여해야 한다. 목회자는 각 부서의 대표교사와 긴밀히 협조하고, 그들의 전문성을 인정하면서 교회 프로그램을 정하고, 사역을 진행해 나가야 한다.

이러한 조직구조 안에서는 '열려진 조직 분위기(open climate)'가 형성된다. 열려진 조직 분위기의 특징은 구성원 간에 상호협력과 상호존중을 강조한다. 그럼으로써 구성원들 사이에서 서로 지지해주고, 사로 격려해주고, 서로 신뢰해준다. 구체적으로, 교장(목회자)은 교사들의 의견을 주의 깊게 청취하며, 진정성 있는 칭찬을 자주 한다. 그리고 교사들의 창조적인 아이디어를 존중해주고, 관료주의적인 느낌과 엄격한 감독과 통제가 전혀 없는 리더십 하에서 교사들에게 자율성을 부과한다. 이러한 분위기 하에서 구성원들은 높은 친밀성을 갖는다. 한 마디로 열려진 조직분위기는 관계지향적인 분위기라고 말할 수 있다(Hoy, Tarter, & Kottkamp, 1991, p.33).

전문화된 조직구조에 해당하는 유형으로 루넨버그(Lunenburg)와 오른수타인(Ornstein)이 제시한 유형은 원형과 상호연결형이다.

〈1〉 원형

원형은 중심되는 부서가 없이 각각의 부서가 서로 동등하고 평등한 입장에 있다. 각각의 부서는 고유한 전문성을 가지고 있다. 일의 영역에서 존중의 전제는 전문성에 대한 인정이다. 내가 가지지 못한 전문성을 상대방은 가지고 있으니까 존중하게 되는 것이다. 이러한 조직구조에서는 리더도 민주적인 리더십 유형을 사용하게 되고, 리더는 권위적인 자리가 아닌, 역할로서 리더의 사역을 감당

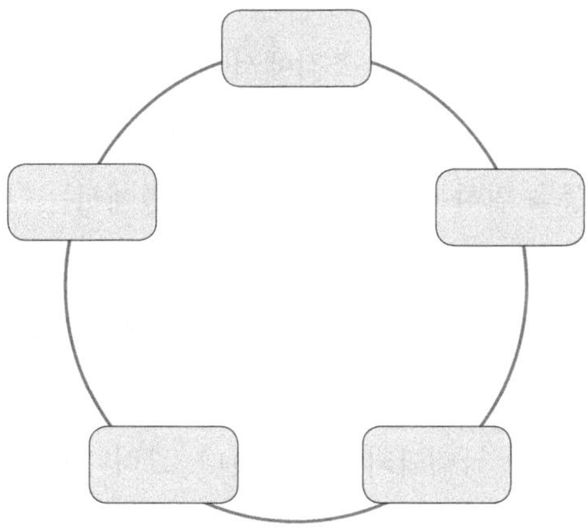

그림 4-1 원형 조직구조 모형

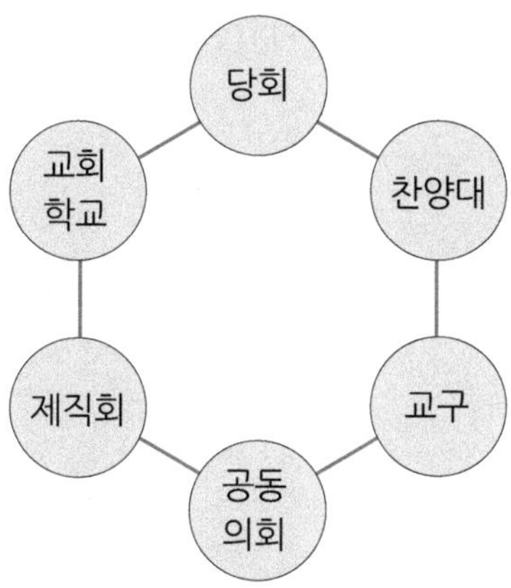

그림 4-1 원형 조직구조 예시

하는 것이다. 예를 들어, 교회 안에서 각각의 부서들은 서로 평등한 가운데, 서로 존중하고 협력하면서 맡겨진 사역을 감당하게 된다. 열려진 대화를 통해서 관계 지향적인 면이 드러나게 된다. 전문성을 인정하기 때문에 전문성이 더욱 개발될 가능성이 높다. 하지만, 하나의 분명한 목표가 제시되거나 목표로 가는 과정이 정기적으로 체크되지 않으면 마치 배가 산으로 가듯이 조직의 원하던 방향으로 나아갈 수 있는 우려도 있다. 그렇기 때문에 리더는 분명히 목표를 제시하고 목표를 지속적으로 검증하고 평가하는 역할을 해야 한다.

〈2〉 상호연결형

상호연결형은 주로 비공식적 조직에서 나타나는 유형이다. 비공식적 조직이라는 것은 일 관계로 모인 조직이 아니라, 동기들끼리 모인 동창회나 같은 취미로 모인 동호회 등을 말하는 것이다. 상호연결형에서는 "부서"라는 공식적인 단어로 말하기에는 그렇고 조직 안의 각각의 집단은 서로 평등하고 열려진 대화를 하고 상호협력과 상호존중을 한다. 상호연결형에서 창의성이 발현되기가 쉽고, 이윤 창출을 위한 일 중심의 목표를 가지고 모인 조직이 아니기 때문에 관계지향적인 분위기가 가장 극대화되어 나타난다. 그러나 이러한 유형에서는 의사결정하는데 시간이 많이 걸릴 수 있는 단점도 나타나기도 한다. 상호연결형의 예는 교회 동호회에서 찾아볼 수 있다. 요즘 교제와 친목을 목표로, 새신자 정착을 목표로 동호회를 운영하는 교회들이 있다. 축구동호회, 테니스동호회, 탁구동호회, 산악동호회 등을 운영한다. 이러한 동호회끼리 모였을 경우에 상호연결형의 특징이 나타나게 되는 것이다.

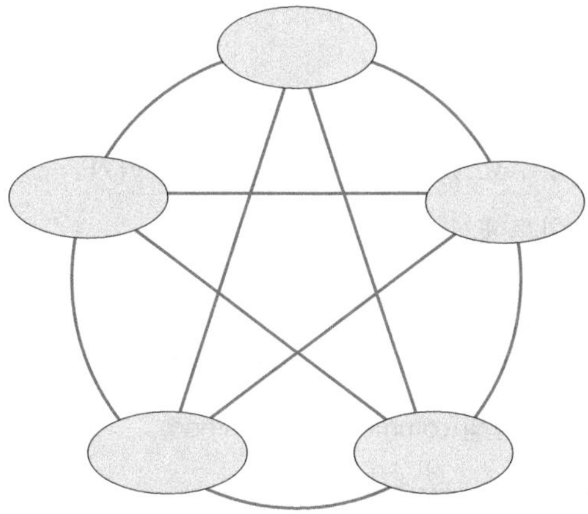

그림 5-1 상호연결형 조직구조 모형

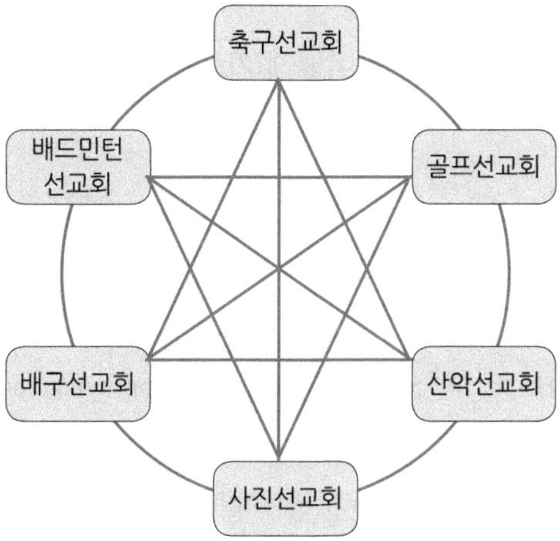

그림 5-2 상호연결형 조직구조 예시

정리문제

1. 교육행정학의 주요 연구 5가지 주제는 무엇인가?
2. 교육행정학 이론에서
   (1) 수업지도성(instructional method),
   (2) 의사결정과정(the process of decision-making),
   (3) 의사소통 방법(communicative method),
   (4) 학교문화(school culture),
   (5) 학교구조(school structure)

   에 대한 세부적인 내용은 무엇인가? 교회에 적용했을 때는 어떠한 세부적인 내용으로 연결될 수 있을까?
3. 교육행정학의 연구 주제를 어떻게 기독교교육행정학에 접목할 수 있을까?

참고문헌

1. Barth, R. S. (2006, March). Improving relationships within the schoolhouse. *Educational Leadership* 63(6), 8–13.
2. Bernard, H. W., & Fullmer, D. W. (1977). *Principles of guidance*. New York: Harper & Row Publishers.
3. Bogue, E. G. et al (2000). *Readings on leadership in education. Bloomington*, IL: Phi Delta Kappa Educational Foundation.
4. Brueggemann, Walter (1982). The Creative Word. Philadelphia: Fortress Press.
5. Burke, R. R. (1984). *Communicating with students in schools.* Lanham, MD: University Press ofAmerica.
6. Carlin, V. & Jess, K. (2012, Spring). Leadership styles. *The Ontario Journal of Outdoor Education*, 24(3), 28–31.

7. Cuban, L. (2001). *How can I fixit? : Finding solutions and managing dilemmas: An educator's road map*. New York: Teachers College Press.
8. Freire, P. (1993). *Pedagogy of the oppressed*. New York: Continuum International.
9. Goodwin, B., Englert, K., & Cicchinelli, L. F. (2003). *Comprehensive accountability systems: A framework for evaluation*. Aurora, CO: Mid-Continent Research for Education and Learning.
10. Gorton, R. A. (1980). *School administration and supervision: Important issues, concepts, and case studies (2nded.)*. Dubuque, IA: Wm. C. Brown Company Publishers.
11. Greenfield, W. (1987). *Instructional leadership-Concepts, issues, and controversies*. Boston, MA: Allyn & Bacon.
12. Groome, T. H. (1980). Christian Religious Education-Sharing Our Story and Vision. San Francisco: Jossey-Bass.
13. Holmes, S. (2013). Six non-verbal communication clues: That let you know you are connecting and getting your message across. *Make a Dent Leadership online*. Retrieved from http://www.makeadentleadership.com/types-of-nonverbal-communication.html.
14. Hoy, A. W., & Hoy, W. K. (2009). *Instructional leadership: A research-based guide to learning in schools (3rded.)*. Boston, MA: Allyn & Bacon.
15. Hoy, W. K., & Miskel, C. G. (2013). *Educationa ladministration: Theory, research, and practice (9th ed.)*. New York: McGraw-Hill.
16. Hoy, W. K., Tarter, C. J., & Kottkamp, R. B. (1991). *Open schools/healthy schools: Measuring organizational climate*. Beverly Hills, CA: Sage.

17. Kannonier, R. (1985). Forms of organizations and authoritarian structures: A comparative view. *The High School Journa*l , 68(3), 221-227. 1.

18. Leithwood, K. et al. (2006). *Successful school leadership: What it is and how it influences pupil learning*. Nottingham: University of Nottingham.

19. Lester, C. N. (1975, November/December). Leadership styles-A key to effectiveness. *Journal of Extension* 6(1), 1-11.

20. Lunenburg, Fred C., & Ornstein, Allen C. (1996). Educational Administration: Concepts and Practices (2nd ed.). Belmont: Wadworth Publishing Company.

21. Marzano, R. J., Waters, T., & McNulty, B. A. (2005). *School leadership that works: From research to result*. Alexandria, LA: ASCD.

22. Palestini, R. H. (1999) *Educational administration–Leading with mind and heart*. Lancaster. PN: Technomic Publishing Company, Inc. 3.

23. Thomson, S. D. (1992). *School Leadership (ed.)*. Newbury Park, CA: Corwin Press.

24. Pawlas, G. E., & Oliva, P. F. (2008). *Supervision for today's schools(8thed.)*. Hoboken, NJ: John Wiley & Sons, Inc.

25. Piltch, B., & Quinn, T. (2011). *School leadership (2nded.)*. Lanham, MD: Rowman & Littlefield Publishers, Inc.

26. Salomon, G. (1981). *Communication and education–Social and psychological interactions*. Beverly Hills, CA: SAGE Publications, Inc

제3장

리더십의 일반적인 이해

제 3 장 리더십의 일반적인 이해

1. 리더십의 정의

리더십은 사람들의 삶 속에서 일어나는 신비스러운 과정이다(Yukl, 2002, p.1). 번스(Burns, 1978)는 리더십은 이 세상에서 가장 관찰하기 쉬우면서도 가장 이해하기 어려운 현상이라고 전제한다(p.2). 리더십에 대해서는 다양한 정의들이 있는데, 그 이유는 사람마다 자기 나름대로 리더십을 정의하려고 시도하기 때문이다(Stogdill, 1974, p.259). 다양한 학문의 세계 가운데 인류학, 교육학, 정치학, 심리학, 행정학, 군사학, 신학, 경제학 분야의 학자들이 특히 리더십 연구에 관심이 많다(Yukl, 2002, p.2). 그러나 리더십의 개념과 정의들은 개별 학문들의 관점과 특성에 따라서 다양하게 정의되어 왔다(Rost, 1993, p.15). 그럼에도 불구하고, 리더십에 대한 공통된 이해들은 다음과 같다.

(1) 리더십은 학습될 수 있다.
(2) 리더는 타고나기도 하고, 만들어지기도 한다.
(3) 리더십의 주체는 특출난 사람들이 아니라 보통 사람들이다. 시대의 흐름에 따라서 리더십의 패러다임은 바뀔 수 있다(Kouzes & Posner, 1995).

리더십 연구에서 다양한 분야의 학자들은 자기 나름대로 리더십을 정의한다. 그럼, 리더십에 대한 정의들을 살펴보자!

가드너(Gardner, 1990)는 "리더십이란 개인이나 리더십 팀이 조직의 목표들을 제시하고 설득해나가는 과정"이라고 주장한다(p.1). 번스(Burns, 1978)는 "리더십은 구성원들이 일할 수 있는 동기들을 자극하고, 그들의 제도적인, 정치적인, 심리적인 필요들을 채워나가는 과정"이라고 주장한다(p.18). 노스하우스(Northhouse, 2004)는 "리더십은 조직의 공통적인 목표 달성을 위해 리더가 구성원 각자에게 영향력을 미치는 과정"이라고 정의한다(p.3). 유클(Yukl, 2002)은 "리더십이란 공통된 목표를 성취하기 위한 공동체적인 노력을 효과적으로 이끌어내는 과정"이라고 정의한다 (p.7).

이러한 정의들을 한 문장으로 정리하면, 리더십이란, 조직의 공통적인 목표를 달성하기 위해 구성원들에게 동기를 불어 넣어주고 그들의 필요들을 만족시키기 위한 공식적이고 비공식적인 영향력과 설득의 과정이라고 말할 수 있다. 따라서 조직 구성원들에게 영향력을 미치고, 동기를 불어넣어주는 존재를 리더라고 부를 수 있다.

그렇다면 기독교교육리더십이란, 하나님의 나라 구현이라는 목표를 달성하기 위해 학습자들에게 하나님의 말씀을 전해주며, 하나님의 말씀을 삶의 현장에서 실천할 수 있도록 동기를 불어 넣어주고, 그들의 영적인, 정신적인, 관계적인 필요들을 만족시키기 위해 학교와 교회와 가정에서 일어나는 공식적이고 비공식적인 영향력과 설득의 과정이라고 정의 내릴 수 있다. 앞의 장에서 살펴본 것과 같이 기독교교육 리더(기독교교육자)는 학습의 장에 따라 다양하게 구성될 수 있다. 기독교학교의 범주에서는 교장, 이사장이 대표적인 리더가 될 수 있고, 교회의 범주에서는 목회자(담임목사와 교육목사, 부서담당 전도사), 부장이 리더가 될 수 있다. 가정의 범주에서는 부모가 아이들의 리더가 될 수 있다.

요즘 교육행정학계에서는 기존의 교육행정학(Educational Administration)이라는 학문을 좀 더 확장시키고 조직의 전체 운영이라는 넓고 포괄적인 관점에서 학문을 더욱 발전시키기 위해 교육행정학(Educational Administration)이라는 용어를 교육리더십(Educational Leadership)이라는 용어로 대체해서 사용한다. 이런 면에서 리더십을 이해하고 전문적으로 공부하는 것은 기독교교육행정가로서, 다시 말하면 기독교교육리더로서 너무나도 중요하다.

2. 리더십의 주요 연구들

수많은 리더십 연구들을 종합해보면,

(1) 특성(Trait) 이론,

(2) 독재적인 리더십과 민주적인 리더십(Autocratic and Democratic Leadership),
(3) 변혁적인 리더십(Transformational Leadership),
(4) 서번트 리더십(Servant Leadership),
(5) 상황적인 리더십(Situational Leadership)으로 나눌 수 있다.

(1) 특성(Trait) 이론

특성이론은 최초의 체계적인 리더십 연구라고 볼 수 있다. 1940년대와 1950년대에서 연구된 리더십 연구는 리더의 물리적인 성격이나 사회성을 포함한, 리더의 특성이나 자질에 중점을 두고 있다(Northouse, 2004, p.4). 이 특성이론은 리더란 만들어지는 것이 아니라 태어날 때부터 타고난다는 심리학적인 견해를 바탕으로 발전되어왔다(Yukl, 2002). 스토그딜(Stogdill, 1948)은 1904년부터 1947년까지 리더십을 연구해서 리더의 124가지의 특성을 발견했다. 그는 124가지 특성을 다섯 가지 범주로 분류했다.

(1) 능력, (2) 성취, (3) 책임감, (4) 참여, (5) 지위

구체적으로 (1) '능력'에는 지능, 민첩성, 언어재능, 독창성, 판단력이 포함된다. (2) '성취'에는 학문성, 지식, 운동능력이 포함된다. (3) '책임감'에는 신뢰감, 주도성, 인내, 열정, 자신감, 탁월성이 포함된다. (4) '참여'에는 사교성, 협동력, 융통성, 유머감각이 포함된다. 마지막으로 (5) '지위'에는 사회경제적인 위치와 인기가 포함된다.

지금까지 알아본 특성이론은 1940년대와 1950년대에 연구되고 인기를 끌었던 고전적인 이론이다. 특성이론에 대한 최근의 연구는 특성과 특정한 조직 안에서의 리더의 효율적인 행동 사이에서 작용하는 리더십에 대한 연구에 초점을 맞추고 있다. 그래서 최근의 특성이론은 리더의 성격적인 특성(personality traits)과 동기적인 특성(motivational traits)과 리더의 실제적인 기술(skills) 사이의 균형을 맞추면서 발전되어 왔다.

첫째로 성격적인 특성에는 '자신감, 스트레스를 참아내는 인내력, 감정적인 성숙, 진실성, 외향성'이 포함된다. 구체적인 내용을 살펴보면, '자신감'은 리더가 좀 더 어려운 목표를 설정하고, 어려운 일에 뛰어들고, 문제를 해결할 수 있도록 만드는 심리적인 상태를 의미한다. '스트레스를 참아내는 인내력'은 리더가 마음의 안정을 가지고 좋은 결정을 내리고 구성원들에게 나아가야 할 방향을 제시할 수 있는 마음의 상태를 의미한다. '감정적인 성숙'은 리더가 자신의 강점과 약점을 정확하게 인지할 수 있도록 인도하고, 자기발전으로 나아갈 수 있도록 만드는 것을 의미한다. '진실성'은 정직하고, 윤리적이고, 책임감 있고, 믿을 만한 것을 의미한다. 마지막으로 '외향성'은 구성원들에게 자기 자신을 드러내는 특성을 의미한다.

둘째로 동기적인 특성에는 '과업과 인간관계의 욕구, 성취지향성, 권력욕구, 기대, 자아효능'이 포함된다. 구체적으로 '과업과 인간관계의 욕구'는 일과 사람들에 대한 관심과 흥미를 뜻한다. '성취지향성'은 과업을 성취하기 원하는 욕구, 뛰어나기 원하는 바램, 성공하기 원하는 열정, 책임을 떠맡는 자세를 의미한다. '기대'는 자신에게 맡겨진 업무를 잘 감당하고, 가치 있는 결과물을 얻을 수 있다는 강력한 믿음을 의미한다. '자기효능'은 과업을 마치고 목표에 도달할 수 있는 자신의 능력에 대해 스스로 평가하는 것을 의미한다.

마지막으로 실제적인 기술에는 '전문적인 기술, 관계적인 기술, 원리적인 기술'이 포함된다. 구체적으로 '전문적인 기술'은 과업을 수행하기 위한 전문화된 지식을 의미한다. '관계적인 기술'은 다른 사람의 감정과 상태를 이해하고, 공감하는 능력을 의미한다. 더 나아가 다른 사람들과 조화롭게 일을 해 나가는 능력을 의미한다. '원리적인 기술'은 논리적이고 분석적인 사고를 통해 일을 해 나가는 데 있어서 필요한 주요 원리들을 이해하고 그 원리들을 바탕으로 일을 추진해나가는 능력을 의미한다(Hoy & Miskel, 2013, pp.429-432).

기독교교육 현장에서 기독교교육자들은 최근의 특성 이론을 바탕으로 성격적인 특성(personality traits)과 동기적인 특성(motivational traits), 그리고 리더가 학습자를 가르치고 학습 공동체를 아름답게 이끌고 가는 데 필요한 실제적인 기술(skills) 사이의 조화를 맞추면서 리더십을 갖추어야 한다. 현대 리더십의 연구에서는 리더는 타고

나는 면도 없지 않아 있지만, 만들어져 가는 면이 훨씬 많이 있다고 결론 내리고 있다. 다시 말하면, 성령의 인도하심 가운데 훈련을 통해 충분히 리더십을 갖추어 나갈 수 있는 것이다. 이런 면에서 기독교학교에서는 교사들을 위한 리더십 스쿨이나 교사연수 등을 통해 리더십을 배양할 수 있도록 도와주어야 하고, 교회에서는 교사들을 위해 리더십 분야의 전문가를 모셔서 정기적인 세미나를 열고, 리더십의 이론과 실제를 교육시켜야 한다.

(2) 권위적인 리더십(Authoritarian Leadership) vs 민주적인 리더십(Democratic Leadership)

권위적인 리더십과 민주적인 리더십은 서로 대조되는 리더십의 스타일이다. 두 가지 리더십은 일반인들도 쉽게 인지할 수 있는 리더십의 종류이다. 학자들은 이 두 가지의 리더십에 관심을 가지고 연구를 진행해왔다.

먼저 권위적인 리더십에 대해 알아보자!

전통적으로 리더십은 강력한 리더가 구성원들의 생각과 감정과 행동들을 이끌고, 영향력을 주고, 통제하고 나아가야 할 방향들을 명확하게 제시해주는 것을 의미한다. 권위적인 리더십을 발휘하는 리더는 구성원들에게 명령을 내리고, 그들은 그 명령에 따라야 한다. 권위적인 리더십 아래에서 구성원들은 리더의 일하는 방식에 대해서 비판을 할 수가 없다. 리더의 권위 아래서 구성원들은 그들 자신의 의견은 내려놓고 리더의 의견과 판단을 신뢰하고 따라야 한다. 권위적인 리더십을 발휘하는 리더들은 대부분 카리스마적인 권위를 가지고 있다. 이 카리스마적인 권위는 리더의 비범한 자질에서 기인한다. 사실 '카리스마'라는 단어는 헬라어 χάρισμα에서 유래한 말인데, '신의 선물(divine gift)'을 의미하는 단어이다. 따라서 구성원들은 그들의 리더가 신에 의해 부여된 권위를 가지고 있다고 믿으며 리더의 말에 철저하게 따른 것이다(Haller & Strike, 1986, p.19). 권위적인 리더십을 가진 리더는 일방적으로 조직의 목표를 세우고, 조직의 활동, 프로그램, 비전들을 결정한다. 따라서 이러한 리더십의 큰 장점은 빠른 의사결정과 리더의 감독과 평가 아래 효율적이고 효과적인 결과를 얻을 수 있다는 것이다(Haiman 1951, p.4).

다음으로 민주적인 리더십에 대해서 알아보자!

민주적인 리더십은 '참여적인 또는 권위분산형 리더십(participative or distributed leadership)'이라고 말할 수 있다. 즉, 구성원들이 리더십에 대한 책임을 공유하는 것이다(Gastil, 1994, p.956). 민주적인 리더십은 조직의 모든 것을 일방적으로 관장하는 권위적인 리더에 포커스를 맞추는 것이 아니라, 리더십의 실천에 대해 포커스를 맞춘다. 민주적인 리더십 아래에서는 구성원들이 조직 안에서 이루어지는 의사 결정 과정에 적극적으로 참여할 수 있다. 민주적인 리더는 조직을 운영하는 데 있어 구성원들과의 협력을 강조한다(Fowler, 2013, p.41). 게다가 민주적인 리더는 구성원들도 리더가 될 수 있다고 격려하며 리더로서 역할을 할 수 있는 기회를 제공한다. 민주적인 리더는 리더의 역할을 감당할 수 있는 구성원들을 키우고, 그들을 조직의 중간 리더들로 세우고, 책임을 부여한다. 그리고 민주적인 리더는 중간리더들과 함께 협력하고, 대화의 관계 속에서 조직을 이끈다(Carlin & Jess, 2012, p.29). 민주적인 리더는 구성원들이 조직 안에서 중요한 역할을 할 수 있다고 격려하고, 그들을 진심으로 인정한다(Davies, 2007). 물론 민주적인 리더십에 있어서도 최종 결정권자는 조직의 대표되는 리더이지만, 이 리더십은 구성원들과의 협력적인 활동과 팀워크를 전제로 하는 리더십의 스타일이다(Dessler & Starke, 2004).

기독교교육의 현장에서는 권위적인 리더십은 지양해야 하고, 민주적인 리더십은 지향해야 한다고 많은 사람들이 생각할 것이다. 그러나 교육의 현장에서는 권위적인 리더십에도 장점과 단점이 있고, 민주적인 리더십에도 장점과 단점이 있다. 권위적인 리더십은 강력한 리더가 확실한 목표를 제시하고, 추진해가기 때문에 효율적이고, 효과적인 교육의 결과를 얻을 수 있지만 학습자의 권리를 무시하기가 쉽고, 학습자의 창의성이나 자율성을 개발하기에는 어려움을 겪을 수밖에 없는 면이 있다. 반면에 민주적인 리더십은 학습자들과의 협력과 협동을 강조하기 때문에 자율성이 보장될 수 있고, 학습자가 주체가 되는 학습 공동체를 만들 수 있는 장점이 있다. 그러나 아직 더 배워야 하는 미성숙한 학습자의 입장에서는 명확한 가이드와 통제가 없이는 교육의 목표를 달성하기가 힘들 수 있다는 단점이 있다. 따라서 기독교교육자들은 권위적인 리더십과 민주적인 리더십의 장점을 잘 파악해서 조화롭게 사용할 수 있어야 한다.

(3) 변혁적인 리더십(Transformational Leadership)

많은 사람들은 변화에 대해 이야기한다. 그러나 사실상 변화는 고통스러운 과정이기 때문에 변화하는 것을 좋아하지는 않는다. 리더십 연구의 분야에서 변혁적인 리더십은 바로 이 '변화'의 중요성에 대해서 초점을 맞춘다(Lewis, 1996, p.126). 변혁적인 리더십에 대한 개념은 처음으로 번스(Burns)에 의해서 소개되었다. 그의 연구에 의하면, 변혁적인 리더십은 그저 단순히 목표를 세우고 목표를 이루는 것에 초점을 맞추는 것이 아니라, 리더와 구성원들이 높은 수준의 도덕성과 일에 대한 자발성을 가질 수 있도록 도와주는 데 초점을 맞추고 있다(Burns, 1978, p.20). 변혁적인 리더는 구성원들의 감정을 존중하며 그들의 가치를 고양시키고, 윤리의식을 배양하며, 장기적인 목표를 가지고 살아갈 수 있도록 돕는다(Northouse, 2004). 더 나아가 변혁적인 리더는 구성원들이 더 성장하고, 자기 발전을 이루고, 높은 성취감을 얻을 수 있도록 돕는다. 그리고 구성원 스스로 문제를 해결할 수 있는 능력을 키워주려고 노력하며, 그들의 다양한 필요들을 채워주기 위해서 노력한다(Bass, 1990, pp.53-54).

스키엘츠(Schielz, 2010)는 변혁적인 리더십의 네 가지 요소를 제안했는데, 그 네 가지는

1) 이상적인 영향력(idealized influence),
2) 영감적인 동기부여(inspirational motivation),
3) 지적인 자극(intellectual stimulation),
4) 개별적인 배려(individualized consideration)

이다. 구체적으로 1) '이상적인 영향력'은 리더가 자진해서 위험을 무릅쓰고, 리더 자신이 행동함에 있어서 중요한 인류의 가치들, 확신들, 윤리적인 원칙을 따를 때

드러난다. 2) '영감적인 동기부여'는 리더가 구성원들이 자신감을 갖고, 일에 대한 동기와 목적의식을 명확하게 가질 수 있도록 돕는 능력을 의미한다. 3) '지적인 자극'은 리더가 구성원들이 새로운 아이디어들을 제시하고, 창조적으로 생각하고 행동할 수 있도록 격려하는 능력을 의미한다. 4) '개별적인 자극'은 구성원 각자의 특별한 필요들과 구체적인 욕구들을 인식하는 노력을 의미한다.

기독교교육의 현장에서 기독교교육자들은 학습자들이 영적으로나 정신적으로 더 성숙하고 성장할 수 있도록 노력해야 한다. 기독교교육자들은 학습자들의 감정과 생각을 잘 파악하고, 그들의 의견을 존중해주어야 한다. 그리고 기독교교육의 장기적인 목표를 설정하고 학습자들에게 제시하면서 그들의 삶이 복음 안에서 더 나은 방향으로 변화될 수 있도록 리더 자신이 모범을 보이며 선한 영향력을 주며, 동기를 불어넣어 주어야 한다. 가르침의 과정에서 리더는 하나님의 말씀에 대한 관심과 궁금증을 가질 수 있도록 지적인 자극을 적절하게 주어야 하고, 자신이 맡은 학습자 한 사람 한 사람의 개별적인 영적인 필요들과 관심들을 인식하고 있어야 한다.

(4) 서번트 리더십(Servant Leadership)

서번트 리더십은 조직을 운영하고, 구성원들을 섬길 때 필요한 리더 자신의 정체성과 사명, 그리고 비전에 대한 영적인 이해를 강조한다. 래리(Larry C. Spears)는 서번트 리더십의 10가지 특징을 제시했다.

1) 듣기(listening): 서번트 리더는 구성원들의 의견을 적극적으로 듣고, 의사결정에 반영한다.
2) 공감(empathy): 서번트 리더는 구성원들을 이해하고, 그들의 감정을 공감하기 위해서 노력한다.
3) 치유(healing): 서번트 리더는 상담을 통해 다른 사람의 내면을 치유할 수 있는 영적이고 정신적인 힘이 있다.
4) 인식(awareness): 서번트 리더는 통전적인 관점을 가지고 문제 상황을 바라

보고, 그 문제들을 이해하고 분석하는 데 도움이 될 수 있는 자기인식(self-awareness)에 대한 능력이 있다.

5) 개념화(conceptualization): 서번트 리더는 장기적인 목표들에 포커스를 맞추고, 이 목표들을 종합적으로 이해하는 능력을 가지고 있다.

6) 예측(foresight): 서번트 리더는 현재상황의 결과가 어떻게 될 것인지를 예측하는 능력을 가지고 있다. 이 예측의 능력은 서번트 리더가 과거를 통해 배우고, 현재 상황에 대한 정확한 이해를 얻을 수 있도록 도와준다.

7) 관리(stewardship): 서번트 리더는 구성원들의 요구를 충족시켜주기 위해 최대한 노력해야 하는 의무를 가지고 있다.

8) 설득(persuasion): 서번트 리더는 구성원들을 강제적으로 , 혹은 강압적으로 이끄는 것이 아니라, 사랑과 관심을 가지고 설득해서 공동체의 목표로 나아가게끔 도와준다.

9) 헌신(commitment): 서번트 리더는 조직에 어떠한 공헌을 했는지 그 공헌도에 따라 구성원들을 평가하는 것이 아니라, 구성원 한 사람 한 사람의 존재 자체를 존중해주며, 구성원들의 성격적인, 전문적인, 영적인 성장과 성숙을 위해 헌신한다.

10) 공동체 형성(building community): 서번트 리더는 구성원들이 서로 끈끈한 유대관계를 가지는 진정한 공동체가 형성될 수 있도록 노력한다(Burbridge & Ann, 2012, pp.45-47).

이 서번트 리더십의 특징을 쉽게 이해하기 위해서는 상담의 과정을 살펴보면 된다. 상담은 "듣는 예술(Art of Listening)"로 내담자가 어떤 이야기를 하는지, 내담자가 원하는 것이 무엇인지, 힘들고 어려운 것이 무엇인지 잘 들어주어야 한다. 그리고 상담은 상담자가 내담자의 상황을 이해하고 공감해야 제대로 이루어질 수 있고, 이 과정을 통해서 문제가 해결되고 치유의 역사가 일어나야 한다. 이 뿐만 아니라 상담자는 내담자의 문제를 정확하게 인식할 수 있는 통찰의 눈이 있어야 하며, 상담의 목표에 대한 확실한 내용을 개념적으로 가지고 있어야 한다. 그리고 내담자가 상담 이후에 어떻게 변화될 것인지에 대한 예측력이 있어야 하고, 눈높이를 내담자에게 맞춰서 내담자의 요구를 들어주기 위해서 노력해야 한다. 더 나아가 설정한 상담의 목표대로 나아갈 수 있도록 내담자를 설득할 수 있어야 하며, 내담자가 자신의 문제를 자각하고 해결할 수 있도록 헌신할 수 있어야 한다. 그래서 상담 후에 내담자가 더욱 성숙해서 자신뿐만 아니라 자신이 속한 공동체와 지인들을 사랑하고 세우고 회복시킬 수 있도록 도와 주어야 한다.

사실 서번트 리더십은 기독교 신학을 바탕으로 하고 있다. 성육신 신학에 의하면, 하나님은 신적인 권위를 버리고 인간에게 오셨다. 하나님은 인간에게 복음을 전하시기 위해 신적인 문화를 버리고 인간의 문화 안으로 들어오셨다. 빌립보서 2장 6~8절에 이에 대한 것이 잘 드러난다.

"그는 근본 하나님의 본체시나 하나님과 동등됨을 취할 것으로 여기지 아니하시고 오히려 자기를 비워 종의 형체를 가지사 사람들과 같이 되셨고, 사람의 모양으로 나타나서 자기를 낮추시고 죽기까지 복종하셨으니 곧 십자가에 죽으심이라."

하나님은 우리 인간에게 오셔서 구원의 승리를 이룩하셨다. 이 성육신의 추진력은 바로 '아가페(ἀγάπη) 사랑'이다. 사랑은 하나님의 이름이고, 존재 속성 그 자체다. 요한1서 4장 8절을 보면,

"사랑하지 아니하는 자는 하나님을 알지 못하나니 이는 하나님은 사랑이심이라."

고 나와 있다. 하나님 사랑의 구체적인 특징은 고린도전서 13장 4~7절에 잘 드러난다.

"사랑은 오래 참고 사랑은 온유하며 시기하지 아니하며 사랑은 자랑하지 아니하며 교만하지 아니하며 무례히 행하지 아니하며 자기의 유익을 구하지 아니하며 성내지 아니하며 악한 것을 생각하지 아니하며 불의를 기뻐하지 아니하며 진리와 함께 기뻐하고 모든 것을 참으며 모든 것을 믿으며 모든 것을 바라며 모든 것을 견디느니라."

인간을 향하신 진정한 사랑 때문에, 하나님은 성육신의 신비 안에서 인간의 문화 안으로 들어오신 것이다.

성육신의 원리는 사도행전 2장 4절을 통해서 확인할 수 있다.

> **"그들이 다 성령의 충만함을 받고 성령이 말하게 하심을 따라 다른 언어들로 말하기를 시작하니라."**

하나님은 예수님을 믿는 유대인들이 선교의 역할을 온전히 잘 감당할 수 있도록 그들에게 성령을 부어주시고, 각 나라의 방언을 할 수 있는 능력을 주셨다. 왜 하나님께서 유대 기독교인들에게 방언을 주셨을까? 그 이유는 하나님은 유대 기독교인들이 다른 나라와 문화권 안으로 깊숙이 들어가서 그들의 눈높이를 맞추며 예수님의 복음을 전하기 원하셨기 때문이다.

이러한 기독교 신학을 바탕으로 서번트 리더는 예수님처럼, 초대교회 시대 유대 기독교인들처럼, 진정한 사랑과 순수한 희생을 가지고 구성원들의 문화와 삶 속으로 들어가서 그들을 진정으로 섬겨야 하는 것이다.

기독교교육의 장에서 서번트 리더십은 기독교교육자가 반드시 갖추어야 할 리더십의 유형이다. 왜냐하면 서번트 리더십이 바로 예수님의 리더십이었기 때문이다. 인간의 몸을 입고 인간의 문화 속으로 들어오신 예수님, 갈릴리에서 낮은 자들과 함께 사역하신 예수님, 죽음을 앞두고 제자들 앞에 무릎 꿇고 제자들의 발을 씻겨주신 예수님, 가장 낮은 모습으로 십자가에서 죽으신 예수님. 예수님의 삶은 서번트 리더십의 모델을 보여주신 것이다. 기독교교육자는 갈라디아서 2장 20절의 바울의 고백처럼 예수님을 주인으로 모시는 예수님의 제자이자 종이다. 그렇다면 기독교교육자는 반드시 서번트 리더십을 갖추고 교육 현장에서 실천해야 하는 것이다. 기독교교육자의 문화적·사회적·심리적 배경에서 학습자를 이해하고 가르치거나 공동체를 이끌고 나가려 하지 말고, 학습자의 문화적·사회적·심리적 배경에서 그들 안으로 들어가서 겸손한 마음으로 학습자의 눈높이를 맞추며 교육사역을 감당하고, 공동체를 이끌어야 한다.

(5) 상황적인 리더십(Situational Leadership)

상황적인 리더십은 조직이 처해있는 상황에 따라 리더십의 특징들이 결정되는, 어찌보면 탄력적인 면이 많은 리더십이다. 즉, 상황적인 리더십은 구성원들을 이끌고 영향력을 행사하는 데에 가장 효과적인 하나의 리더십 스타일은 없다는 것이다. 조직이 처해있는 상황은 다시 말하면 조직의 구성원들이 처한 상황이다. 이 상황에 따라 리더십의 스타일과 특징들이 변화될 수 있다. 따라서 상황적인 리더십은 구성원들이 리더가 발휘하는 리더십의 스타일을 결정하도록 만든다고 해도 과언이 아니다.

예를 들어, 교회에서 평신도들의 상황을 나타내는 행동들이 목회자들의 리더십의 특징들을 결정하는 데 큰 영향을 준다. 구체적으로 만약 구성원들이 스스로 일을 역동적으로 추진해나가는 행동이 보여지면, 리더의 리더십은 구성원들이 독립적으로 일할 수 있는 방향으로 나아가야 한다. 그러나 만약 구성원들이 소심하고 과업을 성취하기 위해서는 어떻게 해야 할지 몰라 우왕좌왕할 때에는 리더의 리더십은 명확한 가르침과 훈련을 통해 구성원들을 좀 더 강력하게 이끄는 리더십을 발휘해야 한다. 그래서 이 상황적인 리더십은 여러 리더십 스타일이 혼재되어 있는 것 같이 보인다. 여러 리더십 스타일 가운데 구성원들의 특정한 상황들에 가장 적합한 스타일을 찾아내고 조직 내에 적용하는 것이다. 그래서 효과적인 리더는 리더십 스타일과 상황 사이의 관계를 정확하게 파악하는 능력이 있는 리더라고 말할 수 있다(U.S. Army, 2008).

허쉬와 블랜차드(Hersey and Blanchard, 1977)는 과업행동(task behavior)을 한 축에 놓고, 관계행동(relationship behavior)을 한 축에 놓으면서 네 가지 기본적인 리더십 스타일을 드러내는 네 가지 셀 도표를 만들었다.

(a) 지시(directing): 과업중심/관계약화(high task/low relationship),
(b) 지도(coaching): 과업중심/관계중심(high task/high relationship),
(c) 지지(supporting): 관계중심/과업약화(high relationship/low task),
(d) 위임(delegating): 관계약화/과업약화(low relationship/low task)

일의 성과가 우선되고 구성원들의 관계성은 중요하지 않은 상황에서는 "지시"가 필요하고, 일의 성과도 중요하고 구성원들의 관계성도 중요한 상황에서는 "지도"가 필요하고, 일의 성과는 중요하지 않지만 구성원들의 관계가 중요한 상황에서는 "지지"가 필요하고, 일의 성과도 중요하지 않고, 구성원들의 관계도 중요하지 않는 상황에서는 "위임"이 필요하다는 것이다.

이 상황적인 리더십을 조직에 적용하면, 최선의 리더십 스타일은 구성원들의 상황(예: 조직의 특정한 과업을 기꺼이 수행하려고 하는 모습을 얼마나 갖추고 있는가?)들을 구성원들과의 대화와 상담을 통해, 행동 분석을 통해 체크하고 설정하는 것이다. 그 다음, 이 상황에서 과업 중심(지시와 지도)의 리더십을 사용할 것인지, 관계 중심(사회적이고 감정적인 지지)의 리더십을 사용할 것인지를 결정해야 한다(U.S. Army, 2008, p.44).

기독교교육의 장에서 기독교교육자는 학습자들의 상황을 파악하고 분석할 수 있는 능력을 갖추어야 한다. 구체적으로 학습자가 교육내용에 대해 어느 정도의 전이해를 가지고 있는지, 신앙의 수준은 어떠한지, 학습에 임하는 태도는 어떠한지, 학습자의 가정의 신앙적 배경은 어떠한지 등등을 파악할 수 있어야 한다. 그리고 나서 엄격한 지시와 지도, 훈련 등을 통해 과업 중심적으로 학습자들을 이끌 것인지, 아니면 감정적인 지지와 공감 등을 통해 관계 중심적으로 학습자를 이끌 것인지를 선택해야 한다. 학습자의 상황은 학습을 진행함에 따라 계속 바뀔 수 있다는 점을 기독교교육자는 반드시 인지해야 한다. 그래서 기독교교육자는 자신이 선호하는 리더십을 고집하지 말고, 학습자의 상황에 따라 가장 적절한 리더십을 선택할 수 있고, 전문가답게 사용할 수 있어야 한다. 다시 말하면, 상황적인 리더십을 사용할 수 있는 리더의 조건은 구성원들의 상황을 데이터를 통해 객관적으로 파악할 수 있는 능력이 있어야 하고, 여러 리더십 유형을 이해하고 자연스럽게 사용할 수 있는 능력이 있어야 한다.

정리문제

1. 리더십은 어떻게 정의내릴 수 있는가?
2. 5가지의 중요한 리더십 연구는 어떠한 것들이 있으며, 구체적인 내용은 무엇인가?
3. 각 리더십 유형의 장점과 단점은 무엇인가?
4. 각 리더십 연구에서 얻은 통찰들을 기독교교육의 현장에 구체적으로 적용해보자!

참고문헌

1. Bass, B. (1990). *Bass & Stogdill's handbook of leadership (3rded.)*. New York: Free Press.
2. Burbridge, J. & Ann, J. (2012, January) Servant leadership. Corrections Today 73(6), 45-47.
3. Burns, J. M. (1978). *Leadership*. New York: Harper & Row.
4. Carlin, V. & Jess, K. (2012, Spring). Leadership styles. *The Ontario Journal of Outdoor Education*, 24(3), 28-31.
5. Davies, B. (2007). *Developing sustainable leadership. London*: SAGE Publications Ltd.
6. Dessler, G., & Starke, F. A. (2004). *Management: Principles and practices for tomorrow's leaders*. Upper Saddle River, NJ: Pearson Prentice Hall.
7. Fowler, F. C. (2013). *Policy studies for educational leaders: An introduction (4th. ed.)*. Boston, MA: Allyn & Bacon
8. Gardner, J. (1990). *On leadership*. New York: The Free Press.
9. Gastil, J. (1994). A definition and illustration of democratic leadership. *Human Relations*, 47(8), 953-975.

10. Haiman, F. S. (1951). *Group leadership and democraticaction*. Cambridge, MA: Houghton Mifflin Co. Haller, E. J. & Strike, K. A. (1986). *An introduction to educational administration*. NewYork: Longman Inc.

11. Hersey, P., & Blanchard, K. (1977). *Management of organizational behavior*. Englewood Cliffs, NJ: Prentice.

12. Hoy, W. K., & Miskel, C. G. (2013). *Educational administration: Theory, research, and practice (9th ed.)*. New York: McGraw-Hill.

13. Kouzes, J., & Posner, B. (1995). *The leadership challenge*. San Francisco, CA: Jossey-Bass.

14. Lewis, P. V. (1996). *Transformational leadership*. Nashville, TN: Broadman & Holman Publishers.

15. Northouse, P. (2004). *Leadership theory and practice*. Thousand Oaks, CA: Sage.

16. Rost, J. (1993). *Leadership for the twenty-first century*. Westport, CT: Praeger. Stogdill, R. M. (1974). Handbook of leadership. New York: Free Press.

17. Schieltz, M. (2010). Four elements of transformational leadership. *Small Business Chron online*, Retrieved from leadership-10115.html.

18. Stogdill, R. M. (1948). Personal factors associated with leadership: A survey of the literature. Journal of Psychology, 25, 35-71.

19. U.S. Army (2008). *Foundations of leadership MSLII (ed.)*. New York: Pearson Custom Publishing.

20. Yukl, G. (2002). *Ledership in organizations(5th ed.)*. Upper Saddle River, NJ :Prentice.

제4장

기독교교육행정학의 기능적인 측면에서의 주제들(1)

1. 인사행정

좋은 교사는 좋은 학생들을 만들 뿐만 아니라 좋은 학교를 만든다. 그래서 학교에서는 교사를 선택할 때 가르치는 과목에서 전문성을 가지고 있으면서도 성실하며, 좋은 성품을 가지고 있는 교사를 선택하는 것이 정말 중요하다. 그래서 이번 장은 인사행정의 실제인 교사 선발 절차에 대해서 자세히 알아보겠다. 교사 선발에서 중요한 네 가지 절차가 있는데 첫째, 교사선발시스템을 만드는 것이고 둘째, 포지션을 정의하고 학교의 강령(mission statement)에서 교사선발의 기준을 제시하는 직무해설서(job description)를 만드는 것이다. 셋째, 다양한 교사 모집 방법을 사용하고 넷째는 교사 적격심사를 하는 것이다.

이러한 교사 선발절차를 알아본 후에는, 교사적격심사에서 제일 중요한 방법인 선발 면접에 대해서 살펴보려하는데 구체적으로 선발 면접의 필요성에 대해서 논의하고, 선발 면접의 표준질문과 이상적인 방향에 대해서 알아보겠다.

(1) 교사선발절차

1) 교사 선발 시스템 만들기

선발과정의 첫 번째 과정은 바로 교사선발시스템을 만드는 것이다. 이것을 위해서 선발과정에 참여하는 행정가들은 효과적인 교사 선발의 중요성을 인지하고, 자신의 역할에 최선을 다해야 한다. 교사선발시스템은 최고의 교사를 선발하는데 중점을 두어야 한다. 학교운영위원회 구성원들은 객관적으로 검증된 최고의 교사들을 선발할 것을 공표해야 하고, 좋은 교사를 선발하는 기준을 정확히 세워야 함을 강조해야 한다. 그리고 최고의 적합한 교사들을 선발하기 위해서 충분한 시간이 필요함을 인지해야 한다(Peterson, 2002, pp.6-7).

교사 선발에 참여하는 위원들을 선발하는 것은 선발시스템을 만드는 과정 중에서 가장 중요한 과정이다. 선발위원들의 중요한 자질로는 과거에 교사선발경험을 가지고 있어야 한다는 것을 꼽을 수 있다(Peterson, 2002, p.7). 학교 운영위원회는 교사선발전담팀과 교사선발위원회, 그리고 최종선발팀을 만들어야 한다. 교사선발전담팀은 직접적으로 교사들을 선발해서 고용하는 것은 아니다. 대신해서 학교 안에서 적절하게 교사들을 고용할 수 있는 필수적인 조건들을 만드는 역할들을 한다. 미국의 경우 교사선발전담팀은 학교 행정가들, 교사들, 학부모들, 고학년 학생들, 학교와 관련된 지역사회의 리더들로 구성되어 있다. 교사선발전담팀은 활동 사항들을 이사장에게 보고해야 한다(Peterson, 2002, pp.8-9).

피터슨(Peterson)에 의하면(2002), 교사선발전담팀이 해야 하는 일은

(1) 교사고용 워크샵을 시작하고,
(2) 고용을 어떻게 해야 하는지 전문적인 훈련을 계획하고,
(3) 다른 학교들의 교사 선발 과정을 비교하고,
(4) 고용 시 필요한 자원들을 체크하고 관리하며,
(5) 교사들을 배출하는 사범대학과 협조하며 정보를 구하는 일이다(p.9).

다음으로 교사선발위원회는 보통 8명에서 12명의 위원들로 구성되는데, 실제 교사를 선발하는 역할을 하는 조직이다. 보통은 학교 행정가들과 교사들이 같은 숫자로 구성되어 있고, 사무행정 직원, 학부모, 고학년 학생 대표, 학교와 관련된 지역사회 리더들(이사들)이 포함될 수 있다(Peterson, 2002, p.10). 피터슨에 의하면(2002), 교사선발위원회의 의무는 교사 지원자를 심사하는 것이다. 지원자들을 심사해서 처음에는 여섯 명 정도로 추리고, 그 다음은 심사결과가 좋은 상위 세 명의 지원자들을 뽑아야 한다(p.10).

마지막으로 최종선발팀은 이사장과 교장과 대표교사로 구성되어 있으며, 교사선발위원회에서 추려진 세 명을 두고, 심사를 해서 최종 선발자를 선정하는 역할을 한다(Peterson, 2002, p.10). 구체적으로 최종선발팀의 의무는 추려진 세 명 중에 누가 학교에 적합한 교사인지 지원자 자료 등을 검토하고, 최종선발 면접을

진행하고, 다른 학교의 최종선발팀과 교류하면서 심사하는 것이다(pp.10-11).

2) 직무내용표(Job Description) 만들기, 학교의 사명문(Mission Statement)을 가지고 교사 선발 기준을 확인하기

교사선발전담팀은 선발해야 하는 교사의 직무내용표를 준비해야 한다. 표준적인 직무내용표에는 직무의 종류(예: 가르침, 감독, 협상, 운영, 감시, 보고 등), 직무요약(각 직무에 대한 설명), 의무와 책임들(업무를 함에 필요한 자료, 도구, 장비), 필요한 자질들(교육의 수준, 학위, 자격증, 수료증), 고용의 조건들(학교의 위치, 독특하거나 특수한 학교의 상황, 이용 가능한 자원과 도움들, 봉급에 대한 정보, 복리후생에 관한 정보, 일하는 시간, 일을 시작하는 날짜 등)이 기록되어 있다(Seyfarth, 2008, p.19). 사실상, 직무내용표를 쓰는 것은 직무 자체의 분석과 연결되어 있고, 직위에 대한 정보를 모으는 것과 연관되어 있다(Rebore & Walmsley, 2010, p.67).

직무내용표를 만드는 것 뿐만 아니라, 교사 선발 기준을 확인하는 것도 매우 중요하다. 교사 선발 기준은 교사를 선발하는 데 있어서 학교가 중시 여기는 교사의 태도나 지식, 그리고 기술들을 명확히 밝혀야 한다. 예를 들어, 교사직에 필요한 대학교 학위나 교사 자격증은 반드시 필요하다(Seyfarth, 2008, p.22). 게다가 지원자의 대학교 성적(GPA)이나 다른 필요한 시험점수는 기본적인 교사 선발 기준에 들어가야 한다(Haberman, 1987, p. 29). 이 뿐만 아니라, 기독교학교에 필요한 기독교 교사를 선발하는 것이기 때문에 주관적인 신앙적인 면도 최대한 객관적으로 평가할 수 있도록 교사 선발 기준에 반드시 들어가야 한다. 물론 주관적인 신앙을 체크하기는 힘들다. 그러나 자신의 신앙고백서나 교회봉사경력서, 목회자 추천서 등을 통해서 최대한 객관적으로 평가하기 위해 노력해야 한다. 요즘 기독교학교도 입시위주의 틀 속에서 벗어나지 못해서 일반학교의 교사선발 기준과 별반 차이가 없는 것들을 보게 된다. 교사의 신앙적인 면이나 신앙에서 우러나오는 인격적인 면은 선발 기준에서 형식화되어 실제 선발 평가에 별 영향을 미치지 못하고 있는 것이 현실이다.

교회는 일반 직장과는 다른 특수한 면이 있기 때문에 일괄 적용하기는 힘들지만, 교회에서 목회자나 직원을 뽑을 때에 직무내용표를 마련할 필요가 있다. 직무내용표가 없기 때문에 일하게 된 목회자나 직원의 입장에서는 효율적으로, 효과적으로 일하기가 쉽지 않고, 그러다보니까 일의 전문성을 가지기가 쉽지 않다. 교회의 모든 일을 알고 대처해야 하고, 부교역자의 경우는 담임목사에 의해 맡겨진 일은 그 때 그 때 다 해내야 하기 때문에 업무에 스트레스를 많이 느끼고 일의 피로도가 높을 수밖에 없다. 고용에 대한 조건들도 선발 면접 때에는 거의 알지 못하기 때문에 답답함을 느낀다. 한국 교회 문화에서 면접 시에 고용에 대한 조건들을 물어보는 것에 대해 세속적이라고 생각하는데, 이것은 정말 잘못된 편견이다. 이것인 세속적이 아닌, 합리적인 것이다. 교회 안에서 목회자와 직원들이 행복하게 사역할 수 있어야 행복한 교회가 될 수 있는 것은 당연한 상식이다.

3) 다양한 교사 모집 방법의 사용

교사선발전담팀은 다양한 교사 모집 방법을 사용해야 한다. 특별히 효율적인 교사 모집 방법은 첫째, 현재 현장에서 가르치고 있는 교사와 상담하는 것이다. 그들을 통해서 어디서, 어떤 방법을 통해서 좋은 교사들을 찾을 수 있는지 조언을 구해야 한다.

둘째, 교사 모집 공고를 내어서 교사의 경험이 있는 유능한 대상자들을 찾을 수 있도록 해야 한다. 그리고 유능한 교사를 추천 받으면 교사선발위원회에서 그들을 찾아가서 교사 모집에 대한 정보를 알려줄 수가 있다.

셋째, 다른 기독교 사립학교, 그리고 일반 사립학교들은 어떻게 교사를 모집하고 있는지 비교하면서 배울 수 있는 점들은 수용해서 배워야 한다.

넷째, 대학교를 직접 방문하고, 공고를 내어서 자격을 갖추고 교사 자격증을 취득한 유능한 졸업자들이 교사모집에 지원할 수 있도록 홍보해야 한다.

다섯째, 좋은 교사들에 대한 정보를 수집할 수 있도록 사범대학교들과 좋은 관계를 유지하도록 노력해야 한다.

여섯째, 홍보책, 광고지, 비디오, CD, DVD, 뉴스광고, 교사 취업관련 사이트, 블로그, 페이스북 등을 통해서 학교를 홍보하는 동시에 교사모집을 알려야 한다. 일곱째, 지역 교육청이나 교육 관련 정부 기관과도 좋은 관계를 유지하며 전문적인 교사 모집에 관한 정보들을 얻도록 노력해야 한다(Peterson, 2002, pp.13-26).

4) 교사선발심사

교사지원자들을 모집한 후에 교사선발심사의 과정은 세 가지 심사의 단계로 나누어질 수 있다.

〈1〉 첫 번째 단계 심사

교사선발위원회는 모든 교사 지원자들이 낸 자료들을 통해서 과거의 행적과 실적이 앞으로 교사직을 감당하는 데 있어서 중요한 예측 자료가 될 수 있는지에 대해서 최대한 정확하게 살펴보아야 된다(Peterson, 2002, p.27). 교사선발위원회는 1〉 교사 지원서의 양식과 2〉 이력서를 꼼꼼하게 살펴보아야 한다. 그리고, 3〉 대학교 성적 등을 다른 지원자들과의 상대적인 기준으로 심사평가에 반영해야 한다. 또한, 4〉 교사세미나나 워크샵 등 교사 훈련 프로그램에 참여한 수료증, 5〉 추천서, 6〉 전문적인 지식을 체크할 수 있는 공인된 시험의 점수결과 등을 심사해야 한다(Peterson, 2002, p.28).

더 구체적으로 설명하면 첫째, 지원서의 양식을 통해서 가지고 있는 학위나 추천인 등을 파악할 수 있다(Peterson, 2002, p.30). 둘째, 이력서는 세 가지 형태를 가지고 있는데, 첫 번째는 연대기적인 이력서, 두 번째는 경험에 근거한 이력서, 세 번째는 연대기적인 것과 경험에 근거한 것이 혼합된 추천서이다. 연대기적인 이력서에는 학력과 경력이 시간 순서대로 기록되어야 하고, 경험에 근거한 이력서에는 성취한 경험, 능력을 발휘한 경험, 자격을 얻은 경험에 근거해서 기록되어야 한다. 마지막으로 혼합된 추천서에는 연대기적인 이력서의 장점과 경험에 근거한 이력서의 장점을 조합해서 기록되어야 한다(Peterson, 2002, pp.30-36). 셋째, 대학교 성적은 지원자의 전문성을 체크할 수 있는 중요한 도구가 될 수 있다. 넷째, 교사세미나나 워크샵 등 교사 훈련 프로그램에 참여한 수료증은 얼마나 교사가 자기 발전을 위해 노력했는지를 체크할 수 있는 기준이 된다. 다섯째, 추천서는 그 지원자를 간접적으로나마 알 수 있게끔 도와주는 역할을 한다. 여섯째, 전문적인 지식을 체크할 수 있는 공인된 시험의 점수결과는 지원자의 문제해결능력과 전문적인 지식의 정도를 체크할 수 있는 기준이 된다(Peterson, 2002, pp.40-41). 첫 번째 단계 심사를 통해 많은 지원자들을 여섯 명 정도로 압출할 수 있다.

〈2〉 두 번째 단계 심사

첫 번째 단계 심사에서 통과된 여섯 명을 세 명으로 압축하기 위해서 교사 선발위원회는 1〉 더 세분화된 이력서와 2〉 에세이, 3〉 포트폴리오, 4〉 작업 샘플, 5〉 가르치는 동영상을 더 제출할 것을 요구할 수 있다. 그리고, 6〉 확인 전화를 시행하고, 7〉 학교테스트나 8〉 직접 면접도 시행할 수 있다(Peterson, 2002, p.43).

더 구체적으로 설명해보면, 첫째, 더 세분화된 이력서는 성취에 대한 구체적인 예와 설명들을 기록하게 해야 한다(Peterson, 2002, p.43). 둘째, 에세이는 학교에서 일어날 수 있는 구체적인 문제를 주고 그에 대해서 어떻게 해결할 것인지를 쓰게 해야 한다. 이러한 에세이를 통해서 교사의 문제해결능력과 교사로서 가지고 있는 철학과 자세 등을 파악할 수 있다(Peterson, 2002, p.44). 셋째, 포트폴리오에는 한 학기 수업에 대한 계획서, 학급경영에 대한 계획서, 그리고 추천서, 그리고 학습지도에 대한 실제적인 경험적 사례들을 포함시켜야 한다(Peterson, 2002, p.45). 넷째, 작업샘플에는 지원자에게 1시간 분량의 수업시간을 준다고 가정하고, 이 수업을 진행하기 위해 필요한 자료, 교육목표, 교육방법, 교육평가, 학급크기, 교육시간을 세세하게 기록해서 계획을 세우도록 해야 한다(Peterson, 2002, p.45). 다섯째, 확인전화는 이력서나 추천서를 통해 수집된 자료가 정확한지를 확인하기 위해서 시행해야 한다(Peterson, 2002, p.48). 여섯째, 학교테스트는 기독교학교에 맞는 소양과 자질을 가지고 있는지에 대한 기독교 윤리적인 테스트, 기본적인 신앙과 성경에 관한 테스트를 시행해야 한다. 일곱째, 가르치는 동영상은 지원자의 가르치는 실제 기술을 체크할 수 있는 데 유용하게 사용될 수 있다. 여덟째, 면접은 지원자가 낸 자료들을 명확히 하고, 사실인지 확인하는 데 큰 도움을 주고, 지원자에 대한 부가적인 정보를 수집하는 데 유용하고, 학교에 적합하지 않는 지원자를 걸러내는 데에 도움을 주는 매우 좋은 방법이다(Peterson, 2002, p.56).

첫 번째 단계 심사 (모든 지원자)	두 번째 단계 심사 (6명 정도)	세 번째 단계 심사 (3명 정도)
(1) 교사 지원서의 양식 (2) 이력서 (3) 대학교 성적 (4) 교사세미나나 워크샾 등 교사훈련 프로그램에 참여한 수료증 (5) 추천서 (6) 전문적인 지식을 체크할 수 있는 공인된 시험의 점수결과	(1) 더 세분화된 이력서 (2) 에세이 (3) 포트폴리오 (4) 작업샘플 (5) 가르치는 동영상 (6) 확인전화 (7) 학교테스트 (8) 직접 면접	(1) 부가적인 확인 전화 (2) 부가적인 면접 (3) 실제 강의시연 (4) 지원자의 추천자들 만나기 (5) 그룹 면접

〈3〉 세 번째 단계 심사

두 번째 단계 심사에서 걸라진 세 명 중에서 한 명을 뽑기 위해서 세 번째 단계 심사는 1〉 부가적인 확인 전화, 2〉 부가적인 면접, 3〉 실제 강의시연, 4〉 지원자의 추천자들 만나기, 5〉 그룹 면접의 방법을 사용해야 한다.

좀 더 구체적으로 살펴보면, 첫째, 부가적인 확인 전화를 통해서 지원자가 낸 서류 등의 사실여부를 더 정확히 확인할 수 있다. 둘째, 부가적인 면접을 통해서 지원자에 대해 더 잘 알 수 있다. 셋째, 실제 강의시연은 20분에서 40분 정도의 시간을 주고, 실제 강의를 하는 것을 본다. 실제 강의시연을 통해서 지원자의 강의능력을 정확하게 파악할 수 있고, 최종적으로 누굴 뽑을 지를 결정할 수 있는 강력한 방법이 된다. 넷째, 지원자의 추천자들 만나기를 통해서 추천서의 내용이 과장이 아닌 사실인지를 파악할 수 있다. 다섯째, 그룹 면접을 통해서 지원자들을 서로 비교하면서 평가할 수 있다(Peterson, 2002, pp.53-55).

(2) 면접하기(Interviewing)

엘더, 카크마르, 페리스(Elder, Kacmar, and Ferris)는 선발 면접에 대해서 다음과 같이 정의를 내렸다: 선발 면접은 조직의 목표에 맞는 능력 있는 대상자를 선발하기 위해 조직의 대표자와 면접 보는 자 사이에 일어나는 목적이 있는 만남이다(Barone & Switzer, 1995, p.241).

1) 선발 면접의 필요성

선발 심사의 여러 가지 방법 가운데, 인터뷰는 매우 중요하다. 왜냐하면, 면접의 과정은 지원자의 답변이 사실인지 아닌지, 지원자가 맡겨진 업무를 적절하게 잘 해낼 수 있는 능력이 있는지 없는지를 객관적으로 검증할 수 있기 때문이다. 즉, 면접은 지원자의 정보를 확인하는데 중요한 역할을 한다고 말할 수 있다.

위에서 살펴본 것처럼, 면접은 두 번째 단계의 심사와 세 번째 단계의 심사에서 수행되어야 한다. 두 번째 단계의 심사에서 이루어지는 면접은 학교의 요구와 필요에 절절하지 않는 지원자를 걸러내거나 가르치는 데에 있어 부적격이 될 수 있는 이유를 가지고 있는 지원자를 걸러내는 역할을 한다. 세 번째 단계의 심사에서 이루어지는 면접은 지원자가 뽑아야 하는 자리에 있어야 하는 최고의 자격을 갖춘 사람인지를 결정하는 역할을 한다(Seyfarth, 2008, pp.40-41).

하버만(Haberman)에 의하면, 면접에서는 다음과 같은 가르침의 차원이 반드시 심사되어야 하고, '보통', '좋음', '매우 좋음'으로 구분지어서 평가되어야 한다고 주장한다.

〈1〉 인내(좋은 교사는 모든 학생의 학습에 대해서 끝까지 책임을 진다),

〈2〉 학생 보호(좋은 교사는 학생이 학습의 과정에 적극적으로 참여할 수 있도록 격려한다),

〈3〉 적용의 능력(좋은 교사는 다양한 학습 자료 안에서 원리와 개념을 도출해 내고, 그것을 자신의 가르침을 향상시킬 수 있도록 적용하는 능력을 가지고 있다),

〈4〉 문제 학생들에 대한 관심(좋은 교사는 문제 학생들이 학습을 향상시킬 수 있도

록 책임감을 가지고 지도한다),

〈5〉 학생 개개인에 대한 관심(좋은 교사는 학생들의 문제에 공감하며, 그들에게 관심을 가진다),

〈6〉 스트레스 해소(좋은 교사는 교사 업무로 말미암은 스트레스를 해소할 수 있는 좋은 노하우를 가지고 있다),

〈7〉 실수 인정(좋은 교사는 자신이 실수할 수 있는 존재라는 것을 인지하며, 자신의 실수를 인정할 수 있는 정직함을 가지고 있다)(Chauncey, 2005, pp.38-39).

2) 선발 면접의 일반적인 단계

툴라(Tullar)는 선발면접이 다음 도표에서 보는 바와 있이 네 단계로 나눠진다고 주장한다. 단계마다 지원자와 면접관 모두 성공적인 면접을 완성하기 위한 목적을 가지고 있다(Barone & Switzer, 1995, pp 242-243).

단계	지원자 행동	면접관 행동
면접 전	외모를 체크한다. 빨리 면접장에 도착한다. 준비한 노트를 검토한다.	지원자의 이력서와 면접 지침을 살펴본다. 면접 볼 수 있는 환경을 조성한다.
면접 시작	악수한다. 면접관이 앉으라고 말하면 앉는다. 표정을 관리하다.	악수를 요청한다. 앉으라고 말한다. 일상적인 대화를 통해 편안한 분위기를 만든다.
면접	학력사항을 설명한다. 경력사항을 설명한다. 자신의 기술과 능력, 전문성을 설명한다. 업무에 대한 열정을 보여준다.	학력사항을 질문한다. 업무와 관련된 이전의 경력사항을 질문한다. 특별한 기술이나 능력을 질문한다. 업무에 대한 지원자의 동기를 탐색한다.
면접 마무리	업무에 관해 궁금한 것을 질문들을 한다. 자신의 강점에 대해서 강조한다. 마무리 사인을 기다린다. 일어서서 면접관과 악수한다. 면접장 밖으로 나간다.	업무에 관해 궁금한 것에 대한 질문들에 답변한다. 자신의 학교의 좋은 점을 나타낸다. 마무리 발언을 한다. 면접 이후의 일정에 대해 설명한다. 일어서서 지원자와 악수한다. 면접장 밖으로 나가는 것을 알려준다.

선발 면접: 일반적인 단계(Barone & Switzer, 1995, p.242)

3) 선발 면접의 지침들

첫째, 면접관은 면접을 시행할 때 '신뢰도'의 원칙을 따라야 한다. '신뢰도'는 일관성을 보여주는 것을 의미한다(Seyfarth, 2008, p.43).

신뢰도를 지키기 위해서는 면접관은 규격화된 면접 양식과 같은 평가 양식을 가지고 지원자들을 평가해야 한다. 평가 양식에 들어가야 하는 평가 요소는 〈1〉 학업적인 준비, 〈2〉 교사경력-양적인 면, 〈3〉 교사경력-질적인 면, 〈4〉 다양한 학생들에 대한 지식, 〈5〉 가르침에 대한 능력, 〈6〉 다양한 교육방법의 사용, 〈7〉 다양한 평가방법의 사용, 〈8〉 언어적인 의사소통의 능력, 〈9〉 서면을 한 의사소통의 능력, 〈10〉 학부모에 대한 관심, 〈11〉 동료교사와의 협력, (12) 다른 사람들의 의견에 대한 수용성 등을 들 수 있다(Seyfarth, 2008, p.49).

둘째, 면접관은 면접 시에 '타당성'의 원칙을 따라야 한다. '타당성'이란 측정하려고 하는 것들을 실제로 측정하고 있는지를 보여주는 것이다(Seyfarth, 2008, p.44). 타당성을 지키기 위해서, 면접에서 하는 질문들은 업무와 관련되어야 하고, 표준화된 질문들을 경시하지 않고, 그것들을 모든 지원자들에게 동일하게 질문해야 한다. 면접관은 선발 면접이란 어떤 지원자가 실제 뽑혔을 때 잘 해낼 수 있는지를 예측하는 것이 가장 중요한 것임을 깨달아야 한다(Keats, 2000, p.86). 따라서 질문들은 지원자의 전문분야와 관계되어야 하고, 경력과 학력, 특별한 훈련과정, 가르침의 목표, 교직에 관한 지식, 지원하는 학교에 대한 관심, 교사로서의 장점과 약점, 희망하는 봉급 등을 포함해야 한다(Barone & Switzer, 1995, p.253).

면접에서 사용하는 질문들의 세 가지 유형은 개방형 질문(open-ended), 선다형 질문(multiple-choice), 등급순 질문(rank ordering)이다. 개방형 질문은 면접을 보는 사람이 대답하는 것에 제한을 두지 않고 마음껏 말할 수 있도록 자유를 허용하는 것이다. 선다형 질문은 면접을 보는 사람이 주어진 조건들 중에 가장 적절하거나 정답이라고 생각하는 것을 선택하는 것이다. 등급순 질문은 면접 보는 사람이 상대적인 중요도를 결정할 수 있도록 하는 것이다(Keats, 2000, pp.34-37).

셋째, 면접관은 면접관이 가질 수 있는 편견을 인식하고 주의해야 한다. 면접관이 가질 수 있는 편견은 다음과 같다.

〈1〉 대조현상(contrast bias)은 면접관이 현재 면접하는 사람을 일찍 면접한 사람과 비교할 때 나타나는 편견이다.

〈2〉 부정적인 정보 편견(negative information bias)은 면접관이 면접을 하는 동안에 들어온 부정적인 정보에 집중될 때 발생되는 편견이다.

〈3〉 확증편향(confirmation bias)은 면접 시작 후 초기에 받아들인 정보에 근거해서 일찍 결정해 버리려고 할 때 발생되는 편견이다.

〈4〉 외적인 조건 편견(social merit bias)은 면접관이 지원자의 신체 조건이 좋다든가(예: 잘 생기거나 예쁘거나) 옷을 잘 입었든가, 아니면 사회적으로 엘리트 집안이라든가 등등 외적인 조건이 좋으면 호감을 가지게 되는 편견이다(Seyfarth, 2008, p.44).

이것은 첫인상과도 관련이 되어 있는데, 키츠(Keats, 2000)의 연구에 의하면, 첫인상은 엄청나게 강력한 영향을 면접관에게 줄 수 있다. 면접관의 성향이 지원자와 맞을 때 면접관은 그 지원자의 첫인상을 좋게 볼 수 있는 편견이 작용할 수 있다(p.87).

넷째, 면접관은 적절한 노트 기록을 해야 하고, 지원자의 답변 안에서 거짓과 생략, 그리고 과장을 찾아내야 한다. 기록하다가 다음 내용을 놓칠 수 있기 때문에 노트 기록을 할 때는 핵심 단어만 간략하게 기록해야 한다. 이 핵심 단어의 기록은 나중에 지원자를 전체적으로 평가할 때 지원자가 말한 내용과 정보를 떠올리게 만드는 기능을 하게 된다(Seyfarth, 2008, pp.48-49). 다시 말하면, 정형화된 기록 방식은 나중에 여러 지원자들을 객관적으로 비교하는 데 매우 큰 도움을 준다(Palestini, 1999, pp.117-118).

다섯째, 면접관은 중요사건면접(critical incident interview)이라는 면접 방법을 사용할 수 있다. 이것은 지원자가 교사의 업무를 잘 감당할 수 있는 능력이 있는지 평가할 수 있는 중요한 면접의 방법이다. 중요사건면접에서는 학교에서 일어날 수 있는 사건이나 실제로 학교현장에서 일어난 사건(예: 왕따의 문제, 학원폭력의 문제 등)에 대한 설명을 읽게 한 후, 지원자가 이 상황에 대해서 어떻게 반응하고, 사건을 해결할 것인지를 말하게 한다. 지원자의 답변을 평가할 때, 면접관은 지원자가 제시한 방법이 올바른 판단을 통해 사용된 건전한 방법인지, 다른 학교에도 사용할 수 있는 적절한 문제해결 방법인지를 살펴보아야 한다(Seyfarth, 2008, pp.46-47). 일반적인 면접이 면접관이 주도하고 이끄는 방식이라고 한다면, 중요사건면접은 지원자가 탐색하고, 해결방안을 선택해서 논리적으로 설명하는 지원자 중심의 방식이라고 할 수 있다(Hobby, Crabtree, & Ibbetson, 2004, p.27).

(3) 교회학교의 교사선발

지금 대부분 한국교회 교회학교에서 효과적이고 체계적인 교사선발이 이루어지지 않고 있다. 그 이유는 교사 수급에 어려움을 겪고 있기 때문에 그저 교사로 봉사하겠다는 성도가 나타나면 고마운 것이다. 이런 형편이다 보니 대부분 교회학교 교사는 자발적으로 누구나 할 수 있다. 게다가 교회학교 아이들이 젊은 청년 교사들을 좋아한다는 이유로 고등학교 3학년만 졸업하면 바로 교사로 투입되는 형편이기도 하다. 많은 교회들이 그나마 가지고 있는 교사선발시스템이 바로 교사대학이다. 교사대학을 통해서 교사를 세우는 것이다. 그러나 이또한 대부분은 형식적으로 간소화되어 진행되고 있다. 교사대학을 길게 하면 오지 않는다는 이유에서이다. 이렇게 간소화하는데도 불구하고 교사를 하겠다는 성도들이 적고 교사수급에 어려움이 있다면 반대로 해 보는 것을 추천한다. 반대로 교사대학을 체계적으로 길게 실시하는 것이다. 일례로 교회학교가 아주 잘 되는 어떤 교회는 교사대학을 1년 동안 실시한다. 1년 동안 매주 목요일 저녁에 출석해서 교사대학 과목을 들어야 하는 것이다. 이 교육이 끝나면 필기 시험도 본다. 그리고 마지막 관문은 학생들 앞에서 가르치는 시연을 해야 하고, 목회자가 최종 평가해서 교사를 세운다. 어차피 교사대학을 간소화해도 교사수급에 어려움을 겪는다면 역발상으로 교사대학을 철저하고, 길게 해 보는 것도 좋다. 준비 안 된 많은 교사가 있는 것보다 준비된 소수의 교사가 있는 것이 훨씬 더 중요하고, 준비된 소수의 교사가 있는 교회학교 부서는 잘될 수 밖에 없다. 그리고 많은 교사들이 교사대학에 관심을 가지지 않는 이유 한 가지는 흥미가 없고, 기대감이 없기 때문이다. 한마디로 뻔하다고 생각하기 때문이다. 그러면 교사 대학의 방법을 바꿔보면 된다. 예를 들어, 필자가 어떤 교회에서 교육총괄 목사를 했을 때 교사대학의 강사를 모두 그 교회에서 사역 중인 교육부 전도사들로 세웠다. 처음에는 전도사들이 부담스러워서 못 하겠다고 했지만 필자는 전도사들에게 본인이 가장 잘 할 수 있는 주제를 가지고 15분 정도 강의만 하면 된다고 알려줬다. 15분 정도만 해도 된다는 말에 할 수 있겠다는 답변을 듣게 되었고, 그래서 외국의 테드 강연이나 우리나라의 세바시 강연처럼 15분 동안에 엑기스만 전달할 수 있는 교사대학을 만들었다. 둥글게 의자배치를 해서 교사들이 어디에 앉든지 강사를 볼 수 있도록 했고, 강사는 전문가처럼 핀 마이크를 장착하고 원고는 방송대본처럼 네모난 작은 종이를 들고 하게 했다. 교육의 결과는 대단히 좋았다. 교사들은 자신들의 부서 전도사가 강사가 되어 나오니까 더 친근하게 느꼈고 전도사들은 전문가라고 인식할 수 있는 계기가 되었다. 강의하는 전도사들도 강사가 되어 보는 경험을 통해 더 성장하는 계기, 교육에 자신감을 갖게 되는 계기가 되었다. 교사대학을 하면 교사들이 안 모이고 안 된다고만 생각하지 말고, 새로운 변화를 통해 교사들이 관심을 갖게 만드는 것이 목회자, 교육 리더의 역할인 것이다.

교사대학 뿐만 아니라 전교인 상대로 하는 교사부흥회, 교회학교 각 부서별 홍보의 날 등을 마련해서 교회 전체적으로 교회 교육에 관심을 가지고, 교회학교 교사 사역을 중시하는 교회 문화가 마련되어야 한다. 이러한 문화 속에서 교사로 지원하는 성도들이 많아지고 좋은 교사들이 선발될 수 있는 것이다.

2. 재무행정

재무행정이란, 국가 및 공공단체가 공적인 이익을 추구하기 위하여 필요한 재원을 마련하고, 재원을 배분하고, 재원을 관리하고, 재원을 적절하게 사용하는 경제활동을 의미한다. 윤정일에 의하면(2004), 재무행정을 국가와 사회의 공익사업인 교육활동을 지원하기 위하여 국가나 공공단체가 필요한 재원을 확보하고 배분하고 지출하고 평가하는 일련의 경제활동이라고 정의내리고 있다(p.59). 한국교육행정학회 연구에 의하면(1995), 재무행정이란, 학교, 지방, 중앙 교육행정기관이 일정 기간 동안 수행해야 할 제반 교육행정활동과 필요한 사업을 추진하는 데 있어서 소요되는 경비의 지출과 이를 조달하기 위한 수입을 각기 항목별로 추산하고 정리하고 확정하는 과정이라고 정의내리고 있다(p.241).

국가가 포함된 일반교육 재무행정에 관한 내용들은 일반 행정학 저서들에서 자세히 나와 있기 때문에 본 서에서는 기독교학교라는, 교회라는 작은 범위 안에서 이루어지는 실제적인 재무행정에 대해서 일반재무행정의 이론과 용어를 차용해서 알아보도록 하겠다. 전문가로 인정받는 사람들의 특징은 전문 분야에서 사용하는 용어를 정확히 알고 사용한다. 그렇기 때문에 기독교학교에서, 교회에서 리더가 재무행정의 전문가가 되기 위해서는 재무행정에서 사용하는 전문적인 단어를 정확히 이해하고 적절히 사용할 수 있어야 한다.

(1) 예산의 정의

예산이란 "정부가 어떤 서비스를 누구에게, 어느 정도, 어떻게 제공하는가를 결정하는 것이다"(정철현, 1998, p.91). 이 정의를 기독교학교에 적용하면, 학교가 교육 서비스에 필요한 재원을 학생에게, 교사에게, 직원에게, 어느 정도로, 어떤 방식으로 제공할지 판단하고 결정하는 것을 말한다. 또한 이 정의를 교회학교에 적용하면, 교회가 기독교교육을 함에 있어서 필요한 재원을 학생에게, 교사에게 어느 정도의 수준으로, 어떤 방법으로 제공하고 분배한 가를 판단하고 결정하는 것을 말한다.

(2) 예산의 분류

예산은 내용에 따라 '자본예산'과 '운영예산'으로 구분되어질 수 있는데, '자본예산'은 장기적인 관점에서 시설을 확충할 때 들어가는 큰 스케일의 예산이다. 예를 들어, 학교의 건물을 새로 만든다든가, 리모델링을 할 때 요구되는 큰 돈이다. '운영예산'은 장기적인 관점에서 필요한 예산이 아닌, 매년 계속되는 교육활동을 위해서 필요한 일반적인 예산을 뜻한다(정철현, 1998).

예산은 집행하는 과정에 따라 '본예산', '수정예산', '추가경정예산', '잠정예산', '가예산', '준예산'으로 나뉘어질 수 있다(정철현, 1998). 학교와 교회의 범위 하에서 '본예산'은 학교(교육학교)가 이사회(당회)에 예산심의를 받기 위해 제출한 예산을 말한다. '수정예산'은 이사회(당회)에 제출된 예산이 의결되기 전에 수정된 예산을 말한다. '추가경정예산'은 이사회(당회)의 심의를 거쳐서 예산이 확정된 후에 추가의 필요에 의해서 더해지는 예산을 의미한다. '잠정예산'은 어떠한 이유로 이사회(당회)의 심의가 연기되는 경우가 있는데, 이때 임시적으로 몇 개월 간의 재정을 잠정적으로 정해주는 예산을 의미한다. '가예산'은 '잠정예산'과 같은 특징을 가지고 있으나 1개월 간의 단기간의 재정을 정해주는 예산을 의미한다. 마지막으로 '준예산'은 전년도의 지출에 준하여 정해지는 예산을 의미한다.

(3) 예산분배의 방법

일반 행정학에 다루는 예산 분배의 방법에는 프로그램 실적(정책)에 따른 방법, 공정할당법, 상한법, 공식법이 있다. 이 예산 분배의 방법을 기독교학교와 교회학교 운영에 차용할 수 있다(정철현, 1998).

1) 프로그램(정책) 실적에 따른 방법

프로그램(정책)의 교육성과에 따라서 예산을 분배하는 방법이 있다. 자세히 설명하면, 프로그램에 대한 교육적인 효과(output)와 비용(cost)의 관계를 수치화해서 프로그램(정책)에 소요되는 비용에 대한 상대적인 교육적인 효과가 큰 프로그램(정책)부터 우선적으로 예산을 배정하는 것이다. 예를 들어, 교회학교에서 '크리스마스 선물 나눠주기 프로그램'에 소요되는 비용에 대한 교육적인 효과가 비용보다 컸던 반면에, '부활절 선물 나눠주기 프로그램'에 소요되는 비용에 대한 교육적인 효과가 작았다면, 다음 예산 분배시는 '크리스마스 선물 나눠주기 프로그램'에 우선순위를 두어야 한다. 물론 교육적인 효과를 수치화하기는 힘들지만, 교사회의를 통해서, 혹은 학생들 설문을 통해서 최대한 객관적으로 판단할 수 있다.

2) 공정할당법

이것은 학교의 각 부서와 교회학교의 재정부서에서 작년에 받았던 예산액을 근거로 하여 금년 학교(교회)의 전체 예산액의 증가(감소)된 부분만큼 더하거나 줄여서 예산을 배분하는 합리적인 방법이다. 학교 (교회) 예산이 증가한 경우에는 '증액예산'이 되는 것이고, 감소한 경우에는 '감액예산'이 되는 것이다.

3) 상한법

이 예산 분배의 방법은 프로그램(정책)의 효과보다는 일정액의 비용만 사용하라고 미리 정해두는 방법이다. 즉, 학교(교회학교) 전체 예산액을 결정하여 각 부서가 청구할 수 있는 상한액수를 정해 두는 것이다. 그 상한액수 이상을 넘어서 예산을 분배 받을 수가 없다.

4) 공식법

이것은 예산 분배시 수학 공식을 사용해서 기계적으로 정하는 방법이다. 그래서 예산액의 배분을 수요에 따라 도출해내는 공식을 사용해서 예산 분배를 정하는 것이다. 예를 들어서, 교회에서 '크리스마스 선물 나눠주기 프로그램'에 대한 예산을 정할 때, 중학생은 1명당 3,000원, 고등학생은 1명당 5,000원과 같이 공식을 만들어서 중학생, 고등학생 학생 수에 따라 자동적으로 계산된 예산액을 배분하는 것이다.

(4) 예산주기

예산을 세우고, 집행하는 과정을 '예산주기'라고 말한다. 첫 번째 과정은 '예산편성'의 과정이고, 두 번째 과정은 '예산심의'의 과정이고, 세 번째 과정은 '예산집행'

의 과정이고, 네 번째는 '예산평가'의 과정이다(정철현, 1998).

1) 예산편성은 예산제출기한, 예산작성방법, 우선순위 등이 기록된 예산편성에 대한 지침에 따라서 학교와 교회학교의 각 부서에서 필요한 예산을 정하고, 그 다음 예산신청서를 작성해서 부서장에게 제출하고, 부서장은 각 부서의 예산을 종합하고 평가해서 부서 예산안을 만들고, 그 다음 이것을 학교의 경우 교장에게, 교회학교의 경우 담당목회자나 부장교사에게 제출하는 과정을 말한다.
2) 예산심의는 결정된 학교(교회학교) 예산안이 이사회(당회)를 거쳐 심사되고 확정되는 것을 말한다.
3) 예산집행은 이사회(당회)를 거쳐 확정된 예산 안에 근거해서 실제 학교(교회학교) 각 부서에게 재정을 사용하는 것을 말한다. 예산을 가지고 교육 서비스를 제공하는 것을 말한다. 이 예산집행에는 학교(교회학교)의 재정부가 실제적인 행정을 담당하게 된다.
4) 예산평가는 실제 학교(교회학교)가 교육활동을 위해 사용한 예산이 제대로 쓰여졌는지를 조사하고 평가하는 것을 말한다. 이 평가는 단점을 파헤쳐서 누군가에게 책임을 뒤집어 씌우려는 것이 아니고 재정이 효율적으로, 효과적으로, 체계적으로, 그리고 은혜롭게 사용될 수 있도록 노력하는 것이다. 그리고 다음 년도 예산편성에 반영하려고 하는 것이다. 이 평가를 다른 말로 하면 "감사"라고 할 수 있다. 감사는 내부감사와 외부감사로 나누어지는데, 내부감사는 조직 내부의 구성원 중에서 감사를 담당할 사람들을 세워서 실시하는 것이고, 외부감사는 재정과 관련된 외부의 전문가에게 의뢰해서 실시하는 것이다. 내부감사의 장점은 조직 내부의 사정을 잘 알고 있기 때문에 조직의 특성에 맞는 감사가 이루어질 수 있다. 하지만, 객관성과 정확성의 부분에서는 약점을 보일 수 있기 때문에 외부 감사도 병행해서 실시해야 한다.

(5) 재무행정의 원칙

요즘 몇몇 대형교회들이 재무행정에 있어서 문제가 발생되어 사회에 지탄을 받고 있다. 10년 전만 하더라도 세상은 교회가 어떻게 자금을 형성하고, 어떻게 돈을 쓰고, 어떤 방식으로 돈을 관리하고 분배하는지에 대해 관심이 없었다. 그러나 지금은 시대가 바뀌었다. 믿는 사람들 사이에서는 어떤 교회가 좋은 교회인지에 대해서는 신앙의 관점에서 기준이 세워지지만, 세상 사람들 사이에서는 좋은 교회의 기준이 바로 돈 사용과 관련되어 있다. 세상 사람들은 재정비리가 없고, 재정사용에 있어서 실수가 없는 교회를 좋은 교회라고 평가한다. 교인들이 눈물을 흘리며 간절한 마음으로 하나님께 드린 헌금을 제대로 사용해야함은 당연한 것이다. 재정사용에 있어서 부정직한 면이 존재한다든가, 뭔가 구린내 나는 구석이 있다면 이것은 하나님 앞에 큰 범죄일 뿐만 아니라, 교인들에게 상처를 주는 행위이며, 세상 사람들에게 비웃음거리를 제공하는 일이다. 그렇기 때문에 리더들은 교회 안에서, 교회학교 안에서 이루어지는 재무행정을 정확히 파악하고 있어야 하며, 원칙을 가지고 시행해야 한다.

교회 안에서 재무행정의 3대 원칙은 바로 투명성, 공정성, 본질성인데 그 내용을 하나 하나 살펴보도록 하자.

1) 투명성

투명성은 단어 그대로 재무행정이 투명해야 한다는 것이다. 이 투명성은 정직과 관련이 되어 있다. 단 1원 조차의 오류도 없고, 재정장부를 세상에 다 공개하더라도 전혀 거리낄 것이 없게 만드는 것이다. 이러한 투명성이 유지되기 위해서는 재무행정의 과정을 구성원들에게 다 공개해야 한다. 재정사용에 대해 재정담당자가 세세하게 기록해서 매달 구성원들에게 공개해야 한다.

한국교회는 1년에 4번 제직회 때만 재정사용내역을 파워포인트를 만들어서 대충 공개하고 넘어가는 경향이 있는데, 이제는 형식을 바꾸어 매달 재정사용내역을 주보에 넣어서 일반 성도들에게 공개할 필요가 있다. 교회학교의 경우에도 부장교사나 재정담당 회계교사가 한 달에 한 번은 재정사용내역을 모든 교사가 알 수 있도록 공개하고 설명할 수 있어야 한다. 공인 영수증을 다 수집해고 스캔해서 컴퓨터 파일로 보관하는 노력도 필요하다. 예전에는 영수증을 모아 놓고, 그러다가 쓰레기가 되어 버리는데, 철저한 재무행정을 위해서는 영수증들을 모으는 것에서 그치는 것이 아니라, 스캔해서 컴퓨터에 파일로 저장해 놓아야 한다. 영수증만 수집해 놓으면 시간이 지나서 영수증의 잉크가 지워질 수 있기 때문이다. 이제는 목회자들도 세금을 내며 교회 재정사용에 대해 그 어느 때보다도 투명성이 요구되는 시대이다. 그렇기 때문에 재정사용에 대한 증거가 정확하게 수집 및 보관되어야 한다.

2) 공정성

공정성은 예산분배과정이 공평하게 이루어지는 것을 말한다. 예를 들어, 어느 부서에는 합리적인 이유 없이 많은 예산이 배정되고, 어느 부서에는 적은 예산이 배정된다면 그것은 공정성에 위배되는 것이다. 이러한 재무행정은 비전문적인 비리행정이다. 마찬가지로 교회학교의 어떤 프로그램에는 쓰고도 남을 예산이 부어지고, 어떤 프로그램에는 예산이 부족해서 일도 제대로 못하게 되어버린다면, 이것은 공정성에 정면으로 위배되는 것이다. 위에서 설명한 예산분배의 전문적인 방법을 통해서 예산이 공정하게 배분되어야 한다.

3) 본질성

본질성은 교회 재무행정에 너무나도 필요한 원칙이다. 세상의 조직들은 효율성에 초점을 많이 두어서 예산 대비 결과가 좋은 부서에 많은 예산을 분배하고, 투자 대비 효과가 좋은 프로그램에 많은 예산을 집중한다. 그러나 교회는 다르다. 교회교육은 세상과 달라야 한다. 교회교육은 효율적인 결과만 바라보지 않는다. 세상적인 관점에서 성공적인 결과물만 취하지 않는다. 그렇기 때문에 교회 재무행정에서는 결과의 성과여부만 바라보고 예측하며 예산을 분배하는 것이 아니라, 본질적인 교회 사역이 무엇인지, 본질적인 교회 프로그램이 무엇인지를 고민하고 그 '본질'에 투자하고 예산을 분배해야 하는 것이다.

예를 들어서, 교회학교 프로그램 중에 '청소년들 댄스 공연'이라는 프로그램이 있다고 가정해보자! 이 프로그램을 작년에 시행했는데 아이들의 문화에 맞기 때문에 교회 본당이 꽉 찰 정도로 아이들이 많이 왔다. 비론 일회성이었지만, 본당에 청소년들이 꽉 찬 모습이 담임목사님의 입장에서, 담당목회자의 관점에서 너무나도 좋아 보였다. 그래서 올해에는 이 프로그램에 예산을 더 집중해주기로 결정했고, 오는 아이들마다 선물도 하나씩 다 주기로 했다.

반면에 '일대일 제자양육'이라는 프로그램이 있다고 가정해 보자! 이 '일대일 제자양육'에는 자발적인 참여자도 별로 없고, 우리 교회학교 대부분의 교사 숫자인 20명이 투입되어서 20명의 아이들을 양육하게 되니까 선생님들도 힘들고, 효율적인 면에서도 별로이기 때문에 예산을 따로 배정하지 않고 그냥 시간 될 때 교사들이 아이들을 만나서 말씀을 양육해주는 것으로 했다.

자! 이제 여러분이 평가해봐라! 이러한 교회학교가 있다면 하나님의 뜻에 맞게 재무행정이 이루어진 것인가? 필자가 보기에는 결코 아니다. 교회 안에서 이루어지는 재무행정에는 반드시 '본질성'이라는 원칙이 지켜져야 한다는 것을 기독교교육자들은 절대 잊지 말아야 한다.

정리문제

1. 교사 선발의 구체적인 과정을 설명해보라! 교사 선발은 어떠한 단계를 가지고 있으며, 어떠한 세부적인 계획과정과 실행과정을 가지고 있는가?
2. 기독교학교의 관점에서, 교회학교의 관점에서 예산을 정의해보고, 예산을 분류해보고, 예산분배의 방법을 설명해보라!
3. 교회 안에서 이루어지는 재무행정의 3원칙은 무엇인가?
4. 구체적으로 한국교회 재무행정의 개혁방안은 어떤 것들이 있는지 살펴보자.

참고문헌

1. 윤정일 (2004). *교육재정학원론*. (서울: 세영사)
2. 정철현 (1998). *행정학개론*. 서울: 법문사
3. 한국교육행정학회 (1995). *교육재정론*. 교육행정학전문서 6 (서울: 도서출판 하우)
4. Barone, J. T. & Switzer, J. Y. (1995). *Interviewing-Art and skill*. Needham Heights: Allyn & Bacon.
5. Chauncey, Caroline (2005). *Recruiting, retaining, and supporting highly qualified teachers (ed.)*. Cambridge: Harvard Education Press.
6. Haberman, Martin (1987). *Recruiting and selecting teacher for urban schools*. New York: ERIC Clearing house on Urban Education.
7. Heller, D. A. (2004). *Teachers wanted-Attracting and retaining good teachers*. Alexandria: Association for Supervision and Curriculum Development.
8. Hobby, Russel, Crabtree, Sharon, & Ibbetson Jennifer (2004).

The school recruitment handbook-A guide to attracting, selecting, and keeping outstanding teachers. London: Routledge Falmer.

9. Hoy, W.K., & Miskel, C.G. (2013). *Educational administration: Theory, research, and practice(9th ed.)*. New York: McGraw-Hill.
10. Keats, D. M. (2000). *Interviewing-A practical guide for students and professionals*. Philadelphia : Open University Press.
11. Palestini, . H. (1999). *Educational administration*. Lancaster: Technomic.
12. Peterson, K. D. (2002). *Effective teacher hiring-A guide to getting the best*. Alexandria: Association for Supervision and Curriculum Development.
13. Rebore, R. W., & Walmsleym A. L. E. (2010). *Recruiting and retaining-Generation Y teachers*. Thousand Oaks: Corwin A SAGE Company.
14. Seyfarth, John T. (2008). *Human resource leadership for effective schools. (5th ed.)*. Virginia Commonwealth University: Allyn & Bacon.

제5장

기독교교육행정학의 기능적인 측면에서의 주제들(2)

제5장 기독교교육행정학의 기능적인 측면에서의 주제들(2)

1. 데이터 분석

조직운영에 있어서 리더에게 다양한 의사결정을 해야 하는 순간들이 찾아온다(프로그램을 짜거나, 일년 계획을 수립하거나, 문제해결을 위한 방안을 결정하는 등). 그 때 자신의 감정이나 생각에 의지하게 되면 잘못된 의사결정이 이루어지기가 쉽고, 구성원들은 불만을 품기가 쉬어진다. 그렇기 때문에 의사결정에 있어서는 반드시 일관적인 데이터를 가지고 체계적이고 과학적인 분석을 거친 후에 이루어져야 한다. 좋은 리더는 자기 기분에 따라, 자기 통찰에 따라 움직이는 리더가 아니라, 데이터 분석을 통해서 움직이는 리더이다. 자기 기분에 따라, 자기 통찰에 따라 움직이는 리더 아래 있는 구성원들은 상당히 불안감을 느낀다. 반면에 데이터 분석을 통해서 움직이는 리더 아래 있는 구성원들은 상당히 안정감을 느낀다. 교회의 예를 들어보자. 많은 목회자들이 교회를 건축한다. 대부분은 현재 교회 예산으로는 건축하기가 쉽지 않았지만 믿음으로(?) 〈이것을 일반인들도 이해할 수 있는 용어로 바꾸면 "자기통찰"이다〉 추진해서 되었다는 것이다. 물론 목회자의 자기통찰로 교회 건축을 해서 성공한 소수의 교회들이 있다. 그러나 많은 교회들은 무리한 교회 건축으로 말미암아 빚더미에 오르고 더 힘든 상황이 되었다. 요즘 교회 매물사이트에 보면 엄청나게 많은 교회들이 빚을 갚지 못해서 올라오고 있다. 좋은 목회자는 과거 몇 년치의 헌금의 추이에 관한 데이터를 가지고 미래를 예측하고, 현재 보유하고 있는 교회 예산을 바탕으로 어떻게 교회 건축을 할 것인지 합리적으로 성도들에게 설명하는 목회자일 것이다.

(1) 데이터의 역할

첫째, 데이터는 조직에 있어서 어떤 변화가 필요한지 알려주는 역할을 한다. 데이터는 과거와 현재의 상황을 보여주면서 앞으로 어떤 변화가 필요한지 알게 해 주고, 미래에 바람직한 조직의 방향을 알게 해 준다.

둘째, 데이터는 조직이 현재 가지고 있는 구체적인 문제를 알려주는 역할을 한다. 그렇기 때문에 데이터를 통해서 문제의 현상적인 원인과 근원적인 원인이 무엇인지 정확히 인지하고 진단할 수 있게 된다.

셋째, 데이터를 통해 학생, 교사, 조직의 배경을 이해하는 데 도움을 준다. 특히 데이터를 통해 학생의 가정적 배경과 사회적 배경 등을 알 수 있고, 인구 통계학적인 데이터에 나타난 학생 개개인의 점수를 통해서 학생의 학력 수준을 정확하게 파악하고, 어떻게 학생들을 가르칠 수 있는지를 파악할 수 있게 된다.

넷째, 데이터는 현재 조직 안에서 일어나고 있는 비효율적이고 비효과적인 활동들을 찾아내는 역할을 한다. 조직 운영을 위해서는 조직 안에서 다양한 활동들이 필요하다. 그 활동들 중에는 비효율적이고 비효과적인 낭비적 활동들이 있다. 그렇기 때문에 데이터는 그것들을 찾아내는 역할을 한다.

다섯째, 데이터는 자금의 사용을 효율적이고, 효과적으로 하는데 도움을 주는 역할을 한다. 조직을 운영함에 있어서는 자금이 많이 필요하다. 그 자금의 지출에 있어서 데이터의 사용은 절실히 요청된다. 데이터를 통해 적재적소에 자금을 적절히 배분할 수 있게 되고 결국 효율적이고 효과적인 지출이 될 수 있도록 돕는다.

여섯째, 데이터는 조직의 목표가 제대로 이루어지고 있는지를 보여주는 역할을 한다. 데이터를 확인하면서 조직의 목표가 일관성 있게 이루어져 가고 있는지 한눈에 확인할 수 있다. 조직의 목표가 너무 실현 불가능하게 잡혔는지 아닌지도 확인할 수 있고, 실현가능하다면 데이터를 통해 조직의 목표를 이룰 수 있도록 구체적인 방안도 찾아낼 수 있다.

일곱째, 데이터는 교사들이 구체적인 비전을 가질 수 있도록 도움을 주는 역할을 한다. 데이터는 조직의 리더의 교장이나 이사장, 목회자나 부장이 조직 운영을 하는데 큰 도움을 주지만, 교사들이 학생들을 가르치는 데 있어서 구체적인 가르침에 대한 비전을 설정할 수 있도록 도움을 주는 역할을 한다.

여덟째, 데이터는 실패를 예측하고, 막아주는 역할을 한다. 데이터의 일관된 결과들을 보면서 실패로 나아가지 않는 방안을 찾을 수 있다. 그렇기 때문에 데이터는 실패에 대한 두려움으로부터 해방시켜주는 역할을 하며, 실제로 실패를 막아주는 기능을 한다.

아홉째, 데이터는 조직 안에서 담론화되고 있는 관심사항을 파악해 주는 역할을 한다. 교사 설문조사나 학생 설문조사 등을 통해 수집된 데이터는 조직 안에서 논의되고 중요하게 제기되고 있는 관심사항을 파악할 수 있도록 돕는다.

열째, 데이터는 배움의 과정을 계속적으로 향상시켜주는 역할을 한다. 학교교육에서나 교회교육에서나 중요한 것은 학습자의 배움의 과정이다. 그렇기 때문에 데이터를 통한 교육은 학습자의 배움의 과정이 계속적으로 더 발전되고, 개선될 수 있도록 작용하는 역할을 한다.

(2) 데이터의 종류

데이터는 크게 1) 인구통계학적인 데이터(demographic data), 2) 인식 데이터(perceptions data), 3) 학습 데이터(student learning data), 4) 과정 데이터(process data)로 구성되어 있다(Bernhardt, 2004).

1) 인구통계학적인 데이터(학교의 경우)

인구통계학적인 데이터는 데이터 중에서 가장 광범위하며, 가장 중요하다. 인구통계학적인 데이터는 학교가 위치하고 있는 지역 공동체의 특성, 학교를 포함하고 있는 학군의 상황을 보여주며, 학교가 어떤 곳인지, 그리고 학생, 교사와 직원, 학부모와 관련된 통계자료를 포함하고 있다.

〈1〉 지역 공동체 관련 데이터(위치와 역사, 경제적인 기반, 인구의 숫자와 동향, 사회 경제적 수준, 학교와 관련된 지역공동체 기관, 회사)

〈2〉 학군 관련 데이터(범위와 역사, 학교, 행정가, 교사와 학생 숫자, 학생들의 학력

수준)

〈3〉 학교 관련 데이터(학교에 대한 설명과 위치, 역사, 학교의 유형, 행정가, 직원, 학생과 교사의 숫자, 자산 및 1년 예산, 안전과 관련된 데이터, 사고 기록, 독특성과 강점, 학교의 규모와 학급의 규모, 특별활동, 방과 후 학교 프로그램, 여름. 겨울방학 프로그램, 학생 상담 활동 현황, 학교 시설종류, 학교 시설 노후 여부, 학교 시설 보수 일정, 학교 후원 현황)

〈4〉 학생 관련 데이터(삶의 배경, 가족 구조, 가족 규모, 학생들의 성별, 출석률, 학교 등교 수단, 성별과 학년에 따른 자퇴율, 다음 교육 레벨로의 진학률, 특별활동, 봉사활동, 방과 후 학교 프로그램, 여름, 겨울방학 프로그램 참가 현황, 성별에 따른 졸업율, 장학금 수혜 학생 현황, 문제학생 현황, 학력수준-중간, 기말고사 점수, 모의고사 점수)

〈5〉 교사 및 직원 관련 데이터(성별과 나이, 강의 경력/일의 경력, 학력 수준, 자격증, 평가 점수, 교사교육/직원교육 연수 및 세미나 참가 경력, 출석률 및 이직률)

〈6〉 학부모(학력수준, 직업과 사회 경제적 수준, 학교 활동 참가 경력, 자녀 학습에 대한 관심도)

2) 인식 데이터

인식 데이터는 학생, 교사와 직원, 학부모가 학습 환경에 대해서 어떻게 생각하는지를 이해할 수 있게 하는 데이터이다. 인식 데이터는 (1) 직접 설문지를 돌리거나, (2) 직접 대면해서 면접을 시행하거나, (3) 전화로 면접을 시행하거나, (4) 이메일로 설문조사를 하거나 (5) 주의 깊은 관찰 등을 통해서 수집될 수 있다. 인식 데이터는 학교 구성원들이 믿고, 인식하고, 생각하는 바를 파악할 수 있기 때문에 학교 시스템을 개선시키기 위해서 중요한 데이터이다.

3) 학습 데이터

학습 데이터는 표준 검사의 결과, 모의고사의 결과, 중간. 기말 고사의 결과, 학급 안에서의 관찰평가, 실습평가, 과제평가 들을 보여주는 데이터이다. 학교는 다양한 평가의 방법을 통해서 학생들이 학습을 잘 받고 있는지 측정할 수 있다.

학생들의 평가에 있어서는 타당도와 신뢰도를 반드시 갖추어야 한다. 타당도는 테스트가 측정하려고 한 점을 정확히 반영하고 있는지를 나타내는 것이고, 신뢰도는 테스트가 일관된 결과를 있는지를 나타내는 것이다. 교사는 학습 데이터를 이용할 때, 하나의 결과만 가지고 그 학생을 이해하는 것이 아니라, 다양한 평가를 통해 나온 복수의 결과를 종합해서 그 학생의 학습수준을 이해하고 파악해야 한다.

4) 과정 데이터

과정데이터는 학교 시스템과 교사가 목표한 것을 이루기 위해 무엇을 하는지 파악할 수 있도록 돕는 데이터이다. 예를 들어, 종교 과목이 1학년, 2학년, 그리고 3학년에서 어떻게 가르쳐지는지 파악한다. 과정데이터는 학교 안에서 이루어지는 여러 프로그램들, 가르침의 전략들, 가르침의 시간들, 학생과 교사 간 비율, 학급 운영의 철학과 전략들, 학생과 교사와의 개인적인 관계, 그리고 학급 안에서의 다양한 활동 등 학습의 과정과 관련된 모든 데이터가 포함된다.

(3) 데이터 분석의 과정

수집된 데이터는 통계 프로그램을 통해서 분석이 되어야 한다. 가장 기본적인 통계는 엑셀 프로그램으로, 가능한 한 대부분의 전문적인 통계는 SPSS 프로그램을 통해서 분석과 한 눈에 알아볼 수 있도록 도표화할 수 있다. 이 외에도 더 특별한 전문적 분석을 위해서 AMOS, R 등 몇 가지 통계 프로그램을 사용할 수도 있다. 통계 프로그램을 통해서 데이터를 입력할 때 실수 없이 정확하게 입력할 수 있어야 한다. 데이터 입력시 실수를 하게 될 경우에는 분석이 제대로 이루어질 수 없음을 인지하며, 정확하게 데이터를 입력하는 코딩 작업이 되어야 한다. 데이터 분석 시에 가장 중요한 점은 신뢰도와 타당도이다. 신뢰도는 데이터 분석에서 일관된 결과가 나오냐는 것이다. 일관된 결과가 나오지 않는다면 그 데이터는 활용 가치가 없게 된다. 그리고 타당도는 데이터 분석에 있어서 측정하려고 하는 내용을 측정하고 맞게 분석했냐는 것이다. 데이터 분석에는 정확한 목표를 가지고 해야 하는데, 목표와 상관없이 엉뚱한 내용의 분석결과를 가진다면 그 데이터 분석은 시간 낭비일 뿐만 아니라 활용가치가 없게 될 것이다.

(4) 데이터와 한국교회

2016년에 다보스 포럼에서 “제4차산업혁명시대”라는 용어가 나왔다. 그 이후 거의 모든 학계에서 이 용어를 사용하며 제4차사업혁명시대에 대비하는 여러 연구들을 시행하고 있고, 제4차산업혁명시대에 관한 여러 전문적인 책들이 출간되어 서점가를 휩쓸고 있다. 제4차산업혁명시대의 핵심은 바로 “데이터”이다. 데이터를 체계적으로 수집하고 종합하고 분석하고 활용하는 것을 뛰어넘어서 데이터를 만들어내고 삶의 모든 영역과 연결시키는 시대이다. 데이터에 있어서 전문성을 가진 회사가 제4차사업혁명시대를 주도하게 될 것이라는 예측은 당연한 것으로 받아들여진다. 요즘 우리의 일상을 살펴보자. 핸드폰을 키고 인터넷에 접속하면 내 모든 데이터가 수집된다. 위치 정보를 통해서 내가 어디에 있는지, 어디에 갔는지 데이터를 수집하고 동기화한 회사는 다 알 수 있다. 내가 인터넷을 통해 검색한 내용이 무엇인지, 유투브에서 무엇을 보았는지 다 기록되어 있고, 그것을 통해 내 기호, 취미, 소원 등도 다 파악한다. 누군가는 내 데이터를 다 가지고 있는 것이다. 그렇기 때문에 이 데이터를 가진 회사가 제4차산업혁명시대를 주도할 수밖에 없는 것이다.

그럼, 과연 교회는 어떠한가? 교회에서 데이터를 수집하고 활용하는 수준은 일반 회사와 비교불가이다. 그 만큼 수준이 한참 뒤쳐져 있다. 교회에서 수집하고 활용하고 있는 데이터는 위의 데이터 종류에서 인구통계학적인 데이터 정도이다. 성도들의 주소지, 연락처, 가족 구성원, 세례여부, 심방여부 등 교적부 정보에 불과한 데이터를 가지고 활용하고 있다. 이것도 데이터 수집에서 그치고, 데이터를 제대로 활용하지 못하는 교회들이 대부분이다.

그렇기 때문에 먼저 한국교회는 인구통계학적인 데이터 외에 다른 종류의 데이터들을 가지고 있어야 한다. 예를 들어, 교인들이 교회의 학습환경에 대해서 어떻게 느끼고 인지하고 있는지에 대해서 생각하는 인식데이터를 가지고 있어야 한다. 우리는 지금까지 이러한 부분에 대해서는 관심을 가지지 않았다. 교인들이 신앙생활을 하는 데 있어서 교회의 학습환경에 대해, 생활환경에 대해 어떻게 느끼는지, 인식하는지에 대해 관심을 가지지 못했다. 이제는 교인들의 의견을 들어야 한다. 그리고 그 의견을 바탕으로 교인들이 신앙생활하는 데, 교회생활하는 데 어려움이 없도록 최선을 다해 도와주어야 한다. 이뿐만이 아니라, 교인들의 신앙성장과 성숙에 대해 점검할 수 있는 학습 데이터도 예배를 비롯한 여러 신앙훈련에 참여한 정보들을 바탕으로 마련하고 있어야 하고, 교회의 신앙훈련에 관한 목회의 전반적인 과정들이 어떻게 진행되는지에 대한 과정데이터도 마련하고 있어야 한다.

그 다음, 한국교회는 교회 안에 데이터 전문가를 확보해야 한다. 현재 대부분 교회의 목회자들은 데이터에 대해 전문성을 가지고 있지 않고 교회 직원 중에도 데이터 전문가가 없다. 그래서 규모가 커서 부교역자를 많이 선발할 수 있는 교회인 경우에는 부교역자 중에 통계 프로그램을 사용할 수 있는 데이터 전문가를 선발할 수 있으면 좋겠다. 사회과학을 전공한 사람들은 기본적인 통계 프로그램을 사용할 줄 안다. 그래서 목회자 중에서 학부나 대학원 석사 과정에서 사회과학을 공부한 사람으로 선발할 수 있으면 데이터를 제대로 수집하고 활용할 수 있는 좋은 방법이 될 것이다. 더 나아가 신학교에서 데이터 수집 및 분석, 통계 프로그램 사용에 관한 과목이 마련되어서 데이터에 전문성을 가질 수 있도록 신학생들을 교육할 필요가 있다. 그리고 굳이 목회자가 아니더라도 교회 직원을 선발할 때 통계 프로그램을 사용할 수 있는 데이터에 능숙한 사람을 선발하는 것도 좋은 방법이 될 것이다.

2. 교사 평가

(1) 교사 평가의 필요성

교육행정에 있어서 교사 평가는 매우 중요한 부분을 차지한다. 왜냐하면, 교사 평가의 결과가 있어야만 교사의 현재 수준을 파악하고, 부족한 부분을 발견하고 이에 대한 대책을 마련할 수 있기 때문이다. 미국의 일반 학교에서는 교사 평가가 교사를 해고하는 데 중요한 요소를 차지하고 있고, 객관적인 교사 평가에 대한 자료를 가지고 있다면 종신 교사들도 해고될 수 있다. 물론 기독교학교에서 교사 평가를 해고 자료로만 쓴다고 한다면 정말 삭막한 분위기가 될 것이고, 기독교적인 이념에도 맞지 않지만, 평가가 있어야만 교사도 최선을 다해 아이들을 가르칠 것이고, 자신의 부족함을 깨닫고 자신의 실력을 갈고 닦을 수 있을 것이다. 그리고 교회학교의 경우, 자발적인 봉사로서 교사를 하는 것이기 때문에 평가는 교사해고의 목적을 위해 절대 사용할 수는 없지만, 더 나은 교육을 위해서 지침과 가이드라인을 제공해 줄 수 있다.

교사가 자신이 가르치는 영역에 있어서 능력이 부족하다면, 학생들에게 엄청난 악영향을 미칠 수밖에 없다. 학교의 경우 최대 관심사는 학생의 학업성취도인데, 교사가 가르치는 능력이 부족하다면 학업성취도와 직접적으로 연결될 수 있다. 교회학교의 경우도 교사가 성경의 능력이 부족하고, 영성이 부족하다면 학생들의 신앙교육에 악영향을 미칠 수밖에 없다.

기독교교육의 관점에서 교사 평가에 대해서 정확하게 이해하자. 기독교교육의 관점에서 교사 평가는 교사의 부족한 부분을 발견하고, 그 부족함을 해결해서 더 좋은 교사가 되도록 돕는 것이다. 그렇기 때문에 교사평가의 혜택은 교사인 것이다. 교사 평가는 교사 자신을 위한 것임을 교사들이 인지하고 깨닫고 있어야 한다. 교사 자신을 위한 것임을 인지하지 못할 때 교사 평가는 기분 나쁘고 두렵고 피하고 싶은 것이 되어 버린다. 기독교학교의 교장이나 교회의 목회자도 기독교육의 관점에서 교사 평가에 대한 정확한 이해가 없이는 일반학교나 회사에서 하고 있는 평가와 별반 차이가 없게 된다는 점을 명확히 인지하고 있어야 한다.

기본적으로 교사 평가는 객관적인 데이터를 가지고 하는 것이다. 좋은 평가는 데이터를 통한 평가이다. 데이터를 통하지 않은 평가는 신뢰도가 없을 뿐만 아니라, 평가자의 주관적인 감정과 느낌, 기준에 의한 잘못된 평가가 될 수 있다.

(2) 교사평가의 방법

공정하고 객관적인 교사 평가를 위해서 교장(목회자)은 학교(교회학교)가 교사에게 요구하는 지식과 가르침의 기술과 능력을 명확하게 밝혀야 한다. 게다가, 교장

(목회자)은 '부족한 교사'에 대한 정의를 명확히 하고, '부족한'의 요소가 무엇인지를 정확하게 밝혀야 한다.

교사는 그들이 따르고 맞추어야 할 학교(교회학교)에서 정한 기준을 정확히 이해해야 한다. 만약 교사가 그 기준을 정확히 알고 있다면, 그 기준에 맞추기 위해 열심히 노력할 것이고, 이 기준에 근거해서 교사 평가를 한다면, 공정함이 보장될 수 있다.

교장(목회자)은 교사의 가르침에 대해 누적평가를 실시해야 한다. 누적평가는 1년 동안 시행되는 주기적인 평가이고, 형성평가이다. 이것을 위해서 교장(목회자)은 학급 관찰(classroom observation)의 방법을 사용해야 한다(Pawlas & Oliva, 2008, p.509). '능력'이라는 것은 교실 안에서 관찰될 수 있는 교사 행동을 기반으로 평가될 수 있다. 그래서 학교(교회학교)는 학급 안에서 교사의 행동을 기록하고, 분석하고, 연구할 수 있는 관찰 시스템을 마련해야 한다. 이렇게 함으로써, 교사 평가는 실제 삶과 관련된 평가에 포커스를 맞출 수 있게 된다(Hoy & Hoy, 2009, p.298). 이러한 관찰 시스템 안에서, 훈련된 평가자들은 교사의 동의 하에 비디오 촬영을 하고 실제 가르침을 보고 분석할 수 있어야 한다(Marzano, Waters, & McNulty, 2005, p.87). 학교에서 이 훈련된 평가자들은 교장 뿐만 아니라, 주임교사가 될 수 있다. 그러나 교회에서는 이러한 평가가 쉽지 않다. 비디오 촬영을 허용하는 교회학교 교사는 거의 없을 것이다. 그러나 비디오 촬영 장면들을 교사들이 서로 비교하고 보면서 교육에 있어서 어려움을 공유하고, 문제를 해결하고, 교육의 질을 높이기 위함이라는 이해의 노력과 함께 교사 측면에서 안전함을 느낄 수 있는 목적을 제시한다면, 불가능한 일도 아닐 것이다.

가장 좋은 교사 평가는 일관적인 자료를 수집하고, 신뢰도와 타당도와 형평성을 고려하면서 시행되는, 일관성을 지닌 정기적인 평가이다(Hoy & Hoy, 2009, p.304). 교장(목회자)은 교사의 상대적인 평가에도 관심을 가져야 한다. 물론 상대적인 평가는 교사끼리 서로 경쟁을 불러일으킬 수 있고, 학교 분위기가 경쟁일변도로 치달아서 복음적인 문화와는 거리가 멀게 될 수 있기 때문에 조심스러워야 하지만, 교사 평가가 좀 더 객관적이고 추상적이지 않게 하기 위해서 상대적인 평가도 시행할 필요가 있다. 물론 절대적인 평가와 상대적인 평가를 상호 보완적으로 사용할 필요가 있다.

(3) 교사 평가의 내용

교사의 '능력'을 평가하는 과정에서 '필수적인 기능(essential functions)'이 평가되어야 한다. 구체적으로 도허티(Daugherty, 2001)에 의하면, 어떤 기능이 필수적인 기능인지 아닌지를 파악할 수 있는 증거는 다음과 같다: 1) 고용하는 자의 판단, 2) 직무해설서, 3) 기능을 수행하며 드는 시간, 4) 기능을 수행하지 않을 경우 발생하는 결과, 5) 단체교섭 합의에 관한 용어, 6) 동일 직업의 경력. 7) 지금 하고 있는 일과 유사한 직업의 경력(p.22).

미국에서 교사 평가의 기준으로 많이 쓰이는 마르자노 평가 모델(Marzano Evaluation Model)에 의하면, 평가의 영역으로 다음과 같은 네 가지가 포함된다.

1) 학급운영전략과 학급에서의 행동,
2) 수업 준비와 계획, 수업 때 사용하는 자료와 장비,
3) 학생들의 학업 성취도 평가와 학생들의 전문적인 능력을 신장시키려는 계획,
4) 긍정적인 학교 환경을 만들고, 생각과 전략을 교사끼리 서로 교환하고, 그리고 학교 발전을 위해 노력하는 면에서의 교사 '교사끼리의 협조와 전문성'(Carbaugh, Marzano, & Toth, 2013).

그래서 '마르자노의 평가 모델'의 영역을 기반으로 해서 교사의 필수적인 기능(essential functions)을 평가하는 내용은 다음과 같다.

1) 수업을 위한 교육 목표의 설정,
2) 신뢰의 문화 속에서 학생의 학업성취에 대한 높은 기대 유지,
3) 가르침의 단계 따르기,
4) 적절한 가르침의 방법 사용,
5) 적절한 평가 기술 사용,
6) 학생의 학업 성취에 대한 피드백 제공,
7) 교사 사이에서 협력적인 문화 조성

1) 수업을 위한 교육 목표의 설정

교장(목회자)은 교사가 학생들을 가르치기 위한 교육 목표를 효율적으로 설정하는 능력을 가졌는지 평가해야 한다. 교육 목표는 학생 개개인이 달성해야 하는 미래의 상태를 말한다. 구체적으로 말해서, 교장(목회자)은 교사가 명확하게, 자세하게, 학생들에게 도전을 줄 만하게, 학생 수준에서 달성할 정도로 교육 목표를 설정하는지 아닌지를 평가해야 한다. 더 나아가 학생이 목표를 위해 최선을 다할 수 있도록 교사가 이끌 수 있는지도 평가해야 한다(Hoy & Miskel, 2013). 또한, 교사가 관찰하고 측정할 수 있는 인지적이고, 감성적이고, 운동적인 영역에서 학생 성취에 관한 교육 목표를 명확하게 기록할 수 있는지도 평가해야 한다(Hoy & Hoy, 2009, p.225).

2) 신뢰의 문화 속에서 학생의 학업성취에 대한 높은 기대 유지

교장(목회자)은 교사가 가져야 할 바람직한 태도를 평가해야 한다. 교육에 있어서 가장 중요한 성공의 요소는 교사가 학생들의 학업 성취에 대한 강한 책임감을 가지는 것이다. 고베트, 윌슨, 윌리암(Corbett, Wilson, & Williams)의 연구(2005)에 의하면, 성공적인 교사는 학생의 학업성취에 대한 책임감을 가지고 모든 학생이 반드시 C 이상의 성적을 내야야 한다는 성적에 관한 정책을 만들었다. 즉, 성공적인 교사는 학생의 학업성취에 대한 높은 기대를 가지고 있었다. 이 연구의 결론은 교육의 성공 요소는 학생에 대한 교사의 자세에 달려 있다는 것이다(pp.2-3). 또한, 학생성취에 대한 높은 기대감을 가지기 위해서 필수적인 것은 바로 교사가 학생을 신뢰해야 한다는 것이다. '신뢰'는 관계 속에서 형성되는 것인데, 신뢰는 '자비, 믿음, 정직, 솔직함'이라는 단어와 연결이 되어 있다(Hoy & Miskel, 2013, p.194). 그래서 학생의 학업 성취에 대한 강한 책임감을 가지고 교사는 학생과 교사 사이에 신뢰의 문화를 형성할 수 있도록 노력해야 한다. 이러한 문화 속에서 교사는 학생들을 지지하는 건강한 학급 환경을 조성할 수 있다(The Wallace Foundation, 2013, p.9).

3) 가르침의 단계 따르기

교장(목회자)은 교사가 그들의 가르침에서 가르침의 단계들을 따르는지 평가해야 한다. 교사가 가르침의 단계를 따를 때, 교사의 가르침은 조금 더 조직적이고, 체계적이고, 질서있게 된다. 예를 들어서, 교사는 '초기계획', '교육내용 제시', '평가'라는 단계를 따라야 한다. 즉, 가르침을 위한 계획을 세운 후, 다양한 교육방법으로 교육내용을 학생들에게 제시하고, 그 다음 처음에 세운 계획을 달성했는지를 평가해야 한다(Pawlas & Oliva, 2008, p.89). 그래서 교장(목회자)은 교사가 수업 계획에 따라서 수업 목표를 달성하고, 학생들이 새로운 정보를 잘 받아들일 수 있도록 돕고, 가르침의 단계를 따르면서 학생들이 수업 내용을 검토하고 실천하고, 적용하기 위해 노력하는지를 평가해야 한다(Marzano, Waters, & McNulty, 2005, p.91). 이러한 가르침의 단계는 가르침을 설계하는 데 지침을 줄 수 있다. 왜냐하면, 가르침의 단계는 가르침의 과정과 실천으로 옮기는 순서에 있어서 필수적인 요소를 밝혀주기 때문이다(Pawlas & Oliva, 2008, p.89).

4) 적절한 가르침의 방법 사용

교장(목회자)은 교사가 학생들에게 학습의 내용을 전달하는 데 있어서 적절한 가르침의 방법을 사용하는지 아닌지에 대해서 평가해야 한다. 배움은 복잡한 과정이기 때문에 교사는 배움에 대한 행동적인, 인지적인, 구조적인 시각 사이에서 균형을 유지하면서 다양한 가르침의 방법들을 사용할 수 있다. 구체적으로 배움에 대한 행동적인 시각에서는 행동과 기술과 습관을 변화시키는 것을 강조한다. 다음으로 배움에 대한 인지적인 시각에서는 생각하고, 기억하고, 창조하는 것을 다룬다. 배움에 대한 구조적인 시각에서는 어떻게 학생 개개인들이 사건과 행동의 의미들을 만들어내는지에 대해 관심을 가진다(Hoy & Hoy, 2009, pp.9-10).

교육방법의 다양한 종류는 다음과 같다.

〈1〉 컴퓨터 지원교육, 〈2〉 강의법, 〈3〉 토론, 〈4〉 연습문제 풀기, 〈5〉 협동 학습, 〈6〉 협동 활동, 〈7〉 슬라이드, 〈8〉 프리젠테이션, 〈9〉 특별 강사 초빙, 〈10〉 질문법, 〈11〉 탐구학습, 〈12〉 역할극, 〈13〉 개인교습, 〈14〉 문제해결, 〈15〉 구두보고, 〈16〉 서면보고, 〈17〉 반복학습, 〈18〉 원격 컴퓨터 학습, 〈19〉 시청각 교육, 〈20〉 실험, 〈21〉 포트폴리오, 〈22〉 현장학습, 〈23〉 시험, 〈24〉 숙제, 〈25〉 자습, 〈26〉 온라인 교육(Pawlas & Oliva, 2008, p.131).

5) 적절한 평가 기술 사용

교장(목회자)은 어떻게 교사가 적절한 평가 기술을 사용하는지에 대해서 평가해야 한다. 평가 기술은 다음과 같다.

〈1〉 질문, 〈2〉 학생 관찰, 〈3〉 포트폴리오, 〈4〉 구두 및 서면보고, 〈5〉 그룹 활동의 평가, 〈6〉 설문조사, 〈7〉 학습 자세 기록, 〈8〉 평가회의, 〈9〉 실제적인 학업성취 조사, 〈10〉 자기평가, 〈11〉 일화 기록, 〈12〉 자서전, 〈13〉 투사기법, 〈14〉 학급 참여 평가

여기서 마지막에 언급된 학급 참여 평가는 매우 중요하다. 왜냐하면, 교장(목회자)이 학생이 학급 안에서 질문하고 답한 내용의 질, 학급 활동에서 자발적으로 참여한 횟수, 학급 안에서 일어난 중요한 일들에 대해 공헌도, 토론을 통한 의사결정의 기여도를 실제적으로 체크할 수 있기 때문이다(Pawlas & Oliva, 2008, pp.211, 240-241).

6) 학생의 학업 성취에 대한 피드백 제공

교장(목회자)은 교사가 학생의 학업성취에 대해서 적절한 피드백을 주었는지를 평가해야 한다. 많은 교사들은 학생에 대한 성적이 나오면 단지 혼을 내는 수단으로 사용하지, 어떻게 학업성취도를 높일 수 있는지에 대해서 지침을 제공해주지 않는다. 그렇기 때문에 교사는 학생 개개인에게 부족한 구체적인 지식과 기술에 대한 피드백을 적절한 때에 제공해 줄 필요가 있다(Marzano, Waters, & McNulty, 2005, p.87). 블랙 외(Black et al.) 몇 명의 학자에 의하면(2004), 피드백은 학생들에게 효율적인 학습을 위한 학업의 기술과 전략들을 발전시키는 데 도움

을 준다고 한다(p.19). 피드백은 학생들이 주의를 집중하고 노력하고 인내하면서 학습 목표를 달성하고 학업의 진보를 이루는 데 도움을 주고, 좀 더 효율적인 학습의 전략을 찾고, 잘못한 학습의 전략을 개선시키는 것과 관련된 중요한 정보를 제공해 준다(Hoy & Miskel, 2013, p.168).

피드백의 원칙들은 다음과 같다.

〈1〉 학생들과 관계를 정립한다.
〈2〉 피드백에 관한 계획을 미리 세운다.
〈3〉 판단적이지 않아야 하고, 구체적인 학업 성취에 관한 관찰에 기반을 둔다.
〈4〉 직접 관찰하고 기록한 평가를 사용한다.
〈5〉 학생이 통제할 수 있는 부분에 초점을 맞추고, 개인적인 성격과 관련된 것이 초점을 맞춘다.
〈6〉 학생에 대한 현실적인 기대를 가지고, 학생들이 지지와 지원을 받고 싶은 것을 찾는다.
〈7〉 학생 근접에서 관찰한 것에 대해 피드백을 준다.
〈8〉 정확하고 간결한 피드백을 제공한다.
〈9〉 긍정적인 말과 부정적인 말을 균형 있게 사용한다.
〈10〉 학생에게 자기 평가할 수 있는 기회를 준다.
〈11〉 결론은 긍정적인 말을 사용한다.
〈12〉 피드백에 관한 문서를 제공한다(Katz, 2006, p.3).

한 마디로 피드백에 있어서 중요한 것은 학생의 배움의 과정에서 저지른 실수와 결점에 대해 비판적인 말도 해 줄 수 있어야 하지만, 자신감을 불어넣고, 칭찬과 격려를 하기 위해서 긍정적인 말도 균형을 맞춰서 해야 하고, 어떻게 학업성취를 높일 수 있는 지에 대한 제한을 해 줄 수 있어야 한다는 것이다(Hoy & Hoy, 2009, p.311).

7) 교사 사이에서 협력적인 문화 조성

교장(목회자)은 교사가 서로 그들의 지식과 노하우를 나누고, 다른 동료 교사의 성취를 축하하고 격려해 주며, 자신의 가르침을 서슴없이 나눌 수 있는 협력적인 문화 조성을 위해 노력하는지에 대해 평가해야 한다(Roland, 2006, p.13). 협력적인 문화를 조성하기 위해서 교사는 다른 교사들을 지지하고 격려할 수 있는 협력적인 행동을 할 수 있어야 하고, 다른 교사들의 실력과 전문성과 헌신을 존중할 수 있어야 한다(Hoy & Hoy, 2009, p.331).

(4) 교사 평가 자료의 사용

교사 평가를 시행하면서, 교장(목회자)은 교사 직무 수행에 관한 일관적인 자료를 수집해야 한다. 그 이후에 자료는 감사팀(supervisory team)에 의해서 분석되어야 한다. 감사팀은 학교의 경우에는 교장, 이사장 및 평가에 관련된 전문적인 훈련을 받은 주임교사 등이 들어갈 수 있고, 교회학교의 경우에는 목회자, 부장 교사, 학년별 대표 교사 등이 들어갈 수 있다. 분석된 자료를 기초로 해서 감사팀은 기록된 보고서를 준비해야 하고, 교사가 그 보고서를 볼 수 있도록 허용해야 한다. 파울라스와 올리바(Pawlas & Oliva)에 의하면(2008), 컴퓨터로 기록된 보고서의 복사본들은 교사들에게 제공해야 하고, 평가 보고서 파일은 교장실에 그리고, 행정실에 보관하고 있어야 한다(p.509).

이러한 과정을 통해서 교장(목회자)은 가장 객관적으로 문제가 있는 부적격 교사를 찾아야 하고, 가지고 있는 문제나 부족한 부분을 알려 주어야 한다. 그리고, 개선할 수 있는 기회를 제공해 주어야 한다. 교사 평가의 가장 중요한 목적은 교사가 자신의 전문성에 있어서 부족함을 깨닫고, 개선하기 위해 노력하는 것임을 잊지 말아야 한다.

교사 평가 자료를 통해 자신의 가르침에 있어서 문제를 깨달은 교사가 교장(목회자)으로부터 조언을 받는 가장 좋은 방법은 바로 교장(목회자)과 멘토링 관계를 형성하는 것이다. 멘토링은 부족한 교사가 자신의 가르침의 기술이나 전문성을 개선시킬 수 있도록 격려와 지원을 제공해 준다. 교장(목회자)은 협력적인 관계 속에서 멘토링을 통해서 필요한 점을 제안해야 한다. 교장(목회자)의 제안은 목적지향적이고, 적절하고, 유용해야 한다. 교장(목회자)은 자신의 경험과 노하우를 나누어야 하고, 멘토링 관계 속에서 어려움을 겪고 있는 교사의 이야기를 들어 주어야 하고, 적절한 피드백을 주고, 어떻게 하면 그들의 가르침을 개선시킬 수 있는지 지침을 제공하고, 할 수 있다는 자신감을 불어 넣어 주어야 한다.

게다가 교장(목회자)은 교사 평가에 근거해서 부족함을 가지고 있는 교사들에게 가르침을 개선시킬 수 있는 체계적이고 연속적인 훈련을 제공해 주는 교사 연수에 참여시켜야 한다. 더 나아가서 교사 평가에 의해서 부족한 교사로 판명되든지 그렇지 않든지, 교사들은 전부 단점을 가지고 있기에 교사끼리 네트워크를 형성하고 교제하고 공부해서 서로 서로 배울 수 있도록 교장(목회자)은 스터디 그룹이나 공부 모임을 만들어야 한다. 마지막으로 다른 교사의 반에 들어가서 어떻게 가르치는지 그들의 행동을 관찰하고 자신의 가르침에 있어서 부족함을 깨닫고, 다른 교사의 장점을 배우고 자신의 가르침에 적용할 수 있도록 노력해야 한다.

이러한 과정을 결국은 교사 평가에 의해서 부족한 교사로 판명된 교사뿐만 아니라, 모든 교사가 자신의 가르침을 개선시키고 발전시킬 수 있을 것이다(Cody, 2013).

위의 인사행정 뒷부분에서 잠시 살펴본 것처럼 많은 교회학교에서는 교사수급에 어려움을 겪는다. 그냥 교사로 봉사하겠다고 오는 성도들이 있으면 교회 학교의 입장에서는 감사할 뿐이고, 그 성도가 교사의 자격을 갖추었는지에 대한 검증은 별로 중요하지 않게 여긴다. 교사가 부족한 마당이기 때문에 검증은 시도하지 못하는 것이다. 그리고 교사로 들어와서 사역을 감당하는데 본인도 불성실하고 준비가 안 되어서 부족하고, 이에 따라 아이들도 그 교사를 싫어해도 교사 평가를 실시하거나 조언을 하기도 어려운 상황이다. 이러한 배경 속에서 교사 평가는 교회학교 안에서 사용되지 못한 단어였다. 그러나 이제 교회학교에서 교사 평가를 마련하고 실시해야 한다. 지금까지 우리가 살펴보았듯이 평가에 대한 부정적인 편견과 오해가 있음을 목회자가 교사들에게 정확히 알려주고, 평가는 교사 자신에게 유익한 것임을 인지시킨 후에 평가를 실시하고, 평가 후에는 더 나은 교사가 되기 위한 기회를 제공한다면 교사 평가를 통해서 부족했던 교사들, 불성실했던 교사들이 더 나은 교사가 되기 위해 노력하고, 교회학교에 헌신하게 되는 결과가 나오게 될 것이다. 더 나아가 기존에 잘 하고 있는 교사들도 더 전문성을 가지기 위해 노력하게 될 것이다. 일반 학교에서는 전문가로 인정 받지 못한 교사는 교사를 할 수가 없다. 아무리 수학을 잘 하는 사람도 수학과, 수학교육과를 나오든지, 수학 교사자격증을 가지고 있지 않으면 일반 학교에서 가르칠 수 없다. 전문가로서의 양성되는 과정을 겪지 않으면 교사가 될 수 없는 것이다. 그런데 일반 교육보다 훨씬 더 중요한 신앙 교육을 담당하는 교사가 자질이 부족하고, 불성실하고, 부족하다면 신앙 교육은 제대로 이루어질 수 없는 것은 당연한 결과이다. 한국 교회 교육부가 하향세를 겪는 이유 중에 중요한 이유도 바로 교사의 전문성 부족이라고 말할 수 있다. 이 전문성 부족을 해결하기 위해 계속 강조하지만 적절한 교사평가와 평가 후 부족함을 보완하고 발전시키는 프로그램이 진행되어야 한다.

정리문제

1. 기독교교육행정에 있어서 데이터의 역할은 무엇이고, 데이터의 종류에는 어떤 것들이 있는가?
2. 교사평가의 필요성과 방법, 내용에 대해서 자세히 설명해봐라!
3. 기독교교육 안에서 교사평가는 실행하기가 매우 힘들다. 그 이유는 무엇이며, 그 부분을 어떻게 해결할 수 있을지 생각해보자!
4. 교회학교에서 실시할 수 있는 교사 평가의 구체적이고 실제적인 방안을 생각해보자!

참고 문헌

1. Anthony Cody (2013, October). Two ways to lead: Leveraging teacher leadership. *ASCD*, 71(2), 68-71.
2. Bernhardt, V. L. (2004), *Data analysis-For continuous school improvement. (2nd ed.)* Larchmont: Eye on Education, Inc.
3. Carbaugh, Beverly, Marzano, R. J., & Toth, Michael (2013, March). Marzano center non-classroom instructional support member evaluation form. *Marzano Center Teacher & Leader Evaluation*, 1-45.
4. Corbett, D., Wilson, B., & Williams, B. (2005, March). No Choice but success. *Educational Leadership*. 62(6), 8-12.

5. Daugherty, R. F. (2001). *Special education: A summary of legal requirements, terms, and trends*. Westport: Greenwood Publishing Group.

6. Hoy, A. W. & Hoy, W. K. (2009). *Instructional leadership: A research-based guide to learning in Schools(3rd ed.)*. Boston: Allyn & Bacon.

7. Hoy, W. K., & Miskel, C. G. (2013). *Educational administration: theory, research, and practice(9th ed.)*. New York: McGraw-Hill.

8. Katz, N. T. (2006, November). Providing educational feedback. *The Association of Professors of Gynecology and Obstetrics*, 1(2), 1-6.

9. K-20 Education Code: Title XLVIII-Chapter 1012 (n. d.). In 2012 Florida statutes online, Retrieved from http://www. leg. state. fl. us/statutes

10. Marzano, R. J., Waters, T., & McNulty, B. A. (2005). *School leadership that works: From research to result. Alexandria*: ASCD.

11. Pawlas, G. E., & Oliva, P. F. (2008). *Supervision for today's schools (8th ed.)*. Hoboken: John Wiley & Sons, Inc.

12. Roland S. Barth (2006, March). Improving relationships within the school house. *Educational Leadership* 63(6), 8-13.

13. The Wallace Foundation (2013). The school principal as leader: Guiding schools to better teaching and learning (ed.). *The Wallace Foundation*. 2013 (1), 1-26.

제6장

교육법과 교회 정관

1. 교육법

(1) 교육법의 정의 및 특징

교육법은 “교육에 관한 법규범 또는 교육행정에 관한 법규를 통칭”하는 것이다(황영준, 안미화, 2015, 222).

교육법의 특징을 몇 가지 살펴보면, 첫째, 교육법은 바람직한 방향과 비전으로 이끄는 조장적 특징을 가지고, 둘째, 교육법은 일반법적인 특징이 있지만, 다른 일반법과 충돌하는 경우에는 교육법이 우선되는 특별법으로서의 특징을 가지고 있다. 셋째, 교육법은 국가에 대한 의무를 강조하면서 윤리성을 강조하는 특징을 가지고 있다(황영준, 안미화, 2015). 넷째, 공법과 사법의 구별이 불명확한 특수법적인 특징을 가지고 있고, 다섯째, 사회의 복지향상을 위한 측면이 강하기 때문에 사회법적인 특징을 가지고 있다(신현석, 안선회, 2016, 243).

(2) 교육법의 분류

우리나라 교육법은 여타의 다른 법률과 마찬가지로 성문법과 불문법으로 나뉘어질 수 있는데, 성문법에는 헌법(전문 및 31조 제1항~제6항-교육을 받을 권리 및 기회균등의 보장 규정, 의무교육의 무상실시와 보호자의 의무 규정, 교육의 자주성과 전문성과 정치적 중립성과 대학의 자율성 보장 규정, 평생교육의 진흥 규정, 교육제도의 법정주의 규정), 법률(교육기본법, 유아교육법, 초.중등교육법, 고등교육법, 지방교육자치에 관한 법률, 평생교육법, 사립학교법, 기타 학교교육에 관한 법률), 조약, 국제법규, 자치법규(조례 및 교육규칙)가 포함되고, 불문법에는 관습법(행정선례, 유권해석), 판례법(법원의 판례), 조리(사회정의, 도덕률)가 포함된다(황영준, 안미화, 2015, 224-230).

(3) 교육법의 원리

첫째, 인간다운 생활을 보장하기 위한 교육권 보장의 원리가 있다. 둘째, 교육에 관한 기본적인 사항을 법률로 정하는 교육제도 법정주의의 원리가 있다. 셋째, 지방교육자치나 대학자치와 같이 교육의 자주성을 보장하는 원리와 교육의 자주성을 위해 정치나 종교에 의해서 부당한 영향을 받지 않는 중립성의 원리가 있다. 넷째, 교육은 전문성이 중시되는 영역이며, 전문가가 시행하는 영역이기 때문에 이를 보장하는 교육 전문성의 원리가 있다. 다섯째, 누구든지 차별 받지 않고 균등하게 교육을 받을 수 있도록 하는 교육 기회균등의 원리가 있다. 여섯째, 교육법과 이에 대한 정책이 마련될 때 국민들의 의견과 뜻이 반영될 수 있도록 국민들의 참여 기회를 마련하는 민주성의 원리가 있다(신현석, 안선회, 2016, 246).

2. 교회 정관

(1) 정관의 정의

두산백과사전에 의하면 정관은 "법인의 조직 및 활동을 정한 근본규칙"이라고 나온다. 정관에는 "정관의 목적, 명칭 및 사무소 등 법인의 종류에 따라 법률이 정한 필요기재사항을 기재해야만 하고, 그중 한 가지를 빠뜨려도 정관 전체가 무효가 되는 절대적 기재 사항과 기재하지 않아도 정관 자체의 효력에는 영향이 없지만, 기재하지 않으면 그 사항에 대해서 법률상의 효력이 발생하지 않는 상대적 기재 사항이 있다"(두산백과사전).

(2) 교회 정관의 목적

첫째, 교회 정관은 교회가 나아가야 할 방향을 제시해준다. 교회 운영에 있어서 가장 중요한 것은 방향성을 설정하는 것이다. "속도보다 중요한 것은 방향"이라는 말도 있듯이 올바른 방향을 향하여 나아가는 것이 중요하다. 이러한 면에서 정관은 교회가 어떠한 비전을 가지고 나아가야 하는지, 어떠한 목표를 가지고 나아가야 하는지 등에 대한 방향을 제시한다.

둘째, 교회 정관은 교회의 특징을 보여준다. 정관은 교회마다 조금씩 다르다. 그렇기 때문에 교회 정관은 개 교회의 특징, 개 교회의 고유성을 보여준다. 종교개혁 이후 개신교회는 각 교단별, 개 교회별 특징을 인정한다. 그렇기 때문에 교회 정관은 바른 신학 아래 다양한 유형으로 나타나는 개 교회를 존중하는 면이 있고, 개 교회의 독특한 특징들을 수용하는 면이 있는 것이다.

셋째, 교회 정관은 조직을 운영함에 있어서 성도 모두가 주인의식을 가질 수 있도록 도움을 준다. 교회 정관을 만드는 주체는 담임목회자 혼자나 장로 그룹만이 되어서는 안 된다. 교회 정관은 성도 전체가 동의 하에 만들고 수정하는 것이다. 그렇기 때문에 교회가 정관을 가지고 있다는 것은 성도들이 교회 운영에 함께 참여한다는 의미를 내포하고 있다는 것이다.

넷째, 교회 정관은 교회를 질서 있게 운영할 수 있도록 도움을 주다. 교회도 "조직"이다. 그렇기 때문에 조직을 운영할 수 있는 매뉴얼이 있어야 한다. 만약에 교회 정관이 없다면 교회는 사역을 진행함에 있어서 혼란함을 경험할 것이다. 이런 면에서 교회 정관은 교회를 질서 있게 운영할 수 있는 매뉴얼로서의 역할을 감당할 수 있다.

다섯째, 교회 정관은 문제가 발생할 시 법적인 근거로서 역할을 한다. 예를 들어, 목회자가 문제를 발생시켰을 때에 정관에 의해서 법률적인 제재를 받을 수 있고, 반대로 문제를 발생시켰다는 오해를 받을 경우는 정관에 의해서 보호를 받을 수 있다. 그렇기 때문에 성도들의 동의 하에 정관에 명시되어 있는 내용이 중요한 것이다.

(3) 교회 정관의 특징

첫째, 교회 정관은 수정될 수 있다. 교회 정관은 성도들이 함께 만들어가는 것이기 때문에 구성원들의 변화에 따라서, 시대의 상황에 따라서 변화될 수 있다. 교회 정관은 교회 운영에 행정적인 측면이 많기 때문에 진리의 문제를 다루는 것이 아니다. 그렇기 때문에 정관의 원리에 근거해서 변화될 수 있다. 가장 중요한 것은 목회자의 필요에 의한 것이 아니라, 성도들의 필요에 의해서 변화될 수 있는 것이고, 성도들의 동의 하에 가능한 것이다.

둘째, 교회 정관은 교단 헌법을 존중하는 가운데 그 역할을 감당할 수 있다. 어떤 사람은 교단 헌법이 있는데 굳이 교회 정관이 필요하냐고 말할 수도 있다. 이렇게 말하는 사람은 교단 헌법이 교회 정관과 상충된다고 생각하기 때문이다. 그러나 사실 교회 정관과 교단 헌법은 상충되는 것이 아니다. 교회 정관은 교단 헌법은 존중하는 가운데, 그 교회 실정에 맞는 구체적인 규약들을 명시하는 것이다. 예를 들어 교단 헌법이 "숲"으로 비유할 수 있다면, 교회 정관은 "나무"로 비유할 수 있는 것이다. 교단 헌법은 교리와 원리 위주의 내용을 담은 것이고, 교회 정관은 개 교회 현실에 맞는 세세한 운영 세칙을 담은 것이다. 그래서 교회 정관은 교단 헌법을 인정하고 존중하는 가운데 만들어가야 하고, 그럴 때 상호 보완적으로 활용될 수 있는 것이다. 요즘 교회 문제가 발생되었을 때도 법원은 판단 근거로 교회 정관을 매우 중시한다. 왜냐하면 사회적 기준으로 보면 한 교회는 한 회사로 보는 것이기 때문에 회사에서 제일 중요한 규약이 회사 정관인 것처럼, 교회에서 제일 중요한 규약을 교회 정관으로 보는 것이다.

(4) 교회 정관의 원리

교회 정관의 원리는 기독교교육행정의 원리와 흡사하다. 교회 정관의 원리 첫 번째는 민주성이다. 민주성은 참여성이다. 교회 정관은 담임목사가 교회 운영에 단독적인 주체자가 아니라, 교회 성도 모두가 주체자라는 것을 나타내는 것이다. 그렇기 때문에 교회 정관을 만들고 수정할 때는 성도들 전체가 참여하고, 성도들이 회의하고 토론하는 가운데 이루어지는 것이다. 두 번째는 체계성이다. 교회 정관은 교회 운영이 체계적으로 이루어질 수 있도록 도움을 주어야 한다. "체계적"이라는 말은 "단계를 밟는다"라는 뜻이다. 즉, 과정이 있다는 것이다. 교회 운영이 단계를 밟고, 일련의 과정을 거치면서 이루어지는 것이다. 교회 운영이 체계적이 될 때, 한 개인에 의해서 교회가 운영되는 것을 막을 수 있고, 그럼으로써 일관성 있고 안전한 공동체가 될 수 있는 것이다. 세 번째는 효과성이다. 효과성은 목표대로 이루어지는 것이다. 교회 정관은 교회가 이루어야 할 목표들을 보여준다. 그렇기 때문에 교회 정관대로 교회를 운영하면 세운 목표대로 진행될 수 있도록 인도하는 것이다. 이런 면에서 효과성은 교회 정관의 원리에서 중요한 원리 중 하나인 것이다. 네 번째는 효율성이다. 효율성은 시간, 재정, 노력을 투입해서 그에 맞는, 그리고 더 나은 결과를 내는 것이다. 정관은 교회 운영에 있어서 중요한 매뉴얼의 역할로서 작용한다. 교회는 조직이기 때문에 운영에 있어서 경영적인 측면이 중요할 수밖에 없다. 따라서 교회 정관은 사역의 효율성을 높이는 데 도움을 주어야 한다. 다섯 번째는 합리성이다. 합리성은 우리의 이성을 사용해서 인과관계로서 이해되는 것이다. 합리성을 비슷한 말로 대체하면 논리성이 될 것이다. 교회 정관은 교회 운영이 어떻게 진행되는지를 이해시키는 면이 있다. 우리의 이성을 사용해서 논리적으로 이해되는 것이다. 교회 정관에서 합리성을 강조하면 교회 안 성도들뿐만 아니라, 교회 밖 사람들에게도 이해되기 때문에 교회에 거부감을 가지지 않게 되고, 결국 전도에도 도움을 준다. 교회 안 다니는 많은 사람들은 교회 운영에 있어서 "합리성"에 의문을 제기하며 교회에 거부감을 가진다는 사실을 인지하며, 교회 정관은 이 합리성을 강조하는 가운데 제정되고 진행되어야 한다.

(5) 교회 정관에 들어갈 내용

교회 정관에는 먼저 총칙에 대한 부분이 들어간다. 여기에는 교회 명칭, 위치, 교회의 비전 및 방향성 등이 들어간다. 그 다음은 교회마다 순서가 다른데, 일반적으로 들어가는 내용은 조직에 대한 부분, 목회자에 대한 부분, 교인에 관한 부분, 제직에 관한 부분, 직원에 관한 부분, 재정에 관한 부분, 권징에 관한 부분, 마지막으로 부칙이 들어간다. 먼저 조직에 대한 부분에서는 공동의회, 제직회, 당회에 대한 내용이 일반적으로 들어가고, 여러 위원회와 부서들에 관한 내용이 명시된다. 다음으로 목회자에 대한 부분에서는 목회자의 직무와 임기, 정년, 대우 등에 관한 내용이

명시된다. 교인에 관한 부분은 교인이 누구인지에 대한 내용과 책임과 권리가 명시된다. 제직에 관한 부분에서는 장로, 권사, 안수집사, 서리집사의 자격, 선택, 임기, 직무, 임직, 정년 등이 명시된다. 다음으로 직원에 관한 부분에서는 교회 직원은 어떤 사람이 될 수 있는지, 어느 부서에 속하는지 등을 명시한다. 그 다음 재정에 관한 부분에서는 예산운용 원칙, 예산항목, 예산편성 및 변경절차, 예산관리, 감사 등을 명시한다. 권징에 관한 부분에서는 권징의 원리, 권징의 종류, 권징의 과정 등을 명시한다. 마지막으로 부칙에서는 시행일자, 개정에 관한 내용을 명시한다.

정리문제

1. 교육법의 특징은 무엇인지 생각해보고, 원리를 기술해보고, 분류해 보자.
2. 교회 정관의 목적, 특징, 원리는 무엇인지 생각해 보자.
3. 교회 정관에 들어가야 하는 구체적인 내용은 무엇인지 생각해 보자.

참고문헌

1. 두산백과사전. "정관"
   https://terms.naver.com/entry.nhn?docId=1140237&cid=40942&categoryId=31721
2. 신현석, 안선회 (2016). *학습사회의 교육행정 및 교육경영*(서울: 학지사).
3. 황영준, 안미화 (2015). *교육행정 및 교육경영*(서울: 양서원).

제7장

기독교 학교, 교회에서 리더의 역할

제 7 장 기독교 학교, 교회에서 리더의 역할

조직 안에서는 리더가 있다. 최종 리더가 있고, 최종 리더 아래 각 부서를 이끄는 중간 리더가 있다. 좋은 리더가 있는 곳은 좋은 조직이 될 수 있다. 왜냐면 조직 구성원은 리더를 닮기 때문이다. 그래서 리더의 역할이 중요하고, 리더가 발휘하는 리더십이 중요한 것이다. 학교 안에는 다양한 리더가 존재한다. 최종 리더인 교장 아래 교감, 부장 교사와 같은 중간 리더가 있고, 학생과 교사와의 관계에서 보면 교사는 한 반을 책임지는 리더가 된다. 물론 학교의 전반적인 운영과 발전을 위해 중추적인 역할을 하는 이사들도 리더가 된다. 교회의 예를 들면 교회 안에서의 최종 리더는 담임목사이다. 담임목사 외에 당회는 교회의 운영과 발전에 중요한 역할을 감당하는 리더 그룹이 될 수 있고, 담임목사 아래 목회자 그룹은 중간 리더 그룹이 될 수 있다. 이 외에도 교구장, 구역장, 부장, 선교회장 등은 평신도들의 리더 그룹이 될 수 있다.

그러나 여기서는 기독교 학교, 교회에서의 최종 리더의 역할에 초점을 맞춰서 살펴보도록 하겠다. 먼저 기독교 학교 안에서 최종 리더인 교장, 교회 안에서 최종 리더인 담임목사가 자신에게 맡겨진 역할을 감당할 때 어떠한 원리를 가지고 감당해야 하는지 최종 리더의 역할 수행에 있어서의 원리에 대해 살펴보도록 하겠다. 그다음 기독교 학교 안에서 최종 리더인 교장의 역할은 무엇인지 살펴보고, 교장의 역할을 교회의 최종 리더인 담임목사에게 적용해서 살펴보도록 하겠다. [1]

1) 교장의 역할의 영역 구분에 대한 부분은 황영준, 안미화, 『교육행정 및 교육경영』 (서울: 양서원, 2015), 340을 참고하였음.

1. 교장의, 담임목사의 역할 수행의 원리

(1) 효과성의 원리

기독교 학교에서 교장의, 교회에서 담임목사의 역할 수행에 있어서 중요한 원리는 바로 효과성의 원리이다. 효과성의 원리는 조직의 설립목적과 비전에 부합되는지를 고려하는 원리이다. 교장은 자신의 생각과 기호대로 리더의 역할을 감당하는 자가 아니라, 학교의 설립목적과 학교의 비전에 맞게 리더의 역할을 감당하는 자이다. 담임목사는 자신이 원하는 대로 리더의 역할을 감당하는 자가 아니라, 교회의 주인 되시는 예수 그리스도의 가르침에 따라, 교회의 설립목적과 비전에 맞게 리더의 역할을 감당하는 자이다. 리더가 조직의 설립목적과 비전에 부합해서 역할을 감당할 때 효과적으로 역할을 감당했다고 평가할 수 있는 것이다.

(2) 민주성의 원리

기독교 학교에서 교장, 교회에서 담임목사는 최종 리더이지만, 리더 혼자서 조직 운영에 필요한 모든 역할을 수행하는 것이 아니다. 리더는 총괄 책임을 지는 역할을 가지는 자인 것이다. 그렇기 때문에 구성원들과 함께 맡겨진 역할을 수행해야 하는 것이다. 그래서 구성원들을 신뢰하고, 구성원들도 자신에게 맡겨진 역할을 잘 할 수 있도록 지지해주고, 지원해주고, 도와주는 역할을 해야 하는 것이다. 민주성이 보장될 때 구성원들은 주인 의식을 가지고 조직 운영에 적극적으로 참여하고, 맡겨진 역할을 헌신적으로 수행하게 될 것이다.

(3) 자주성의 원리

기독교 학교에서 교장, 교회에서 담임목사는 조직의 설립목적과 비전에 부합해서 역할을 감당 한다는 전제를 가진다면 자주성을 가지고 할 수 있어야 한다. 예를 들어, 학교 안에서 교장이 교사들을 존중해야 하는 것은 당연하지만, 그것이 지나쳐서 교사들의 눈치를 너무 많이 본다든지, 교사들에 의해 휘둘린다면 교장의 역할을 충실하게, 능력있게 감당할 수 없을 것이다. 마찬가지로 교회 안에서 담임목사가 성도들을 존중해야 하는 것은 당연하지만, 그것이 지나쳐서 성도들의 눈치를 너무 많이 본다든지, 심지어 성도들을 두려워한다든지, 성도들의 여러 가지 의견들에 휘둘린다면, 담임목사의 역할을 자신감 있게, 최선을 다해 감당할 수 없을 것이다. 그렇기 때문에 기독교 학교에서 교장과 교회에서 담임목사는 자기 주체성을 가지고 리더의 역할을 감당해야 한다. 조직 내부뿐만 아니라, 조직 외부의 기관에도 너무 큰 영향을 받지 말아야 한다. 다른 학교들을 너무 의식하고 비교하면서 자주성을 잃으면 안 되고, 다른 교회들을 너무 의식하고 비교하면서 자주성을 놓치면 안 된다.

(4) 합법성의 원리

리더는 법을 잘 지키고, 법 안에서 자신의 리더십을 발휘할 수 있어야 한다. 학교에서 교장은 교육법과 학교법인 정관을 지키는 가운데 자신의 역할을 감당해야 하고, 교회에서 담임목사는 총회법(교단법)과 교회 정관을 지키는 가운데 자신의 역할을 감당해야 한다. 너무나 당연한 원리이기에, 이 당연한 것을 지키지 않을 경우에는 조직에 큰 위기가 찾아올 수밖에 없게 된다.

(5) 효율성의 원리

1차 효율성은 투자한 만큼의 결과가 나오는 것이고, 2차 효율성은 투자한 만큼보다 더 좋은 결과가 나오는 것이다. 학교에서 교장과 교회에서 담임목사는 자신의 역할 수행을 통해 학교 발전과 교회 발전에 있어 좋은 결과가 나올 수 있도록 노력해야 한다. 노력과 시간과 재정을 투자한 만큼의 결과가 나오지 않는다면, 과정이 아무리 잘 되었을지라도 리더로서 역할을 제대로 수행했다고 평가할 수 없는 것이다.

(6) 체계성의 원리

학교에서 교장은, 교회에서 담임목사는 자신에게 맡겨진 일과 역할을 체계적으로 할 수 있어야 한다. 체계적으로 역할을 수행한다는 것은 단계를 거쳐 역할을 수행한다는 것이다. 체계적의 반대는 즉흥적이다. 리더가 즉흥적으로 어떤 일을 수행한다면 구성원들은 불안하게 될 것이고, 즉흥적으로 하는 것은 실패 확률이 높을 수밖에 없다. 따라서 리더는 자신에게 맡겨진 일을 단계를 거쳐서 진행할 수 있어야 한다. 또한 체계성의 원리가 적용되어야 할 영역은 바로 의사결정 영역이다. 리더는 자신에게 맡겨진 역할을 감당할 때 의사결정을 해야 할 때가 있다. 리더가 의사결정을 할 때에는 구성원들이 의사결정에 참여해야 한다. 의사결정을 할 때는 단계를 거쳐서 해야 하기에 체계성의 원리가 필요한 것이다. 예를 들어, 학교의 경우에는 단계별 교무회의를 거쳐서 의사결정이 이루어져야 하는 것이고, 교회의 경우에는 당회, 제직회, 공동의회로 진행되는 단계별 의사결정이 이루어져야 하는 것이다.

(7) 분석의 원리

학교에서 교장은, 교회에서 담임목사는 자신에게 맡겨진 역할을 수행할 때 데이터를 바탕으로 해야 한다. 여러 데이터를 기반으로 의사 결정을 하고, 업무를 추진해 나가야 한다. 그렇기 때문에 데이터를 체계적으로, 종합적으로 분석하는 것이 중요하다. 조직 안에 있는 다양한 데이터를 분석한 결과가 리더의 역할을 감당할 때 실제적인 도움을 줄 수 있어야 한다.

(8) 존중의 원리

학교에서 교장은, 교회에서 담임목사는 자신에게 맡겨진 역할을 수행할 때 구성원을 존중할 수 있어야 한다. 존중은 신뢰를 바탕으로 이루어진다. 그렇기 때문에 리더는 구성원들을 철저하게 신뢰하고 믿어야 한다. 또한 존중은 전문성을 인정할 때 이루어진다. 학교에서 교장은 교사들을 바라볼 때 자신이 가지지 못한 전문성을 가지고 있다는 생각을 가지고 배우려는 자세로 다가갈 때 그들을 존중할 수 있다. 또한 교회에서 담임목사는 사회 안에서 살아가고 활동하고 있는 성도들을 바라볼 때 교회에서만 있는 자신이 알지 못하고 가지지 못한 전문성을 가지고 있다는 생각을 가지고 배우려는 자세로 다가갈 때 그들을 존중할 수 있다. 존중의 원리는 본질적인 부분에서 가장 중요한 원리라고 말할 수 있다.

2. 기독교 학교 안에서 교장의 역할

기독교 학교 안에서 교장의 역할	
(1)	학생 관리의 역할
(2)	교직원에 대한 인사의 역할
(3)	교육과정 감독의 역할
(4)	수퍼 비전 (Supervision)의 역할
(5)	하드 웨어 관리의 역할
(6)	재정 관리의 역할
(7)	데이터 관리의 역할
(8)	대외관계활동의 역할

(1) 학생 관리의 역할

학교는 학생들이 배우는 곳이다. 그렇기 때문에 학생들을 관리하는 역할이 교장에게 있는 것이다. 기독교 학교 안에서의 교장은 빌립보서 2장 5-8절의 말씀에서 나오는 예수님의 마음을 품고, 학생들을 사랑하고 학생들을 섬기는 관리의 역할을 해 나가야 한다. "너희 안에 이 마음을 품으라 곧 그리스도 예수의 마음이니 그는 근본 하나님의 본체시나 하나님과 동등됨을 취할 것으로 여기지 아니하시고 오히려 자기를 비워 종의 형체를 가지사 사람들과 같이 되셨고 사람의 모양으로 나타나사 자기를 낮추시고 죽기까지 복종하셨으니 곧 십자가에 죽으심이라." 구체적으로 학생들이 학교에 들어오는 입학에 관한 사항, 그리고 학교를 다니는 재학에 관한 사항, 여러 가지 이유로 해서 학교를 떠나게 되는 자퇴와 퇴학에 관한 사항, 초등학교와 중학교의 경우는 의무교육을 위한 사항, 학교에서의 학업을 마치는 졸업에 관한 사항에 대해서 교장은 전문성을 가지고 잘 알고 있어야 하고, 입학, 재학, 자퇴, 퇴학, 의무교육, 졸업하는 학생들을 관리하고 행정적인 지원을 적극적으로 감당해야 한다.

이 외에도 교장은 학생들이 학교의 다른 구성원들과 함께 하면서 안전한 환경 가운데 학업을 잘 감당할 수 있도록 생활 지도하는 역할을 감당해야 하고, 학생들이 편안하고 편리한 환경에서, 학업에 몰두할 수 있는 환경에서, 쾌적한 환경에서 학교 생활을 할 수 있도록 학생 복지를 증진시키는 역할을 감당해야 한다.

(2) 교직원에 대한 인사의 역할

학교는 학생들만 있는 곳이 아닌, 학생들을 가르치는 교사들, 학교를 운영하는데 있어 각 부서에서 전문적인 업무를 담당하는 직원들이 있는 곳이다. 그렇기 때문에 교장은 교직원을 모집하고, 선발하는 역할을 하고, 자리 배치 및 업무를 부여하고, 업무를 추진하며, 조정 및 위임하는 역할을 감당해야 한다. 구체적으로 기독교 학교의 정체성에 따르는 교직원 선발 기준을 마련하고 모집하며, 그에 합당한 지원자를 전문적인 인사행정의 단계를 따라서 선발하는 역할을 감당해야 한다. 그다음 자신의 전문성에 맞는 자리에서 자신의 역량을 다 드러낼 수 있는 업무를 부여하고, 자신에게 맡겨진 자리와 부과된 업무에 대해서 힘들어하거나 적응하지 못하는 경우에서는 일의 자리와 내용을 변경하는 조정의 역할을 해야 한다. 그다음 자신이 맡은 자리에서 책임감을 가지고 전문성을 드러내며 일을 잘 감당하는 경우에는 믿고 맡기는 위임의 역할도 해야 한다.

또한, 교사들이 학생들의 눈높이에 맞추고 자신이 맡은 과목을 전문적으로 잘 가르칠 수 있도록 교사들의 능력을 증진 시키는 방안을 만들고 시행해야 한다. 정기적인 교사 연수, 교사 교육 및 훈련, 멘토링 프로그램을 통해서 더 발전하는 교사가 될 수 있도록 돕는 역할을 해야 한다. 마찬가지로 직원들도 자신들의 업무 능력을 개선시키고, 전문성을 배양하기 위해 정기적인 직원 연수, 직원 교육 및 훈련, 멘토링 프로그램을 마련하고, 시행해야 한다. 또한 영적인 부분에서도 교직원이 더 성숙할 수 있도록 교직원 예배모임, 성경공부모임 등을 만들고, 교직원 신앙 수련회도 정기적으로 개최해야 한다. 이뿐만이 아니라, 교직원들이 사기를 높일 수 있도록 교직원의 복지에 많은 신경을 쏟아야 한다.

(3) 교육과정 감독의 역할

학교는 학생들의 교육이 이루어지는 곳이다. 학생들의 교육을 위해서는 학년 별로 체계적인 교육과정이 있어야 한다. 학생들을 교육하는 당사자는 교사이고, 개별 과목에 대한 교육과정은 교사들이 정하는 것이지만, 교장은 총괄 책임자로서 교육과정 전반을 감독하는 역할을 맡아야 한다. 교육과정이 체계적인지, 효과적인지, 학생 눈높이에 맞는지를 감독하고, 기독교 정신에 맞는지도 살펴보아야 한다. 이 외에도 교육부 지침을 지키면서 재량권 안에서 각 과목별 수업 시간의 배정도 감독할 수 있어야 한다. 또한 계속적으로 교육과정운영이 더 전문적으로, 체계적으로, 효율적으로, 효과적으로 이루어질 수 있도록 교육과정운영 개선을 위해 노력해야 한다. 여기서 "체계적"이라는 말은 단계를 밟아서 해야 한다는 것을 의미하고, "효율적"이라는 말은 투자한 만큼의 결과 (1차 효율성), 투자한 만큼보다 더 좋은 결과(2차 효율성)를 내는 것을 의미한다. "효과적"이라는 것은 목표한 대로 이루는 것을 뜻한다.

(4) 수퍼 비전(Supervision)의 역할

교장은 교사가 학생들을 가르치고, 생활 지도하고, 반 운영하는 것을 수퍼 비전할 수 있어야 한다. 수퍼 비전(Supervision)이라는 말은 더 전문적인 사람이(Super) 보다(Vision)라는 의미를 가지고 있다. 교사들보다 더 전문성을 가지고 있는 리더인 교장이 교사들이 교사직을 감당하는 것을 평가하는 것이다. 이 평가는 딱딱하거나 형식적이거나, 교사들을 감시하고 스트레스를 주려고 하는 것이 절대 아니다. 기독교 학교의 교장은 섬김의 리더로서, 관계 중심적인 리더로서 교사들을 돕는 역할을 감당하는 자이다. 기독교교육의 관점에서 "평가"는 부족한 부분을 발견해서 보완하고, 더 발전하는 사람이 될 수 있도록 돕는 것이다. 따라서 평가를 하면 평가 받는 사람이 유익을 얻는 것이다. 교장의 수퍼 비전을 통해서 교사 자신의 모습을 객관적으로 보고 성찰하며, 더 학생들을 사랑하고, 더 전문성을 가진 유능한 교사가 될 수 있는 기회를 제공받는 것이다. 교장은 학교 안에 있는 교사들 개개인에 관심을 가지고, 교사 개개인의 정기적인 수퍼 비전을 통해서 교사들을 실제적으로 도울 수 있어야 한다.

(5) 하드 웨어 관리의 역할

교장은 학교 안에 있는 여러 가지 하드 웨어를 관리하는 역할을 해야 한다. 학교 안에는 건물, 건물 안의 여러 시설물, 반 안에 있는 책상, 의자, 교탁, 텔레비전, 컴퓨터 등과 같은 여러 교육 기자재들이 있다, 그리고 운동장, 운동장의 여러 시설물들이 있다. 교장은 이러한 하드 웨어를 정비하고, 보호하고, 관리할 역할이 있다. 필요에 따라서 더 나은 것으로 교체하고, 건물이 낡았을 때는 리모델링을 하고, 건물을 새로 지어야 할 경우에는 철저한 예산 분석 후에 할 수 있어야 한다.

(6) 재정 관리의 역할

교장은 학교를 운영하기 위해 필요한 재정을 잘 관리할 수 있어야 한다. 학교의 재정은 등록금회계와 비등록금회계를 통해 마련되는데, 학교가 운영되기 위해서는 이 재정에서 매년 사용하는 예산(자본예산과 운영예산)이 세워지고 집행되어야 한다, 예산 집행이 적어서 재정이 너무 많이 남아도 곤란하고, 예산 집행이 많아서 재정이 너무 적게 남아도 곤란하다. 그렇기 때문에 재정 관리 계획을 단기, 중기, 장기로 나누어서 전문적으로, 체계적으로 세우고, 그 계획에 따라서 재정 관리가 이루어져야 한다. 물론 교장이 재정 관리를 혼자 맡는다는 의미가 아니다. 학교 구성원들과 전문가들에 의해서 재정 관리가 여러 단계를 거쳐서 전문적으로, 투명하게 이루어지지만, 이 부분에 대해서 교장은 학교의 최종 리더로서 재정 관리에 대한 총괄적인 책임을 지고 있다는 뜻이다.

(7) 데이터 관리의 역할

학교 안에는 다양한 데이터가 있다. 즉 인구통계학적 데이터, 인식 데이터, 학습 데이터, 과정 데이터와 같은 데이터가 있다. 구체적으로 인구통계학적 데이터는 학교 안의 구성원들인 학생, 교사, 직원의 주소, 연락처, 이메일, 가족 관계, 출석율(년차) 등과 같이 구성원 한 명 한 명을 전반적으로 파악할 수 있는 인구통계학적 데이터가 있고, 학교 구성원들이 학교 환경에 대해서 어떻게 이해하고 느끼고 인식하고 있는지를 알 수 있는 인식 데이터가 있고, 학생들의 학업성취도의 추이를 살펴볼 수 있는 학습 데이터가 있고, 교사들이 학생들을 어떠한 커리큘럼을 가지고 어떻게 가르치고 있는지를 확인할 수 있는 과정 데이터, 직원들이 맡겨진 업무를 어떻게 감당하고 있는지를 파악할 수 있는 과정 데이터가 있다. 이 외에도 학교 안에는 다양한 공문들, 보고서, 기록물들이 있다. 따라서 다양한 데이터를 주제 별로, 시행 날짜별로, 종류 별로 분류한 후 보관해야 한다. 더 나아가 이러한 데이터가 학교 운영에 실제적인 도움을 주기 위해서 다양한 데이터가 체계적으로 종합 및 분석되어야 하고, 분석된 결과들을 교장이 가지고 있어야 한다. 4차산업혁명시대의 핵심 키워드는 바로 "데이터"이다. 그렇기 때문에 이제는 학교 현장에서 더욱 데이터에 대한 관심을 가지고 있어야 하고, 데이터 수집, 보관, 종합, 분석, 활용에 대한 전문성을 학교는 갖추고 있어야 한다. 이러한 데이터 관리 부분에서 교장은 총괄적인 책임을 지는 리더인 것이다.

(8) 대외관계활동의 역할

교장은 학교 발전을 위해서 학교 안에서뿐만 아니라 학교 밖의 사람들과 만나는 활동을 하게 된다. 학생들을 더 잘 이해하고 교육하며, 학교 운영의 투명성을 위해 학부모와 교류하고, 학부모가 학교 운영에 적극적으로 참여할 수 있도록 협력을 구해야 한다. 또한, 지역사회의 다양한 기관의 리더들과도 교류하고, 지역사회 목회자들과도 교류하면서 교회들과 협력 관계를 맺어야 한다. 학교 후원이 필요할 경우에는 대외관계활동을 후원활동과 연결하는 노력을 해야 하기도 한다. 이 외에도 지역

교육청과 교류하면서 다양한 교육 정보를 얻고, 교육 정책에 대한 정보를 얻기 위해 노력해야 한다.

3. 교회 안에서 담임목사의 역할

지금까지 살펴본 기독교 학교에서의 교장의 역할을 교회에 적용하면 담임 목사의 역할이 되는 것이다. 교회 안에서의 최종 리더는 담임목사이다. 교회 안에서 담임 목사는 학교 안에서 교장의 역할을 하는 것이다. 교육행정학이라는 학문의 이론은 현장 별로 쓰는 언어와 각 현장의 독특한 특성만 고려한다면 어느 현장에도 적용될 수 있다. 교회 안에서 담임 목사의 역할을 살펴보도록 하겠다.

교회 안에서 담임목사의 역할	
(1)	성도 관리의 역할
(2)	부교역자, 직원에 대한 인사의 역할
(3)	교회 안에서 이루어지는 교육과정 감독의 역할
(4)	수퍼 비전 (Supervision)의 역할
(5)	하드 웨어 관리의 역할
(6)	재정 관리의 역할
(7)	데이터 관리의 역할
(8)	대외관계활동의 역할

(1) 성도 관리의 역할

교회는 성도들이 하나님께 예배드리고 하나님의 말씀을 배우며, 성도들 간에 신앙의 교제를 나누고, 섬김과 봉사의 훈련을 하는 곳이다.

첫째, 담임 목사는 교회 안에서 성도들이 신앙의 성장과 성숙을 이룰 수 있도록 돕고 관리하는 역할을 해야 하는 것이다. 에베소서 4장 15절에 의하면, “오직 사랑 안에서 참된 것을 하여 범사에 그에게까지 자랄지라. 그는 머리니 곧 그리스도라”고 나온다. 성도들이 범사에 예수 그리스도께까지 자랄 수 있도록 돕는 역할을 목회자는 감당해야 하는 것이다. 목회자는 성도들을 관리할 때 필요한 자세는 첫째, 한 영혼 한 영혼에게 관심을 가지고 그들의 영적인 필요를 채워 주어야 한다는 것이다.

예수님께서는 요한복음 10장 11절에 "나는 선한 목자라. 선한 목자는 양들을 위하여 목숨을 버리거니와"라고 말씀하신다. 좋은 목자는 항상 양 옆에 있어서 양의 필요를 채워주는 역할을 하는 목자이다. 양들이 늑대의 위협을 받을 때도 그들의 필요인 안전의 욕구를 채워주기 위해 목숨을 걸고 양들을 지켜야 하는 것이다. 담임목사는 성도들을 관리할 때 성도들에게 신뢰감을 주면서 그들의 영적인 필요를 채워 주는 역할을 감당해야 한다.

둘째, 신앙이 약한 성도들에게 세심한 관심을 가지고 그들이 영적으로 성장하고 성숙할 수 있도록 도와주어야 한다는 것이다. 고린도전서 8장 13절에서 바울은 우상은 가짜이기에 우상에게 바쳐진 고기를 먹는 것이 아무 것도 아님을 알지만, 신앙이 약한 성도들이 시험 들지 않기 위해 우상에게 바쳐진 고기를 안 먹겠다고 말한다.

"그러므로 만일 음식이 내 형제를 실족하게 한다면 나는 영원히 고기를 먹지 아니하여 내 형제를 실족하지 않게 하리라."

담임목사는 신앙이 약한 성도들에게 세심한 관심을 가져야 하고, 그들의 신앙이 잘 성장하고 성숙할 수 있도록 배려하고 섬기고 도와주어야 한다.

셋째, 교회에 잘 나오다가 여러 가지 이유로 나오지 않는 성도들에게도 특별한 관심을 가지고 하나님의 사랑을 실천해야 한다는 것이다. 누가복음 15장 4절에서 예수님께서 말씀하신다. "너희 중에 어떤 사람이 양 백 마리가 있는데 그중의 하나를 잃으면 아흔아홉 마리를 들에 두고 그 잃은 것을 찾아내기까지 찾아다니지 아니하겠느냐." 담임목사는 잃어버린 한 마리의 양을 찾아 떠나는 목자의 심정으로 목회를 하면서 교회에 잘 나오다가 나오지 않는 성도들을 찾아가고 배려하고 섬기는 노력을 해야 한다.

구체적으로 교회에 새로 출석하는 새신자에 관한 사항, 성도들의 유아세례, 세례, 입교에 관한 사항, 서리집사, 안수집사, 권사, 장로 등과 같은 직분에 관한 사항, 예배 출석에 관한 사항, 교회 봉사에 관한 사항, 심방에 관한 사항, 이사에 관한 사항, 성도 이명에 관한 사항 등을 전문성을 가지고 잘 알고 있어야 하고, 성도들을 관리하고 행정적인 지원을 적극적으로 감당해야 한다.

이 외에도 담임목사는 성도들이 교회 안에서 다른 성도들과 평화롭게 함께 신앙생활 할 수 있도록 교육하고 돕는 역할, 안전하고 편리하고 쾌적한 환경 속에서 신앙생활을 할 수 있도록 교회 안에서의 성도 복지를 증진 시키는 역할까지도 감당할 수 있어야 한다.

(2) 부교역자, 직원에 대한 인사의 역할

교회는 담임목사 외에 부목사, 교육목사, 전임전도사, 교육전도사로 구성된 부교역자가 있고, 교회를 운영하는 데 있어 전문적인 업무를 담당하는 직원이 사례를 받으면서 사역을 감당하고 있다. 그렇기 때문에 담임목사는 부교역자와 직원을 모집하고, 선발하는 역할을 하고, 자리 배치 및 업무를 부여하고, 업무를 추진하며, 조정 및 위임하는 역할을 감당해야 한다. 구체적으로 교회의 비전과 담임목사의 목회철학에 맞는 부교역자와 직원 선발 기준을 마련하고 모집하며, 그에 합당한 지원자를 전문적인 인사행정의 단계를 따라서 선발하는 역할을 감당해야 한다.

그다음 자신의 전문성에 맞는 자리에서 자신의 재능과 능력을 발휘할 수 있는 업무를 부여하고, 혹시 자신에게 맡겨진 자리와 부과된 업무에 대해서 잘 적응하지 못하거나 역량을 발휘하지 못하는 경우에는 현재의 업무 자리와 내용을 변경하는 조정의 역할을 해야 한다.

마지막으로 자신에게 맡겨진 자리에서 성도들을 잘 섬기고 본인도 만족하는 가운데 역량을 최대한 잘 발휘하면, 믿고 맡기는 위임의 역할도 감당해야 한다.

또한, 부교역자들이 성도들의 눈높이를 잘 맞추고, 성도들을 예수님의 마음으로 잘 섬기고 하나님의 말씀을 잘 가르치며 목양의 사역을 잘 감당할 수 있도록 부교역자들의 사역 능력을 증진시키는 방안을 만들고 시행해야 한다. 정기적인 교역자 연수, 교역자 교육 및 훈련, 멘토링 프로그램을 통해서 더 성장하고 성숙하며 발전하는 교역자가 될 수 있도록 지원하고 돕는 역할을 해야 한다. 직원의 경우에도 자신이 맡고 있는 업무 능력과 친절하게 성도들을 대하면서 섬기는 능력을 개선시키고, 데이터 관리 및 분석과 같은 전문적인 능력을 갖추게 하기 위해 정기적인 직원 연수와 교육, 훈련, 멘토링 프로그램을 마련하고 시행해야 한다. 또한 교역자와 직원도 영적인 부분에서 더 성장하고 성숙할 수 있도록 교역자들과 직원이 함께 하는 예배 모임, 큐티나눔 모임 등을 만들고, 정기적으로 영성 수련회도 마련해야 한다. 또한, 부교역자와 직원의 사기를 높일 수 있도록 복지 부분에 관심을 가지고, 그들의 시선에서 복지를 생각하고, 부족한 부분을 채워나가야 한다.

(3) 교회 안에서 이루어지는 교육과정 감독의 역할

교회는 성도들이 신앙 교육과 훈련을 받는 곳이다. 성도들의 신앙교육을 위해서는 신앙수준 별로 체계적인 신앙교육 커리큘럼이 있어야 한다. 물론 담임목사가 성도 개개인, 교회 학교 안에 있는 학생 개개인을 가르치는 것은 아니지만, 담임목사는 교회 안에서 이루어지는 교육의 총괄 책임자로서 신앙교육 커리큘럼 전반을 감독하는 역할을 맡아야 한다. 교회 안에서 어른 성도들을 대상으로 제공하는 다양한 교육들(새신자 교육, 제자훈련, 책별 성경공부, 주제별 성경공부, 리더교육 등)과 교회 학교 아이들을 대상으로 제공하는 교육들(공과교육, 제자훈련, 성경공부, 리더교육 등)이 체계적인지, 통일성을 갖추었는지, 효과적인지, 성도 눈높이에 맞는지를 감독하고 살펴보아야 한다. 이 외에도 교회 안에서 이루어지는 다양한 신앙교육 커리큘럼 운영이 더 전문적으로, 체계적으로, 효율적으로, 효과적으로 이루어질 수 있도록 신앙교육 커리큘럼 운영 개선을 위해 노력해야 한다. 교회 안에서 이루어지는 교육과정에서 신경 써야 하는 부분은 평신도 리더를 키워야 한다는 것이다. 평신도 리더를 세우는 교육과정을 통해서 평신도가 체계적인 신앙훈련과 교육을 받고, 그다음 다른 성도들을 섬기고 가르치는 역할을 감당할 수 있도록 도와야 한다.

(4) 수퍼 비전(Supervision)의 역할

담임목사는 부교역자가 하나님의 말씀을 잘 선포하고, 잘 가르치는지, 성도들을 섬기면서 목양의 사역을 감당하는지에 대해 수퍼 비전할 수 있어야 한다. 부교역자는 사역만 해야 하는 존재가 아니라, 계속 배우고 성장해야 하는 존재이다. 그렇기 때문에 담임목사는 부교역자를 목회의 후배로 생각하고 사랑하며, 그들이 사역자로 더 성장하고 성숙할 수 있도록 그들의 사역을 점검하고, 그들의 고민과 어려움을 들어주고, 사역의 노하우를 제공해줄 수 있어야 한다. 수퍼 비전을 한다는 것은 부교역자를 돕는 역할을 하는 것이지, 그들의 자율성을 인정하지 않거나 담임 목사가 원하는 대로 하는지 안 하는지에 대해 평가하는 것이 아니다. 따뜻한 신뢰 관계 속에서 담임 목사는 부교역자의 멘토 역할을 할 수 있어야 하는 것이다. 담임목사의 수퍼 비전을 통해서 부교역자는 자기 자신의 모습을 객관적으로 보고 성찰하며, 예수님의 마음으로 성도들을 더 사랑하고 섬기고, 계속 발전하면서 전문성을 발휘하는 유능한 사역자가 될 수 있는 기회를 제공받는 것이다. 규모가 큰 교회일 경우에는 더더욱 담임목사는 부교역자 한 명 한 명에게 실제적인 관심을 가지고, 정기적인 수퍼 비전의 시간을 마련해서 부교역자들을 실제적으로 도울 수 있어야 한다.

(5) 하드 웨어 관리의 역할

담임목사는 교회 안에서 있는 여러 가지 하드 웨어를 관리하는 역할을 해야 한다. 교회 안에는 예배당, 교육관, 선교관과 같은 건물, 건물 안의 여러 시설물, 여러 다용도 공간과 소그룹 방, 주방 등이 있고, 의자, 강대상, 텔레비전, 컴퓨터, 다양한 악기, 조명, 음향 장비 등과 같은 여러 물품과 교육 기자재 등이 있다. 이러한 다양한 하드 웨어를 정비하고, 보호하고, 관리할 역할이 담임목사에게는 있는 것이다. 교회의 예산을 면밀하게 살펴보면서 교인들의 동의 하에 필요에 따라서 하드 웨어를 더 나은 것으로 교체하고, 건물이 낡았을 때는 리모델링도 하고, 건물을 새로 지어야 할 때는 힘이 들어도 해야 하는 것이다.

(6) 재정 관리의 역할

담임목사는 교회를 운영하기 위해 필요한 재정을 잘 관리할 수 있어야 한다. 교회의 재정은 성도들의 눈물 어린 헌금, 진실된 신앙이 담긴 헌금으로 마련되기 때문에 재정 관리를 철저하게, 투명하게, 민주적으로 해야 한다. 교회 재정에서 매년 사용하는 예산이 세워지는데, 예산은 자본예산과 운영예산으로 나누어진다. 자본예산은 건물을 새로 짓거나 리모델링을 하거나, 비싼 교회 물품을 사는 등 큰 예산이 들어가는 예산을 말하고, 운영예산은 일년 동안 교회를 운영하는 데 있어 들어가는 예산을 말하는 것이다. 예산은 교회 상황에 맞게 적절하게 기획되고, 심의되고, 진행되고, 평가되어야 한다. 교회 안에서의 재정 관리는 담임목사 혼자 하는 것이 아니라, 당회와 제직회, 공동의회를 통하여 교회 구성원이 다 같이 하는 것이다. 담임목사는 교회의 리더로서 총괄 책임의 역할을 가지고 있는 것이다. 재정 관리는 1년 주기의 단기성으로, 3~5년 주기의 중기성으로, 10년 이상의 장기성으로 나누어서 체계적으로 이루어져야 하고, 재정 관리에 조금이라도 문제가 생기지 않도록 심혈을 기울어야 한다.

(7) 데이터 관리의 역할

교회 안에는 다양한 데이터가 있다. 학교에서와 마찬가지로 인구통계학적 데이터, 인식 데이터, 학습 데이터, 과정 데이터와 같은 데이터가 있다. 구체적으로 살펴보면, 성도들의 주소, 연락처, 이메일, 가족 관계, 신급, 심방유무, 출석율, 교회 안에서의 다양한 교육 이수 여부 등 성도들 한 명 한 명을 알 수 있는 인구통계학적 데이터가 있고, 성도들이 교회의 예배 및 교육 환경 등에 대해서 어떻게 인식하고 느끼는지에 대해 알 수 있는 인식 데이터가 있고, 신앙 교육과 훈련 받은 것에 대해서 알 수 있는 학습 데이터가 있고, 교회 안에서의 리더들이 성도들에게 신앙 교육과 훈련을 시킬 때 어떤 단계로, 어떤 커리큘럼을 가지고 하는지에 대해 알 수 있는 과정 데이터가 있다. 이 외에도 교회 안에서는 다양한 공문들, 보고서, 다양한 기록물들이 있다. 따라서 학교에서와 마찬가지로 다양한 데이터가 주제 별로, 시행 날짜 별로, 종류 별로 분류한 후 보관해야 한다. 또한 교회 안에 있는 다양하고 복잡한 데이터가 교회 사역과 운영에 실제적인 도움을 주기 위해 데이터가 체계적으로 종합되고 분석되어야 하고, 분석된 결과들은 담임목사를 비롯한 교회 리더들에게 공유되어야 한다. 이런 면에서 이제는 교회 안에서 관리 집사를 선발할 때, 교회의 시설 및 환경을 관리하는 역할이 주된 집사를 선발하는 것이 아니라, 데이터에 전문성을 가진 데이터 관리 집사를 선발해야 한다. 데이터 관리 부분의 총괄적인 책임을 지고 있는 담임목사는 데이터 수집, 보관, 종합, 분석, 활용에 대해 전문성을 갖추고 있어야 한다.

(8) 대외관계활동의 역할

담임목사는 지역사회 안에서 교회가 섬기고 봉사하는 역할을 잘 감당할 수 있도록 교회 밖에 있는 지역사회 인사들과 만나고 교류하는 역할을 해야 한다. 지역사회의 여러 공기관, 사회복지기관의 관계자들과 만나서 교회가 지역사회 발전을 위해 어떤 역할을 할 수 있는지에 대해 정보를 얻고, 지역사회 발전을 위해 실제적인 역할을 감당할 수 있어야 한다. 즉 교회는 지역사회의 발전을 위해 노력해야 하고, 지역사회에 어렵고 소외된 자들을 찾아가서 베풀고 섬기는 활동을 해야 한다. 이 외에도 담임목사는 노회 안에서, 교단 안에서 활동하기 때문에 노회에 참석해서 노회 안에 있는 다른 목회자들과 교류하고, 교단 안에서 필요한 활동에도 참여하게 된다. 이 외에도 다른 교회와 교류하기도 하고, 다른 교회에 가서 강사로 설교 및 교육을 하기도 한다. 담임목사의 대외관계활동은 교회가 지역 사회에서 빛과 소금의 역할을 감당하는 목적을 가지고 해야 하고, 자신이 사역하는 교회에 유익을 주어야 하고, 자신이 사역하는 교회 외에 다른 교회들도 우리 교회라는 공교회성을 함양하는 목적을 가지고 해야 한다.

정리문제

1. 기독교 학교 안에서 교장의, 교회 안에서 담임목사의 역할 수행의 원리 8가지는 무엇인가?
2. 기독교 학교 안에서 교장의 역할 8가지는 무엇인가?
3. 교회 안에서 담임목사의 역할 8가지는 무엇인가?

제8장

기독교특수교육행정 개론

필자는 University of Florida에서 교육학을 공부할 때, 특수교육행정(special educational administration)을 공부할 수 있는 좋은 기회가 있었다. 필자가 박사학위를 받은 학교의 특수교육학은 전 미국에서 과 랭킹 1,2 위를 하는 최고의 학교이다. 게다가 필자의 졸업논문지도 교수 중의 한 분이 이 특수교육학과의 디렉터를 담당하는 아주 저명한 교수였다. 특수교육학을 공부하면서 어려운 점이 있기도 했지만, 또한 놀라운 비전도 많이 보았다. 공부하면서 어려운 점이 있었던 이유는 한국 교육현장에는 없는 법과 제도가 너무나 많았기 때문이고, 교회 현장에서는 감히 구상도 못 해 본 정책들이 많았기 때문이다.

그러나 이러한 법과 제도, 정책들이 미국 교육현장에는 너무나 잘 정책되어 있는 것을 보면서 미국이 왜 선진국인지를 깨달을 수 있었다. 더 나아가 이러한 것들을 한국기독교교육현장에 적용해야 할 필요성을 강력하게 느꼈다. 게다가 필자는 동안교회 청소년부 담당 전도사, 목사로 사역한 적이 있다. 그 때 청소년부 안에 비장애학생들과 장애학생들이 함께 예배드리고, 분반 공부에 참여하는 '통합교육'을 시행했고, 비교적 성공적인 교육의 결과를 얻으며, 그 때부터 기독교특수교육행정이 교회 안에서 전문적으로 이루어져야 함을 느꼈다.

2014년 12월 기준 통계청에서 발표한 우리나라 전국 등록 장애인 수는 대략 2,494,000만 명이라고 한다. 이 수치는 우리나라 국민의 5%에 해당하는 숫자이다. 우리나라는 유독 자녀들의 '교육'에 관심이 많다. 우리나라의 급속한 성장의 원인도 높은 교육열 덕분이다. 그러나 장애학생들의 교육에 대해서는 많은 관심을 가지지 못했다. 기독교학교도 그렇고, 교회는 더더구나 장애학생들에게 관심을 가지지 못했다. 몇몇 대형 교회에서 장애학생들을 받아들이는 통합반을 운영하고 있으나 우리나라 전체 교회의 퍼센트를 보면 파악하기가 민망할 정도의 작은 수치이다. 그렇기 때문에 장애학생들은 몸도 불편한데 교회 안에서 눈치 보지 않고 예배드리고 신앙교육을 받으려면, 장애학생들을 차별하지 않고 일반학생들과 함께 신앙교육을 받을 수 있는 몇몇 대형교회를 찾아가야 한다는 것이다. 오히려 장애학생들을 배려한다면 이동의 반경을 최소한도로 해서 지역교회에서 이들을 받아주고 교육이 이루어져야 하는데, 그렇게 하지 못하고 있는 실정이다. 가장 낮은 자들을 섬기러 오신 예수님의 사역을 따라 해야 하는 곳이 예수님의 몸된 교회인데, 정작 교회는 장애학생들을 외면하거나, 감히 지역에 있는 장애학생들에게 다가갈 시도조차 하지 못하고 있다. 노방전도는 많이 하지만, 정작 지역에 있는 불신자 장애학생들을 찾을 생각은 하지도 못하고 있는 실정이다. 학교는 뒷전에 두더라도 예수님의 사역을 본받는 교회가 먼저 장애학생들의 교육에 최선을 다해야 하며, 교회가 장애학생들의 교육을 선도하고, 일반 학교에 영향을 주어야 한다.

특수교육은 크게 '통합교육'과 '분리교육'으로 나눌 수 있는데, 장애학생들이 비장애학생들과 함께 일반학급에서 교육을 받는 것을 '통합교육'이라고 하고, 장애학생들이 비장애학생들과 분리되어서 특수학급에서 교육을 받는 것을 '분리교육'이라고 한다. 그렇다면 장애학생들은 어디서 교육을 받는 것이 좋을까? 즉, 분리교육을 하는 것이 교육적인 효과가 있을까? 아니면 통합교육이 교육적인 효과가 있을까?

단기적으로는 비장애학생들과 분리되어서 따로 교육을 받는 것이 교육적 효과를 발휘할 수 있지만, 학창시절 이후의 사회 안에서 이루어질 그들의 독립적인 삶을 바라보면, 장애학생들과 비장애학생들이 함께 교육을 받는 통합교육이 장기적으로는 큰 교육적 효과를 발휘할 수 있고, 궁극적으로 지향해 나가야 하는 교육의 시스템이다.

따라서 기독교특수교육행정에서 가장 중요한 시스템은 바로 '통합교육'이다. 사실 이 '통합교육'은 아직 부족한 면은 많이 있지만, 우리나라 일반학교에서 현재 시행하고 있다. 우리나라에서 통합교육이 시작된 시기는 장애인계의 요구로 1994년 특수교육진흥법에 '통합교육'과 '각급학교에서의 장애인 입학 차별금지'를 규정하면서부터이다. 교육의 다른 영역도 마찬가지이지만, 사실 우리나라 교육에 있어서

‘통합교육’은 절대적으로 미국교육에 영향을 받아왔다. 뒤에 미국의 ‘통합교육’의 역사를 살펴볼 테지만, 미국에서는 ‘통합교육’이 오랜기간의 절차적 과도기를 걸쳐 정착하기까지 오래 걸린 것에 비해 우리나라는 단기단에 ‘통합교육’이 자리를 잡아가고 있다. 물론 통합교육은 정도의 차이가 있다. 일반학교의 일반학급에서 100% 비장애학생들과 함께 교육을 받는 완전한 통합교육도 있고, 일반학교에서 장애학생들을 위한 특수학급을 제공해서 그 안에서 장애학생들이 수업을 받고, 필요시 과목에 따라 이동해서 일반학급에 들어가서 비장애학생들과 수업을 받는 분리교육이 가미된 통합교육도 있다. 우리나라 교육현장에서는 완전히 일반학교의 일반학급에서 100% 비장애학생들과 함께 교육받는 완전한 통합교육보다 일반학교에 특수학급을 제공하고 분리교육이 가미된 통합교육이 많은 부분을 차지한다.

수치적인 통계를 보면, 1995년도에는 전체교육예산 대비 특수교육예산 비율이 1.8%에 불과하였으나, 2005년도에는 3.0%를 차지했다. 1995년도와 2005년도 사이 10년 동안 약 28%의 특수학급이 늘어나서 2005년도에는 특수학급이 4,697개가 되었고, 일반학교 안에서 통합교육을 받는 장애학생 수도 34,918명으로 늘어났다. 특수교육대상 학생의 교육환경을 살펴보면, 2002년에는 전체 특수교육대상 학생의 53%가 일반학교에서 통합교육을 제공받았는데, 2004년에는 57.1%로 증가했고, 2005년에는 59.8%로 증가했고, 2006년에는 62.8%로 증가했고, 2007년에는 65.2%로 증가했고, 2008년에는 67.3%로 증가했고, 2009년에는 68.3%로 증가했다. 특수학급 숫자에 대한 2009년 통계조사를 보면, 총 6924개 특수학급이 존재했는데, 그 중 초등학교 특수학급 수가 4357개 학급(69. 2%)이었고, 중학교가 1491개 학급(21.5%,)이었고, 고등학교가 870개 학급(12.6%)이었고, 유치원이 206개 학급(3.0%)이었다(교육과학기술부, 2009), (박승희, 2003).

이처럼 외형적인 면이나 수치적인 통계는 단기간에 특수교육에 대한 관심이 높아지고, 통합교육이 자리잡아 가는 것 같으나, 중요한 것은 특수교육과 통합교육의 실질적인 내용과 장애학생에게 제일 필요한 교육 서비스를 제공해주는 전문특수교육행정이 선진국에 비해 아직도 턱없이 부족하다는 것이다.

우리나라의 통합교육은 미국의 통합교육에 영향을 받고, 많은 부분을 적용하려고 노력한다. 왜냐하면, 미국교육 안에서는 일반학생과 장애학생이 함께 교육을 받는 통합교육이 가장 성공적으로 정착했기 때문이다. 그렇기 때문에 우리나라의 통합교육을 제대로 알고, 아직도 제대로 시행하지 못하고 있는 부분을 파악하기 위해서는, 그리고 기독교교육에 적용 가능한 통합교육을 파악하기 위해서는 미국의 통합교육을 반드시 연구해야 한다.

미국에서 통합교육을 확고하게 보증하고 있는 대표적인 교육법은 바로 the Individuals with Disabilities Education Act(IDEA)이다. IDEA 덕분에 장애학생들은 일반학급에서 비장애학생들과 함께 정규교육을 받을 수 있게 되었다. IDEA 시행 이후 1996년 미국 교육부의 조사에 의하면, 95%의 장애학생들이 일반학교에서 정규교육을 받았고, 그 중 73%의 학생이 일반학급에서 비장애학생들과 함께 학습의 과정에 참여했다(Colker, 2006, p. 795).

'통합교육'에 대해 정확히 이해하기 위해 미국교육에 있어서 시행되고 있는 통합교육의 역사적인 배경과 목적, 그리고 IDEA의 구조와 재정부분에 대해서 살펴보도록 하자. 그리고 통합교육에서 사용하고 있는 '최소제한환경(Least Restrictive Environment: LRE)', '포함(Inclusion)', 그리고 '특별교육철폐(Mainstreaming)'라는 단어를 정의하면서 통합교육의 원칙들을 살펴보도록 하겠다. 그 다음 '최소제한환경'을 시행하기 위해 준비되어야 하는 대안적인 교육의 장과 통합교육에 있어서 논의해야 하는 중요한 점들에 대해서 알아보겠다. 마지막으로는 교회교육현장에서 '통합교육'의 시행을 위해 어떤 행정학적인 준비가 필요한지 알아보도록 하겠다.

1. IDEA(Individuals with Disabilities Education Act)

(1) IDEA의 역사적인 배경

1970년에 미국에서 Education of the Handicapped Act(EHA)라는 법이 통과되었다. EHA의 특징은 다음과 같다.

1) EHA는 하나의 법 안에서 이전의 재정보조 프로그램을 합친다.
2) EHA는 미국의 주 안에서 이루어지는 시범사업을 위한 재정을 보조해주기 위해 연방정부의 자금을 제공한다.
3) 특수교육교사 훈련 프로그램을 발전시키기 위해 고등교육 기관에 재정을 지원한다.
4) EHA는 지역 학교들을 기술적인 지원을 제공하기 위한 지역자원센터들에게 재정을 지원한다(Yell, 2012, p.64).

1974년도에, EHA 개정안(the Education Amendments to the EHA)은 각각의 주가 장애학생들을 위해 충분한 교육의 기회와 절차상의 보호 조치, 그리고 일반교실에서 수업을 받을 수 있는 최소제한환경을 보장하기 위한 연방정부의 자금을 제공하는 것을 골자로 했다(Yell, 2012, p.64). 그래서 통합교육을 위한 근거는 1974년에 처음으로 마련되었다고 볼 수 있다. 이 EHA 개정안 하에서 장애학생들은 보조적인 도움이나 서비스를 통해서도 일반교실에서 비장애학생들과 함께 수업 받기가 힘든 경우를 제외하고는 최대한도로 비장애학생들과 함께 일반교육을 받을 수 있게 되었다(Colker, 2006, p.792).

1975년 11월 29일, 미국의 포드 대통령은 All Handicapped Children Act(EAHCA)에 서명했고, 1977년 8월 23일에 이 법은 효력을 발생하고 시행되었다. 이 법은 EHA를 확대시킨 것인데, 특수교육을 위해 연방정부의 기금을 각 주에 제공하는 것을 구체화했고, 그 기금으로 장애학생들의 장애에 따라 필요한 교육적인 서비스를 받을 수 있도록 했다.

EAHCA 개정안(Amendments to the EAHCA)은 1990년에 통과되었고, 이름을 Individuals with Disabilities Education Act(IDEA)로 바꾸었다. 그 다음으로 IDEA 개정안은 1997년에 클린턴 대통령이 서명함으로 통과되었고, Individuals with Disabilities Education Act Amendments of 1997으로 명명되었다(Yell, 2012). IDEA 개정안은 교육행정가, 일반학교의 교사, 특수교육의 교사의 역할과 책임 뿐만 아니라, 특수교육 안에서 학생들의 교육에 있어서 실질적인 변화를 가져왔다(Skrtic, Harries, & Shriner, 2005, p.29). IDEA 개정안은 또 한 번 개정되어 Individuals with

Disabilities Education Improvement Act of 2004—IDEIA of 2004 라고 명명되었다.

요약하면, 통합교육을 위해 여러 법이 만들어지고, 부족한 부분이 수정되는 과정을 겪었고, 결국 IDEA를 통해서 정리가 되었다(Colker, 2006, p.794). IDEA를 시행한 후부터 장애학생들이 일반학급에 들어가서 비장애학생들과 똑같은 교육을 받은 비율이 급격히 증가되었다. 구체적으로 1986년과 1996년 사이에 그 비율이 20%나 증가하였다. 반면에 장애학생들만 모여서 수업을 듣는 특수학교와 특수학급은 급격하게 감소했다. (Holloway, 2001, p.86).

(2) IDEA의 목적

IDEA의 목적은 장애학생들의 특수한 필요에 맞춰지게 설계된 특수교육과 이에 관련되는 서비스를 강조하는 무료공립교육(Free Appropriate Public Education: FAPE)을 보장하는 것이다. 더 나아가 거시적 관점에서 장애인들과 그들의 부모의 인권을 보장하기 위해 장애학생들의 고등교육, 취업, 독립적 삶을 위해 준비시키는 것이다. 그리고 장애학생들의 교육에 관여된 주정부의 기관들, 교육서비스를 제공하는 기관들, 연방정부의 기관들을 돕는 것이다(IDEA, 20 U. S. C. § 1400[d]).

그럼, IDEA에서 규정하고 있는 장애의 종류에는 어떤 것들이 있는가? 자폐증(autism), 농맹(deaf-blindness), 청각장애(deafness), 귀손상(hearing impairment), 지적장애(intellectual disability), 복합장애(multiple disabilities), 외적손상(orthopedic impairments), 다른 건강장애(other health impairment), 정서장애(emotional disturbance), 학습장애(specific learning disability), 언어장애(speech or language impairment), 외상성 뇌손상(traumatic brain injury), 시각장애(visual impairment including blindness)가 장애의 종류에 포함된다(Yell, 2012, p.67).

(3) IDEA의 구조와 자금

IDEA의 타이틀 1은 4개의 파트(A, B, C, D)로 구성되어 있다. 파트 A는 장애학생의 교육과 장애의 정의에 대해, 그리고 IDEA의 목표에 대해서 규정하고 있다. 파트

B는 3살부터 21살까지의 장애인을 위한 교육적인 자격요건을 규정하고 있다. 그렇기 때문에 특수교육교사와 행정가들은 파트 B 부분을 정확히 알고 있어야 한다. 파트 C는 장애의 가능성을 보이는 영·유아를 위한 프로그램에 대해서 규정하고 있다. 마지막으로 파트 D는 미국에서 특수교육의 발전에 있어서 필수적으로 중요한 사항을 정리하고 있다(Yell, 2012).

IDEA를 위한 자금은 연방정부에서 나온다. 연방정부는 IDEA를 통해서 주 교육부(State Educational Agencies: SEAs)에 특수교육비용을 제공한다. 주 교육부는 IDEA 연방기금의 많은 부분을 각 학군(school districts)이나 지역교육청(local Educational Agencies: LEAs)으로 보낸다. IDEA는 75%의 연방기금을 바로 지역 학교에 보내고, 나머지 25%의 연방기금은 주 정부 차원에서 쓰기를 요구하고 있다(Yell, 2012).

2. 통합교육의 원칙: 최소제한환경(Least Restrictive Environment: LRE)

(1) LRE에 대한 일반적인 이해

Education for All Handicapped Children Act(EAHCA)가 시행되기 전에는 장애학생들은 그들의 개인적인 필요들을 고려하기 보다는 그들이 가지고 있는 장애의 성격에 따라 적당한 학교에 보내졌다. EAHCA 이후에 IDEA가 통과된 후에는 철저하게 학생들의 개인적인 필요에 기반을 둔 특수교육의 서비스가 제공되는 것을 의무화했다. 더 나아가 학생들의 개인적인 필요에 맞는 교육장소가 제공하고, 일반학교에서 비장애학생들과 최대한 함께 통합교육을 받을 수 있도록 돕는 것을 의무화했다. 즉, 비장애학생들과 격리되어 장애학생들끼리 교육받는 환경을 최소한으로 하는 것이다. 이 의무사항은 바로 최소제한환경(Least Restrictive Environment: LRE)으로 불리운다. 구체적으로 LRE는 국, 공립학교, 사립학교, 그리고 다른 사설교육기관에 있는 장애학생들이 비장애학생들과 최대한 함께 교육받을 수 있도록 보장하는 것이다. 더 나아가 장애학생들이 비장애학생들과 분리된 특수학급이나 특수학교에서 교육받는 경우는 장애의 상태가 심각해서 부가적인 도움이나 서비스를 사용했

음에도 불구하고 만족스러운 효과가 없을 경우에 한에서이다(IDEA, 20 U.S.C. § 1412)

그렇기 때문에 교육현장에 있는 리더들은 장애학생들이 부가적인 도움과 서비스를 제공함으로서 일반학교에서 비장애학생들과 함께 정규교육을 잘 받을 수 있도록 최대한도로 노력해야 한다(Yell, 2012, p.271).

(2) '최소제한환경(Least Restrictive Environment)', '포함(Inclusion)', '특별교육철폐(Mainstreaming)'라는 용어

'최소제한환경(Least Restrictive Environment)', '포함(Inclusion)' 그리고 '특별교육철폐(Mainstreaming)'라는 용어는 통합교육에서 많이 쓰이는 용어이고, 비록 동의어는 아니지만 서로 교체할 수 있는 단어이기도 하다. 그럼에도 불구하고 차이가 있기 때문에 정확한 의미를 파악해야 하다. 첫 번째로 '포함(Inclusion)'이라는 단어는 모든 장애학생들이 그들의 시간 대부분을 일반교육환경에서 보내야 한다는 뜻을 가지고 있다(Yell, 2012, p.270). 즉, 이 단어는 비장애학생들과 함께 일반교육을 받는 장소를 의미한다고 볼 수 있다. 그렇기 때문에 '완전한 포함(Full Inclusion)'이라는 단어는 장애학생들이 일반교육 프로그램에 완전하게 포함되어 비장애학생들과 똑같이 교육받는 것을 의미한다. 일반학급에서 어떠한 차별없이 비장애학생들과 정규교육을 똑같이 받는 것을 의미한다. 그렇지만 장애학생들이 가진 개인적인 필요는 채워주어야 한다. 따라서 100%의 시간을 다 학급에 있어야 한다는 의미는 아니다. 예를 들어, 언어치료나 물리치료와 같은 부가적인 서비스를 받는 때에는 일반학급이 아닌 다른 곳에 있을 수 있다(Disability Rights California, 2011).

두 번째, '특별교육철폐(Mainstreaming)'는 좀 시대가 지난 용어이기는 한데, 장애학생들이 비장애학생들과 함께 교육받는 교육철학을 의미한다(Yell, 2012, p.270). '특별교육철폐(Mainstreaming)'의 개념은 '최소제한환경(Least Restrictive Environment)'에서 장애학생들이 교육받아야 한다는 연방정부 차원에서의 법이 통과된 이후에 발전된 개념이다. 그 이전에는 특수교육은 특수학교와 특수학급과 같이 분리된 환경에서 시행되는 교육이라고 간주되었다. '특별교육철폐(Mainstreaming)'는 일반교육

교사가 자발적으로 장애학생을 일반학급에 받아들일 수 있다는 허가를 한 후에 이루어졌다(Sacks, 2001).

마지막으로, '최소제한환경(Least Restrictive Environment)'은 IDEA의 의무사항을 가리킨다. 즉 장애학생들은 비장애학생들과 최대한의 범위에서 같이 교육받아야 한다는 의무사항이다. 따라서 '최소제한환경(Least Restrictive Environment)'의 의무사항은 학교는 최대한도로 비장애학생들과 통합적인 환경 하에서 장애학생들을 교육해야 한다는 것이다(Yell, 2012, p.270).

(3) 장애학생의 상태에 따른 '최소제한환경(Least Restrictive Environment)'의 종류

장애학생들이 개인적인 필요에 적합한 '최소제한환경(Least Restrictive Environment)'에서 교육받을 수 있도록 IDEA는 각각의 주에 소속된 학군에게 장애학생의 상태에 따른 최소제한환경의 대안적 교육장소들을 마련할 것을 요구한다. 그래서 '최소제한환경(Least Restrictive Environment)'은 일반교육환경을 기초로 한다. 그러나 장애학생의 장애수준과 개인적인 필요가 이에 맞지 않을 때는 그 다음은 특수교육학급에서 특별한 서비스를 받으면서 필요시 일반학급에서 교육받을 수 있는 환경이 필요하다. 이러한 환경에도 적합하지 않으면 그 다음은 오직 장애학생들을 위해 마련된 특수학교에서 교육받을 수 있는 환경이 필요하다. 만약 이러한 환경에도 적합하지 않으면 마지막으로는 집이나 병원과 같은 기관 안에서 교육을 받을 수 있는 환경이 필요하다(Yell, 2012).

3. 통합교육의 중요한 포인트

(1) 장애학생의 인권의 강조

사실 장애학생들의 통합교육은 교육계에서 단번에 시행될 수 있었던 것이 아니라, 사회 여러 곳곳에서 일어났던 인권 운동(Civil Rights Movement) 결과로서 서서히 얻어졌다고 해도 과언이 아니다. 1950년대와 1960년대에 인권 운동은 소수인종, 특히 흑인들에게 기회의 평등을 줄 것을 강력하게 요구하며 일어났다. 그리고 인종차별에 대한 여러 소송들이 진행되었고, 결국에 잘못된 법을 바꾸게 되었다. 교육계에서는 'Brown v. Board of Education'(1954) 소송에서의 승리가 인권 운동에 있어서 가장 기념비가 될 만한 승리로 기억되고, 이 소송의 승리로 말미암아 인권운동에 더 큰 힘을 불어 넣어 주었다(Yell, 2012, p.49). 구체적으로 말하면, 교육위원회(Board of Education)가 Brown이라는 학생을 차별한 것이 위법이라는 재판결과는 소수인종의 사회적 권리 향상에 지대한 영향을 끼쳤을 뿐만 아니라, 그 이후의 교육법에 많은 영향을 끼쳤다(Yell, 2012, p.49). 흑인학생들이 학교 안에서 차별받는 것은 부당하고, 차별교육은 있어서는 안 될 것이라는 인식이 사회 곳곳에 퍼지면서 통합교육에 대한 주제가 부각되기 시작하였다. 그래서 비록 통합교육에 대한 담론은 인종차별에 대한 반대의 배경에서 시작되었지만, 장애인 차별 반대에 대한 관심으로 연결되었다. 인종차별금지에 대한 시민운동이 국가적으로 일어나는 것에 도전을 받으며 장애학생을 둔 부모들도 자신의 아이들이 학교 안에서 차별받고, 정규교육에 소외되고 있는 현실을 가만히 바라만 보고 있지 않고 적극적으로 소송을 걸었고, 통합교육이 법적으로 보장되고 학교 안에서 시행될 수 있도록 지속적으로 강력하게 촉구하였다. 그 결과 1974년도에 장애학생들이 비장애인들과 함께 일반학교에서 정규교육을 받는 통합교육에 대한 법적인 근거가 마련되었다(Colker, 2006). 따라서 통합교육에는 장애인들을 차별하지 않고, 장애인들의 인권을 보장하고 강조한다는 의미가 내포되어 있는 것이다.

(2) 장애학생들의 학업성취에 대한 강조

IDEA는 장애학생들의 통합교육에 대해 관심을 가지면서 장애학생들도 일반학급에서 비장애인들과 마찬가지로 학업 성취를 높일 수 있다고 기대했다. 위에서 살펴본 EAHCA 법안이 통과되기 전에는 장애학생들은 일반교육을 받을 수 있는 기회조차 없었고, 학업적인 면에서 열등한 존재로 인식되었다. EAHCA 법안 후에 통합교육이 시작된 초창기에도 많은 교육전문가들은 단지 기회의 평등을 장애학생들에게 주는 수동적 차원으로서 통합교육의 의미를 부여했다. 그러다가 IDEA 법안이 통과되고 최소제한환경(Least Restrictive Environment)의 의무사항이 부과된 이후부터 통합교육이 가진 의미의 밑바탕에는 장애학생들과 비장애학생들과 마찬가지로 성적을 올리며 원하는 만큼의 학업성취를 이룰 수 있다는 점을 전제로 했다.

이러한 전제는 특히 Individuals with Disabilities Education Improvement Act(IDEIA) of 2004 법안에서 명확히 드러났다. 2004년 12월 3일에 부시 대통령은 IDEIA of 2004 법안에 사인했다. IDEIA는 장애학생들의 학업을 증진시킬 수 있는 시스템을 강조하면서 장애학생들도 비장애학생들과 마찬가지로 체계적으로 학업능력도를 평가하는 공인시험을 치뤄야 할 것을 명시하고 있다. IDEIA는 장애학생들이 학업성취를 이룰 수 있다는 믿음이 전제되어 있고, 통합교육 안에서 받는 일반교육 커리큘럼이 장애학생들의 삶을 개선하고 좀 더 생산적이고 독립적인 삶이 될 수 있게끔 도와줄 수 있다는 믿음이 전제되어 있다(Yell, 2012).

(3) 일반교육 커리큘럼을 제공받는 기회의 평등

통합교육은 장애학생들이 일반교육 커리큘럼을 제공받고, 그 안에서 배울 수 있는 기회를 비장애학생들과 동일하게 제공한다. 일반교육 커리큘럼은 비장애학생들만 고려해서 개발되는 것이 아니라, 장애학생들도 고려해서 개발되어야 한다. 학급은 항상 다양한 배경적 지식을 가지고, 다양한 능력의 차이를 가진 학생들이 존재하고 있다. 그렇기 때문에 좋은 교사는 각각의 학생들의 필요에 맞는 가르침이 되기 위해 노력해야 하고, 학생들의 수준과 필요를 고려해서 커리큘럼을 채택해야 한다(Sacks, 2001).

통합교육에서 커리큘럼은 학생에 대한 다음과 같은 믿음의 기반 위에서 발전되어야 한다.

1) 모든 학생들은 생각할 수 있고, 배울 수 있다.
2) 모든 학생들은 독특한 가치관과 각자의 재능을 가지고 있다.

3) 학생들의 다양성은 학교 안에서 받아들여져야 하고, 수용되어야 한다.
4) 모든 학생들은 효과적으로 배우는 방식이 다르다.
5) 모든 학생들은 그들이 적극적이고 협력적으로 학급 동료와 교사들과 교제할 때 가장 잘 배울 수 있다.
6) 모든 학생들은 흥미를 끌고 도전이 되고, 개인적으로 의미를 찾을 수 있는 분야를 공부할 때 가장 잘 배울 수 있다.
7) 장애학생들을 위한 효율적인 가르침의 방법은 비장애학생들을 위한 그것과 실질적으로 차이가 없다(Jorgensen, Fisher, & Roach, 1997).

이러한 믿음 위에서 통합교육 안에서의 커리큘럼은 학생들(장애학생들, 비장애학생들 모두 포함)의 세 가지 유형의 기술을 고려하면서 개발되어야 한다. 사크스(Sacks, 2001)는 세 가지 유형의 기술을 다음과 같이 제시한다.

1) 성향과 자연적인 성격(호기심이 많음, 부지런함, 협력적임, 인내력, 비판적인 사고),
2) 과학 과목, 사회과 과목, 언어 과목, 컴퓨터 과목, 예술 과목에서의 지식,
3) 읽기, 쓰기, 셈하기와 같은 기초적인 학문적인 기술(p.84).

(4) 장애학생들의 필요를 채워주기

통합교육은 일반교육환경이 비장애학생과의 분리를 강조하는 특수교육환경보다 훨씬 교육적으로 효과가 있다고 전제한다(Colker, 2006, p.796). 연구조사에 의하면 통합교육은 이동성 장애(Mobility Impairments)나 질병으로 인한 장애와 같은 학습과 관련되지 않는 장애를 가진 학생에게 효과적으로 나타난다(Colker, 2006, p.812). 그러나 모든 장애학생들이 일반교육환경에 잘 적응하고, 교육적인 효과를 보는 것은 아니다. 예를 들어, 나이가 많은 학생들은 좀 더 특수교육환경을 선호한다. 왜냐하면 그들은 일반교육환경 안에서는 좀 더 난처한 일을 당하기 쉽다고 느끼기 때문이다(Jenkins & Heinen, 1989). 게다가 장애가 심한 학생들은 일반교육환경에서 오히려 어려움을 겪으며 학생 성장에 방해가 될 수 있다. 그렇기 때문에 이런 학생들에

게는 장애를 충분히 고려한 비장애학생들과 분리된 교육장소가 필요하다(Crossley, 2000, p.254). 게다가 파델리아두와 지그몬드(Padeliadu and Zigmond, 1996)의 연구조사에 의하면, 상당수의 장애학생들이 비장애학생들과 분리된 특수교육환경을 일반교육환경보다 더 편안하고, 조용하게 지원받을 수 있고, 즐길 수 있는 환경이라고 느낀다고 한다(p.15).

따라서 IDEA에서 이야기하고 있는 통합교육은 모든 장애학생들이 무조건 통합교육을 받아야 한다는 것이 아니다. 장애 학생들의 학창시절 이후 사회 속에서 독립적인 생활까지 고려하는 측면에서 장애학생들은 최대한도로 비장애학생들과 일반학급에서 어울리고 수업을 받는 것이 좋지만, 장애학생들이 일반학교에서 비장애학생들과 함께 수업을 받을 지, 아니면 특수학교에서 분리된 수업을 받을지는 사례(case-by-case basis)에 따라 달라지게 된다(Yell, 2012, p.284).

통합교육을 시행하는 중요한 목적 중 하나는 통합교육을 받기를 원하는 장애학생들의 필요를 충족시켜 주는 것이다. 마찬가지로, 최소제한환경(Least Restrictive Environment)에서 통합교육을 받기에 적합하지 않는 장애학생들에게는 그들의 특별한 필요를 채워줄 수 있는 다른 교육적인 서비스를 제공해주어야 한다.

그래서 IDEA에서는 '무료적합공교육(Free Appropriate Public Education: FAPE)'과 '개인적으로 맞춰진 프로그램(Individualized Education Program: IEP)'을 준비했다. 구체적으로 IDEA 아래서 장애로 분류된 학생들은 특별하게 설계된 맞춤식 가르침과 그들의 특별한 교육적인 필요들을 충족시키기 위한 교육 서비스로 구성되어 있는 특수교육을 받을 수 있는 자격이 주어진다(Yell, 2012, p.182). 이러한 서비스는 연방정부의 기금으로 장애학생들에게는 무상으로 제공되며, 개인적으로 맞춰진 프로그램 하에서 제공된다(Yell, 2012, p.182). 이것이 바로 '무료적합공교육(Free Appropriate Public Education: FAPE)'이다.

특수교육 프로그램의 모든 측면은 '개인적으로 맞춰진 프로그램(Individualized Education Program: IEP)'에 의해서 이끌어진다. '개인적으로 맞춰진 프로그램(Individualized Education Program: IEP)'은 학교대표나 교육감, 장애학생의 특수교육교사와 일반교육교사, 학부모, 그리고 필요시 장애학생이 참여하는 회의에서 개발된다. 학교는 반드시 '개인적으로 맞춰진 프로그램(Individualized Education Program: IEP)'의 실질적인 요구사항을 충족시켜야 하고, 장애학생들이 그들에게 적합한 교육을 받을 수 있는 것을 보장하는 절차상의 요구사항도 갖추어야 한다.

먼저 절차상의 요구사항은 다음과 같다.

1) 장애학생의 부모에게 중요한 학교 소식을 알린다.
2) 각각의 주에서 정한 '개인적으로 맞춰진 프로그램(Individualized Education Program: IEP)' 추진일정을 지킨다.
3) 장애학생의 학부모를 교육적인 의사결정 과정에 참여시킨다.
4) 전문적이고 개인화된 평가를 시행한다.
5) '개인적으로 맞춰진 프로그램(Individualized Education Program: IEP)' 팀 구성원 모두가 IEP 팀 회의에 참여하는 것을 보장한다.
6) 적절한 교육내용을 '개인적으로 맞춰진 프로그램(Individualized Education Program: IEP)'에 포함한다.
7) IEP 팀 회의 내용은 서면으로 남긴다(Yell, 2012, p.235).

다음으로, 실질적인 요구사항은 학교가 장애학생들에게 의미있는 교육적 혜택을 제공하는 교육을 시행하는 것과 관계되어 있다. 실질적인 요구사항은 다음과 같다.

1) 학교는 장애학생들의 학업적이고 기능적인 필요를 완전하게 파악해야 한다.
2) '개인적으로 맞춰진 프로그램(Individualized Education Program: IEP)'의 목표는 장애학생들의 필요를 충족시키는 것이어야 한다.
3) '개인적으로 맞춰진 프로그램(Individualized Education Program: IEP)'의 목표를 완벽하게, 적절하게, 측정 가능하게 써야 한다.
4) 학교는 과학적이고 체계적인 조사에 근거해서 반영한 특수교육과 그에 관련된 서비스를 장애학생들에게 제공해야 한다.
5) 학교는 장애학생들이 그들의 학업적인 목표를 성취하고, 학업에 진보가 있는지 감독해야 한다(Yell, 2012, p.236).

장애학생들의 교육환경을 결정하는 과정에서 IEP팀은 결정권을 가진다. 즉, IEP팀은 장애학생들의 필요와 그들의 학업적인 목표를 조사하면서 가장 적합한 교육환경을 결정할 수 있다. IDEA 법은 장애학생들의 교육환경을 결정할 때는 반드시 개별적(individual basis)으로 이루어져야 함을 명시한다(IDEA Regulations, 34 C.F.R. § 300.552, comment) (Yell, 2012, p.284).

이러한 점을 볼 때, '개인적으로 맞춰진 프로그램(Individualized Education Program: IEP)'과 '통합교육'은 긴장관계에 있는 것이 아니라, 장애학생들의 필요를 채워주고 학업적인 성취를 높이기 위한 협력적이고, 상호보완적인 관계에 있는 것이다.

4. 통합교육에 근거한 기독교특수교육행정

우리나라 교회교육 현장에도 장애학생들에게 관심을 갖고, 그들이 비장애학생들과 함께 예배드리고, 교육받을 수 있는 문화를 마련하고, '통합교육'의 행정시스템을 마련해야 한다.

한국교회 교회학교의 현장에서 몇몇 대형교회들은 장애학생부서를 만들어서 운영한다. 그러나 아쉬운 점은 장애학생들과 비장애학생들이 함께 활동하는 통합교육은 아직은 걸음마 단계이다. 우선 교회학교 내에 특수교육 전문가가 부재한 이유와 인프라의 부족, 그리고 장애학생들에 대한 뿌리 깊은 편견 때문이다.

그렇기 때문에 목회자와 부장 교사는 특수교육에 대한 관심을 가지고, 장애학생들도 교육을 받을 수 있는 행정시스템을 구축해야 한다. 그리고 신학교육 현장에서는 장애인들에게 더 관심을 가지고 그들에게 초점을 맞춘 전도학, 선교학이 연구되어야 하고, 기독교교육학 안에서 기독교특수교육이 연구되고, 학문적으로 정립될 필요가 있다.

솔직히 한국교회의 현실 속에서 작은 교회들은 예산의 부족, 전문가의 부족, 인식의 부족 때문에 장애학생부서를 만들기가 쉽지 않다. 그렇기 때문에 지금 현실에서는 일부 대형교회가 그 역할을 감당하고 있다. 그렇기 때문에 더더욱 통합교육이 필요하다. 통합교육은 장애학생들과 비장애학생들이 함께 교육을 받는 것이기 때문에 따로 부서를 만들거나, 부서 예산이 따로 드는 것이 아니기 때문에 지역의 작은교회에서도 시행할 수 있다. 장애학생들은 구청 등을 통해 그들의 정보를 알 수 있고, 그들을 충분히 전도해서 교회로 데리고 올 수 있다. 다만 목회자와 교사들이 장애학생들을 사랑하고 그들과 교제하고, 그들을 가르치기 위해 특수교육학적인 이해가 있어야 한다는 것이고, 특히 목회자는 장애학생들이 통합교육을 제대로 받을 수 있도록 적극적으로 장애학생들을 고려한 목회가 이루어져야 한다. 이것은 장애학생들에 대한 인식의 전환에서부터 시작되며, 목회자와 교사, 그리고 비장애학생들과의 이해와 협력을 통해 이루어질 수 있다. 첫 술 밥에 배 부를 수 없듯이 한 걸음 한 걸음 시행착오를 겪으면서 지역 교회 안에서 통합교육이 이루어질 수 있도록 노력해야 한다.

그럼, 구체적으로 5가지 교육행정학적인 영역을 나누어 통합교육에 근거한 기독교특수교육행정학을 간략하게 제시해보겠다.

(1) 수업지도성

목회자는 장애학생들에게 어떻게 신앙교육을 시킬 수 있는지 특수교육학적인 지식을 갖추고 있어야 한다. 장애학생들을 충분히 이해하고 공감하기 위해서 장애인들의 심리, 관심사, 어려움 등을 충분히 숙지하고 있어야 한다. 그 바탕 하에서 목회자는 반 교사들에게 장애학생들과 어떻게 교제하는지, 어떻게 말씀을 가르칠 수 있는지를 지속적으로 교육시켜야 한다.

사실 설교의 경우에서는 비장애학생들과 장애학생들(여기서는 '정신지체장애학생'들을 말한다)이 함께 듣기는 불가능하다. 비장애학생들과 장애학생들의 눈높이를 둘 다 고려하기는 힘들다. 둘 다를 한꺼번에 고려하려고 노력하다보면 교육의 대상이 명확하게 설정이 안 된 상태에서 준비된 설교가 되기 때문에 비장애학생들은 불만이 터져 나오게 되어 있고, 장애학생들은 적응을 못 하게 되는 상황이 도래할 수밖에 없다. 설교해야 하는 목회자도 말씀을 준비하는 스트레스가 말도 못하게 클 것이다. 그렇기 때문에 제일 현실적인 방안은 설교의 경우에서는, 교회의 역량이 되면 특수교육 전문 목회자가 맡는 것이 좋고, 그렇지 않을 경우에는 교회에서 특수교육을 아는 신실한 집사님을 모셔서 일반목회자의 지도 아래 설교를 전하게 해야 한다.

그 다음에 분반공부 시간에는 장애학생들과 비장애학생들이 함께 모여서 교제하고, 나누는 통합교육을 시행해야 한다.

이 분반 통합교육을 위해서는 장애학생들을 받기 전에 미리 비장애학생들을 교육시켜야 한다. 교회 안에서 장애학생들과 함께 활동해야 하는 이유를 설명해야 하고, 장애학생들은 비장애학생들과 똑같이 하나님의 사랑받는 자녀라는 것을 주지시켜야 하고, 어떻게 장애학생들과 어울리며 교제를 나눌 수 있는지를 가르쳐주어야 한다. 비장애학생들이 가지고 있는 장애학생들에 대한 잘못된 인식과 편견을 없앤 후에 장애학생들을 분반에 배정해야 제대로 된 통합교육이 이루어지게 된다. 이러한 과정 없이 그냥 통합교육을 시행하게 되면, 비장애학생들이 불만이 생기고, 결국 교육의 효과는 전혀 없고, 오히려 비장애학생들이 교회를 옮기게 되는 일들이 벌어지게 될 것이다. 그래서 통합교육은 체계적으로 진행되어야 하며, 목회자와 교사와 비장애학생들의 협력 가운데 진행될 수 있다.

(2) 의사결정과정

통합교육이 더 큰 교육적인 효과를 발휘하기 위해서는 교사들이 장애학생 한 명 한 명에게 더 큰 관심을 두고, 공과시간 외에 장애학생의 필요를 고려해서 '개인적으로 맞춰진 프로그램(Individualized Education Program: IEP)'을 짜고 시행할 필요가 있다. 교사는 전문가의 도움과 목회자의 도움, 그리고 장애학생 부모님의 조언을 받아서 장애학생의 신앙적인 상태를 정확히 체크하고 그에 맞춰진 개인 프로그램을 개발하고 진행할 필요가 있다.

'개인적으로 맞춰진 프로그램(Individualized Education Program: IEP)'을 위해서 목회자와 담당교사, 그리고 같이 협력해줄 동료교사들, 교회 안에 특수교육 전문가 성도, 그리고 장애학생의 부모님이 함께 모여서 팀을 만들고, 민주적이고 협력적인 토론에 근거해서 의사결정을 해야 한다. 그 팀 안에서 준비, 시행, 평가가 다 이루어져야 하고, 모든 의사결정은 그 팀을 통해서 이루어져야 한다.

(3) 의사소통방법

통합교육 안에서 이루어져야 하는 의사소통방법은 바로 쌍방향의사소통 방법이다. 목회자는 교사와 대화할 때, 장애학생들과 교제할 때, 장애학생들의 부모님들과 상의할 때 일방적인 전달의 방법을 사용하지 않고, 대신 쌍방향 의사소통의 방법을 사용해야 한다. 특수교육적 상황에서는 목회자는 완벽한 전문가가 아니다. 그렇기 때문에 일방적인 지시적 언어를 사용하지 말아야 한다. 서로를 이해하고, 존중하는 마음을 가지고 잘 들어주는 대화가 진행되어야 한다. 특히 쌍방향의사소통 방법에서 상담적인 접근을 사용하면서 장애학생들을 충분하게 이해하고 공감할 줄 알아야 하고, 장애학생들의 부모님들의 아픔과 눈물을 이해하고 위로와 희망을 줄 수 있어야 한다.

(4) 교회문화

통합교육을 시행하기 위한 교회학교의 문화는 바로 협력의 문화이다. 통합교육은 협력의 문화가 없이는 시행되기가 힘들다. 오히려 통합교육을 통해 서로에게 상처를 주고, 아무런 교육적 효과가 없이 끝날 수도 있다. 그렇기 때문에 통합교육은 목회자와 교사, 비장애학생들과 장애학생의 부모님들 간에 유기적인 협력이 이루어져야 한다. 목회자는 교회학교의 대표 리더로서 교사들의 교육적인 필요들을 잘 파악해서 지원해 주어야 하고, 비장애학생들의 협력을 구하기 위해 그들과의 친밀도를 더욱 높여야 하고, 장애학생 부모님들이 통합교육에 적극적으로 관심을 가질 수 있도록 그들과 지속적으로 만나는 시간을 가져야 한다.

통합교육은 교회학교만의 시스템이 되어서는 안 된다. 가장 바람직한 모습은 교회 전체문화가 장애인들에게 관심을 갖는 문화가 되어야 하고, 교회 안에서 장애인들을 배려하고, 성인부서에서도 장애성도와 비장애성도가 함께 어울리고 교제하고 말씀을 공부하는 통합교육이 이루어져야 한다. 그럴 때 교회 전체에 통합교육이 아름답게 자리잡을 수 있을 것이다. 교회는 특수교육의 전문가들을 계속 모셔서 세미나를 지속적으로 여는 노력을 해야 하고, 담임목사를 포함한 전체 목회자들과 성도들과 함께 장애인 복지시설에 정기적으로 방문하여 봉사하면서 장애인들을 사랑하고, 그들과 함께 교제하는 법을 배워야 한다.

(5) 교회구조

통합교육을 위해서는 전문화된 조직구조를 가지고 있어야 한다. 통합교육을 시행하는 교회학교에서 목회자와 교사, 장애학생의 부모들은 다 장애에 대한 식견과 지식을 나름대로 가지고 있다. 그렇기 때문에 서로의 전문성을 인정하고 존중할 필요가 있다. 목회자와 교사, 장애학생의 부모들이 다 평등한 관계 속에서 각 존재들이 부서장의 역할을 해야 한다. 목회자는 교회학교 전체를 책임지는 부서장이 되고, 교사는 자신의 반을 대표하고 책임지는 부서장이 되고, 장애학생의 부모들은 가정의 부서장이 되는 것이다. 각자 부서장으로서 책임을 다하고 각자 전문성을 더욱 더 배양해서 통합교육이 효율적, 효과적, 체계적, 협력적으로 이루어질 수 있도록 노력해야 한다.

정리문제

1. 한국 교회학교에서 이루어지고 있는 특수교육의 상황을 진단해보고, 문제점을 말해보자!
2. IDEA(Individuals with Disabilities Education Act)는 무엇인지 설명해보자!
3. '통합교육'의 구체적인 내용은 무엇인가?
4. '통합교육'에 근거한 기독교특수교육행정에 대해 사례를 들어 설명해보자!

참고문헌

1. 교육과학기술부 (2009). *특수교육연차보고서*
2. 박승희(2003). *한국 장애학생 통합교육: 특수교육과 일반교육의 관계 재정립*. 서울: 교육과학사.
3. Colker, R. (2006). The disability integration presumption: Thirty years later. *University of Pennsylvania Law Review* 154(4), 789-862.
4. Crossley, K. E. (2000). Inclusion: A new addition to remedy a history of inadequate conditions and terms. *Journal of Law & Policy*, 4, 239-259.

5. Disability Rights California (2012). Special education rights and responsibilities–Chapter 7 information on least restrictive environment, *Disability Rights California*, 1–28.

6. Holloway, J. (March, 2001). Inclusion and students with learning disabilities, *Educational Leadership*, 86–88.

7. IDEA, 20 U. S. C. § 1400[d], IDEA, 20 U.S.C. § 1412, IDEA Regulations, 34 C.F.R. § 300.552

8. Jenkins, J. R. & Heinen (1989). A students' preferences for service delivery: Pull–out, in–class, or integrated models. *Exceptional Children* 55, 516–523.

9. Jorgensen, C. Fisher, D, & Roach, V. (1997). Curriculum and its impact on inclusion and the achievement of student s with disabilities. *Policy Research Practice: Issue Brief–Consortium on Inclusive Schooling Practices*. Pittsburgh, PA: Allegheny University of the Health Sciences.

10. Padeliadu, Susana & Zigmond, Nancy (1996), Perspectives on students with learning disabilities about special education placement. *Learning Disabilities Research & Practice* 1, 15–23.

11. Sacks, A. (2001). *Special education–A reference handbook*. Santa Barbara, CA:ABC–CLIO, Inc.

12. Skrtic, T., Harries, K., & Shriner, J. (2005). *Special education : Policy and practice*. Denver, CO: Love Publishing Company

13. Yell, M. L. (2012). *Thelaw and special education (3rd ed.)*. Upper Saddle River, NJ: Merrill.

제9장

기독교교육행정가의 자질론

제 9 장 기독교교육행정가의 자질론

필자는 교회에서 기독교교육행정의 최종리더인 한국교회 담임목사 1000명을 대상으로 2014년 3월부터 7월까지 기독교교육행정가로서 갖추어야 할 자질에 대해서 설문조사를 한 적이 있다. 총 404명이 이에 대해서 답변했는데, 이 결과를 바탕으로 기독교교육행정가의 자질에 대해서 설명하려고 한다.

많이 나온 답변은 총 16가지로 정리될 수 있다.

(1) 정직(Honesty),

(2) 전문성(Professionalism),

(3) 리더십(Leadership),

(4) 성숙한 인격(Maturity in Character):

1) 인내(Patience),

2) 존중(Respect),

3) 겸손(Humility),

4) 공감력(Sympathy),

5) 성실(Faithfulness)과 헌신(Devotion),

6) 온유(Gentleness),

(5) 신뢰(Trust)와 책임감(A Sense of Responsibility),

(6) 소통의 능력(Communication),

경청(listening attentively), 수용력(Receptivity),

(7) 판단력(Judgment), 분별력(Discernment),

결단력(Decision),

(8) 영성(Spirituality),

(9) 공정성(Fairness),

(10) 추진력(Driving Force),

(11) 설득력(Persuasive Power)과 솔선수범(Leading by Example),

(12) 창의력(Creativity),

(13) 열정(Passion),

(14) 비전(Vision),

(15) 부지런함(Industriousness),

(16) 정확성(Accuracy)과 명확성(Clarity)

(1) 정직(Honesty)

정직은 기독교교육행정가가 반드시 가져야 하는 덕목이다. 기독교적 관점에서 '정직'의 의미는 크게 두 가지로 나눌 수 있다.

첫째는 '거짓의 반대'이다. 행정가는 거짓이 없어야 한다. 거짓된 생각과 말과 행동이 없어야 한다. 거짓된 말에는 부풀려진 말까지 포함된다. 부풀려진 말을 많이 하게 되면 소위 '허풍쟁이'로 인식될 수 있고, 이것은 구성원들이 리더를 믿지 못하게 되는 원인이 될 수 있다. 행정가는 반드시 정직이라는 덕목을 가지고 구성원들을 이끌고 나아가야 한다.

둘째는 요행을 바라지 않고, 노력한 만큼의 결과를 얻으려고 하는 자세를 말한다. 갈라디아서 6장 7절의 말씀에는

> **"스스로 속이지 말라. 하나님은 업신여김을 받지 아니하나니 사람이 무엇으로 심든지 그대로 거두리라."**

고 나온다. 우리 속담에 "콩 심은 데 콩 나고, 팥 심은 데 팥 나는 것이다." 행정가는 정직한 노력을 추구하는 사람이어야 한다. 땀흘린 만큼의 결과가 나온다는 믿음을 가지고 자신에게 맡겨진 리더의 일을 감당해야 한다.

(2) 전문성(Professionalism)

전문성은 행정가가 반드시 가져야 하는 자질이다. 행정가가 전문성이 없이 일에 뛰어든다면 그야 말로 교육을 망치는 일을 하는 것과 다름이 없다. 우리는 종종 교

회 안에서 '은혜'라는 말을 잘못 사용해서 '은혜롭게 하는 것'을 '전문성은 부족해도 된다'는 말로 오해할 때가 많다. 교회의 목회가, 기독교교육의 일이, 하나님의 사역에 전문성이 있을 때 일이 순조롭게 진행되고, 구성원들도 납득할 수 있게 되기 때문에 은혜롭게 되는 것이다. 따라서 기독교교육행정가는 반드시 행정의 전문가가 되어야 하고, 조직을 이끌고 나아갈 수 있는 능력이 있어야 한다.

(3) 리더십(Leadership)

기독교교육행정가는 당연히 리더십을 갖추어야 한다. 리더십의 가장 중요한 내용은 바로 목표를 설정하고 구성원을 이끄는(leading) 능력이다. 앞의 장에서 살펴보았지만, 리더십은 타고 나기도 하는 반면에 길러지기도 하는 것이다. 그렇기 때문에 행정가는 리더십을 갖추기 위해 리더십과 관련된 책을 읽거나, 세미나나 훈련에 참석하거나, 다른 리더들이 가지고 있는 좋은 리더십의 내용을 배우고 따라할 수 있어야 한다.

(4) 성숙한 인격(Maturity in Character)

기독교교육행정가는 반드시 성숙한 인격을 가지고 있어야 한다. 행정가가 인격을 제대로 갖추지 못하면, 감정대로, 자기 멋대로 행동하기가 쉽기 때문에 구성원들은 불안을 느끼게 되고, 온전하게 행정가를 따르기가 쉽지 않게 된다. 더 나아가 장기적으로는 일의 효율도, 학습의 효과도 떨어지게 되어 있다.

기독교적인 가르침은 삶을 통해 이루어진다. 행정가가 성숙된 인격을 가진 삶을 보여줄 때, 학생들은 진심으로 그들을 따르게 되고, 아름다운 공동체를 일구어갈 수 있게 된다.

1) 인내(Patience)

기독교교육행정가는 인내라는 덕목을 반드시 갖추고 있어야 한다. 성령의 열매 중에 하나가 바로 '오래참음' 즉, 인내이다.

인내의 첫 번째 의미는 불평하지 않는 것이다. 행정가는 조직을 이끌다가 힘든 일이 와도, 어려운 일이 와도, 짜증나는 일이 와도 불평하지 않을 수 있는 인내의 사람이어야 한다.

둘째, 자기감정을 잘 조절하는 것이다. 자기감정 조절에 실패하는 행정가는 큰일을 감당할 수 없다. 그러한 사람은 자신도 모르게 무서운 사고를 칠 수도 있고 인간관계에 실패할 수 있는 위험성을 가지고 있는 사람이다. 진짜 권위가 있고 존경할 만한 행정가는 어떤 상황이라도 변함없는 감정의 일정함과 평안함을 유지할 수 있는 사람이어야 한다.

셋째, 잘 기다리는 것이다. 행정가는 구성원들을 잘 기다릴 줄 알아야 한다. 혹 구성원들이 행정가가 원하는 대로 변하지 못해도, 행정가가 세운 목표를 완벽하게 이루지 못해도 기다려줄 줄 알아야 한다. 구성원들을 기다리면서 격려해 주는 사람은 인내의 덕목을 갖춘 진정한 리더요, 행정가가 될 수 있다.

2) 존중(Respect)

구성원을 존중하는 것은 성숙된 인격을 갖춘 기독교교육행정가의 대표적인 모습이다. 학교에서 학생들을 가르치고 행정 일을 담당하는 학교 행정가는 학생들을 인격적으로 존중해야 한다. 교회에서 기독교교육행정가는 학생들을 인격적으로 대우하고 그들의 의견을 존중할 수 있어야 한다. 존중은 일관성이 있어야 한다. 행정가의 기분과 그 날의 컨디션에 따라 존중의 정도가 바뀐다면 그것은 인격 안에서 맺혀진 존중이라고 보기가 힘들고, 정치적인 의도가 숨겨진 이벤트성의 존중이다. 기독교교육행정가는 반드시 인격 안에서 맺혀진 일관적인 존중의 모습을 보여야 한다.

3) 겸손(Humility)

기독교교육행정가는 반드시 겸손의 덕목을 갖추어야 한다. 사실 겸손은 리더의 위치에 있는 사람이 할 수 있는 것이다. 겸손은 가진 자가 할 수 있는 것이다. 아무 것도 없는 자가 겸손한다 말하면 그것은 자기 합리화가 될 수밖에 없는 것이다. 가진 자가 가진 체 하지 않고, 낮아져서 어려운 사람의 마음을 동감하고,

위로한다면 그것이 바로 겸손인 것이다. 그래서 겸손은 실력을 낮추는 것이 아니라, 상대방을 생각하고 배려하는 마음으로 자세를 낮추는 것이다.

예를 들어, 공부 잘 하는 학생이 자신은 알지만 아는 체 하지 아니하며, 낮아져서 공부 못 하는 학생의 마음을 이해하고, 동감하며 나의 이익을 생각하지 않고, 그 학생이 공부 잘 할 수 있도록 도와주는 것이 바로 겸손인 것이다. 빌립보서 2장 5~8절을 보면, 예수님의 겸손에 대해서 다음과 같이 나와 있다.

> **"너희 안에 이 마음을 품으라. 곧 그리스도 예수의 마음이니 그는 근본 하나님의 본체시나 하나님과 동등됨을 취할 것으로 여기지 아니하시고 오히려 자기를 비워 종의 형체를 가지사 사람들과 같이 되셨고, 사람의 모양으로 나타나사 자기를 낮추시고 죽기까지 복종하셨으니 곧 십자가에 죽으심이라."**

예수님은 하나님과 동등되시는 분이시지만, 하나님과 동등됨을 취하시지 않으시고, 오히려 자기를 비워 종의 모습을 가지고 이 땅에 오셨고, 자기를 낮추시는데, 십자가에서 죽기까지 자기를 낮추셨다. 예수님은 모든 것을 가지신 전지전능하신 하나님이시고, 모든 것을 누릴 수 있는 완전한 하나님이시다. 그러나 우리 인간과 눈높이를 맞추시기 위해, 더 나아가 이 세상에서 헐벗고, 굶주리고, 소외되고 아픈 사람들과 눈높이를 맞추고, 그들에게 위로를 전해 주시기 위해 자세를 낮추셨다. 이것이 바로 겸손이고, 행정가는 이런 예수님의 삶을 본받아 자세를 낮춰서 구성원들의 마음을 공감하고, 구성원들을 배려할 수 있어야 한다.

4) 공감력(Sympathy)

공감력은 따뜻한 인격에서 나온다. 공감은 구성원들의 상황 속에 들어가 그들의 마음을 이해하는 것이다. 공감은 동정과 다르다. 동정은 객관적인 삼자의 입장에서 불쌍히 여기는 것이다. 그러나 공감은 상대방의 입장에 들어가서 똑같은 감정을 느껴보고 마음을 이해하는 것이다.

예를 들어, 성적이 안 오르는 학생이 있는데, 이 학생의 교사가 자신과는 상관없이 객관적인 삼자의 입장에서 학생을 바라보며 성적이 오르지 않는 것에 대해

불쌍히 여기고 있다면 그것은 '동정'이다. 그러나 교사가 지금 비록 학생의 입장은 아니지만, 아무리 노력해도 성적이 오르지 않는 학생의 입장이 되어 보고, 그 학생의 감정상태가 되어보고, 마음을 이해하려고 노력한다면 그것은 '공감'이다. 기독교교육행정가에게는 단순한 '동정'이 아니라, 깊이 있는 '공감'이 필요하다.

5) 성실(Faithfulness)과 헌신(Devotion)

'성실'이라는 단어의 구성요소는 첫째, '일관성' 둘째, '거짓이 없음' 그리고 셋째, '최선을 다하는 헌신'이다. 그래서 신앙인의 삶에서 '성실'하게 산다는 의미는 바로 하나님 앞에 거짓이 없이 일관되게 최선을 다해 신앙생활하며 사는 것을 말한다. 그리고 이 '성실'의 의미를 리더되는 기독교교육행정가에게 적용하면 하나님 앞에 정직한 모습으로 누가 보든지 안 보든지, 누가 평가하든지, 안 하든지 관계없이 일관되게 최선을 다해 자신에게 맡겨진 업무를 감당하는 삶의 자세를 말한다. 그래서 성실함은 헌신이라는 덕목과 연결이 되어 있기 마련이다.

하나님은 절대 뺀질되거나 통밥을 굴리는 사람을 쓰시지 않는다. 하나님 앞에 거짓이 없이 일관되게 최선을 다해 신앙생활하는 사람을 쓰신다. 성경에 나오는 아브라함, 야곱, 다윗, 모세, 여호수아, 베드로, 바울, 요셉 등이 다 성실한 사람이었다. 이들의 성실함을 간단히 보면 아브라함은 성실한 사람이었기에 어디를 가나 인정받는 사람이 되었고 야곱은 자신이 속는 것을 알고도 장인 라반의 집에서 20년 동안 성실하게 일했다. 다윗은 왕이 되고 나서도 하나님의 성전을 열심히 사모하면서 성실한 통치를 했고 모세는 신실하게 남자만해도 60만명이 되는 이스라엘 백성들을 출애굽 시켜서 가나안 땅으로 인도했다. 여호수아는 성실한 리더의 표본을 보이며 가나안 땅을 점령했고 베드로는 성실하게 끝까지 예수님을 따랐다. 바울은 성실하게 목숨을 걸고 예수님을 전했고, 그 성실함을 바탕으로 신약성경의 반 이상을 썼다. 창세기의 요셉은 성실하게 살다가 이집트의 종으로 팔려갔다. 그러면 보통 사람 같으면 인생 포기하고 자기 마음대로 살 것 같은데, 그는 성실함을 계속 유지하며 이집트의 종으로 성실하게 살아간다. 그래서 주인이었던 보디발은 자신의 전재산, 모든 것을 종에게 맡긴다. 보디발의 아내가 요셉을 유혹해도 하나님 앞에 성실함으로 그 유혹을 뿌리치고 누명을 쓰고 결국 감옥에 가게 된다. 이쯤 되면 이제 이 성실함을 완전히 버릴 것도 같은데, 감옥에서도 성실하게 사는 요셉을 보고 간수장이 죄수를 다 요셉의 손에 맡긴다. 그리고 제반 사무를 요셉이 처리하고, 요셉에게 중요한 일을 맡긴다. 결국 이 성실함 때문에 하나님이 나중에 요셉을 이집트의 총리로 쓰시며, 고대 근동지방에 대흉년이 왔을 때 많은 생명을 살리는 역할을 하도록 이끄셨던 것이다. 이와 같이 성경의 위인들처럼 성실함과 헌신으로 일할 때, 하나님도 인정하시고, 구성원들도 인정하는 것이다.

6) 온유(Gentleness)

온유는 히브리어로 '아나우'인데, 이 온유함의 원어적인 의미는 자신의 존재가 자신의 능력이 아닌, 하나님으로부터 말미암은 것을 아는 겸손함을 의미한다. 이러한 깨달음을 가지고 있는 자이기에 모든 사람에게 친절한 모습을 보이는 것이 바로 '온유함'이다. 즉, 온유함을 다른 말로 바꾸면 겸손함이다. 민수기 12장 3절을 보면, "이 사람 모세는 온유함이 지면의 모든 사람보다 승하더라"고 나온다. 모세는 출애굽을 가능케 한 대단한 능력의 소유자이다. 그러나 모세는 그 능력이 자신에게서 온 것이 아니라, 하나님으로부터 온 것임을 정확히 깨달았다. 그래서 자신을 드러내지도 않고, 다른 이스라엘 백성들 위에 군림하려고 하지도 않았다. 즉, 모세는 사람 앞에 겸손했다.

하나님 앞에 겸손한 사람은 사람 앞에서도 겸손하다. 모세가 40년 광야생활 동안 백성들을 인도할 때 백성들이 툭하면 목마르다, 배고프다, 다리 아프다, 춥다 등등 많은 불만과 불평을 쏟았고 심지어 불평과 불만이 커져서 모세를 죽이려고 하기까지 하지만 모세는 그러한 어려움 속에서도 온유함을 유지했고, 그 결과 모세가 이 세상 사람 중에 최고로 온유함을 갖춘 사람이라는 하나님의 칭찬을 받았다. 예수님도 온유하신 분이시다. 마태복음 11장29절에

"나는 마음이 온유하고 겸손하니 나의 멍에를 메고 내게 배우라. 그러면 너희 마음이 쉼을 얻으리니..."

라고 말씀하신다. 온유함이 곧 겸손함이고, 우리의 구주이신 예수님도 온유함의 모범을 보이셨다.

(5) 신뢰(Trust)와 책임감(A Sense of Responsibility)

기독교교육행정가는 구성원을 신뢰할 수 있어야 한다. 학교에서 교장은 자신의 교사들을 신뢰할 수 있어야 한다. 교사는 학생들을 신뢰할 수 있어야 한다. 교회에서 목회자는 교사들을, 학생들을 신뢰할 수 있어야 한다. 신뢰는 믿는 것이다. 일을 맡겼으면 잘 감당할 것이라 믿는 것이다. 가르쳤으면 잘 배웠을 것이라고 믿는 것이다. 신뢰는 또 다른 신뢰를 낳는다. 교장이 자신의 교사들을 신뢰하면, 교사들도 교장을 신뢰하게 된다. 교사가 학생을 신뢰하면, 학생도 교사를 신뢰하게 된다. 그래서 '상호신뢰'가 이루어지게 된다. 제일 이상적인 공동체는 '상호신뢰'가 이루어지는 공동체이고, 기독교교육행정은 이러한 신뢰를 기반으로 해서 이루어져야 한다.

구성원들이 행정가를 신뢰하기 위해서는 행정가는 반드시 책임감을 가지고 있어야 한다. 사실 책임감이라는 것은 자연스럽게 형성되는 감정이라기보다는 의지적인 결단에서 나온다. 만약 어떤 일이 잘못되었을 경우 그 원인을 자신이 떠맡고 손해를 감수한다는 결단에서 책임감이 나오게 된다. 행정가는 조직을 운영하다가 실패를 경험할 때가 있다. 예를 들어, 학교의 경우 교육의 결과가 좋지 않아서 학생들의 성적이 많이 떨어졌다든가, 교회학교 같은 경우에는 학생들의 숫자가 줄었다든가의 문제가 발생될 수 있다. 물론 이 문제의 원인은 학습자 자신에게 있는 경우가 많다. 하지만, 진정한 기독교교육행정가는 그 실패와 문제의 원인을 자신에게서 찾고, 자신이 책임을 지고 손해를 감수하는 결단과 행동이 필요한 것이다. 따라서 행정가의 책임감 있는 행동은 구성원이 어려움에 처했을 때 나오는 것이다.

(6) 소통의 능력(Communication), 경청(Listening Attentively), 수용력(Receptivity)

기독교교육행정가는 소통의 능력이 있어야만 한다. 소통이 되지 않고, 소위 꽉 막힌 리더가 구성원들을 이끌고 나간다면, 구성원들이 답답함을 느끼는 것은 당연할 것이고, 리더가 무엇을 원하는지, 각자의 위치에서 자신에게 맡겨진 업무는 무엇인지, 어떻게 일을 진행해 나가야 하는지 확실하게 알 수가 없을 것이다. 그렇게 되면, 일의 효율성(Efficiency)과 효과성(Effectiveness)은 떨어지게 되어 있고, 리더와 구성원들 사이에서는 상호 신뢰감이 떨어지게 되어 있다.

리더는 구성원들과의 소통에서 반드시 경청할 수 있어야 한다. 경청은 영어에서 표현하는 대로 주의 깊게 듣는 것이다. 리더는 '귀가 큰 사람'이어야 한다. 즉, 구성원들의 이야기와 의견을 존중하면서 잘 들을 수 있어야 한다. 야고보서 1장 19절의 말씀을 리더는 반드시 마음에 새기고 있어야 한다.

"내 사랑하는 형제들아 너희가 알지니 사람마다 듣기는 속히 하고 말하기는 더디 하며 성내기도 더디 하라!"

그리고 좋은 의견이 있을 경우에 학교의 교육 정책이나 프로그램에 반영할 수 있어야 한다. 이것이 바로 '수용력'이다. 수용력이라는 것은 구성원들의 의견과 이야기를 실제 학교행정에 교회행정에 받아들이고, 반영하는 것이다. 교장이 학생의 말을 듣고, 학교 정책에 반영할 수 있다면 얼마나 열린 사고를 가진 멋있는 리더이고 행정가이겠는가!

(7) 판단력(Judgment), 분별력(Discernment), 결단력(Decision)

기독교육행정가는 판단능력이 있어야 한다. 제일 중요한 판단은 '상황판단'이다. 어떠한 문제에 봉착했을 때, 지금 상황이 어떤 상황인지를 정확하게 판단할 수 있어야 대안을 수립할 수 있게 된다. 그 다음 중요한 판단이 '미래판단'이다. 행정가는 과거와 현재의 데이터를 바탕으로 미래를 예측하고 판단할 수 있어야 한다. 그래야만 더 나은 교육공동체로 나아갈 수 있도록 계획도 세울 수 있고, 체계적인 준비도 할 수 있다. 판단력을 직관에 의존하면 안 된다. 직관은 틀릴 수가 있다. 좋은 행정가는 정확한 데이터와 정보를 바탕으로 판단을 할 수 있어야 한다. 그렇기 때문에 판단력은 데이터 및 정보 분석능력과 관계되어 있다.

분별력은 판단력과 비슷하지만, 분별력은 무엇이 옳은지, 무엇이 그른지를 파악하는 것이다. 행정적인 업무를 하거나 구성원을 이끌고 가다 보면, 적절하지 않은 프로그램이나 정책이 시행되고 있는 것을 발견할 수 있다. 반대로 해야 하는 프로그램이나 도입해야 하는 정책을 발견할 수 있다. 이 때 발휘되는 것이 바로 분별력이다.

결단력은 이와 같은 판단과 분별을 바탕으로 최종 결정을 내리는 것을 말한다. 행정가는 구성원들에게 구체적인 목표와 행동사항을 전달해줄 수 있도록 결단력을 가지고 있어야 한다.

(8) 영성(Spirituality)

기독교교육행정가는 반드시 영성을 갖추어야 한다. 영성은 하나님과 교제하는 능력이다. 기독교교육행정가는 말씀과 기도를 통해서 하나님과 지속적으로 교제해야 한다. 기독교교육행정가가 하나님과 교제하지 않는다면 다른 세상적인 행정가와 별반 차이가 없게 되고, 그렇게 되면 기독교학교도 일반학교와 별반 차이가 없는 모습이 될 것이다. 공동체의 영성은 리더를 뛰어넘을 수 없게 되는 것이다. 그리고 공동체 구성원의 영성은 리더의 영성과 수준을 닮아가게 되는 것이다. 따라서 기독교교육행정가는 영성을 갈고 닦아야 한다. 말씀 속에서, 깊은 기도 속에서 하나님 뜻을 깨달을 수 있어야 한다. 그 때 바른 행정이 될 수 있는 것이고, 구성원들이 인정하는 은혜로운 행정이 될 수 있는 것이다.

(9) 공정성(Fairness)

기독교교육행정가는 공정성을 갖추어야 한다. 공정성이라는 것은 객관적으로 상황을 분석하고 행동하는 것을 의미한다. 잠언 4장 27절에 보면,

"좌로나 우로나 치우치지 말고 네 발을 악에서 떠나게 하라!"

고 나온다. 공정성을 잃을 때 악에 빠지게 된다. 구성원들과의 관계에서 공정성을 잃어서 누구는 특별히 대우해 주고, 누구는 차별하면 악에 빠지게 된다. 재정행정에서 공정성을 잃으면 잘못된 재정 사용이 될 뿐만 아니라, 비리에 연루될 수밖에 없다. 그렇기 때문에 기독교교육행정가는 공정성을 자신의 생명과 같이 여길 수 있어야 한다.

(10) 추진력(Driving Force)

기독교교육행정가는 추진력이 있어야 한다. 추진력이란, 일을 이끌고 나가는 능력이다. 이 추진력은 리더십과도 연결이 되는데, 리더가 우유부단하고, 일을 이끌고 나갈 수 없다면 구성원들이 리더를 신뢰하기가 어렵게 되고, 업무를 제대로 추진하기가 힘들게 된다. 그렇기 때문에 기독교교육행정가는 구성원들이 업무에 충실할 수 있도록 과감하게 이끌고 나가는 능력이 있어야 한다.

(11) 설득력(Persuasive Power)과 솔선수범(Leading by Example)

기독교교육행정가는 자신의 의견과 계획을 구성원들에게 잘 설명해서 따를 수 있도록 설득하는 능력이 필요하다. 특히 자신의 의견과 다른 견해를 가지고 있는 구성원들을 민주적인 방법으로 잘 설득할 수 있는 지혜와 능력이 절실히 요구된다. 그러기 위해서 행정가는 말주변이 있어서 설명을 잘 할 수 있는 사람이어야 한다. 그리고 대중연설에 능한 사람이 되어야 한다. 역대 미국 대통령들의 공통적인 특징은 바로 대중연설의 능력이 있었다는 것이다. 구성원들에게 감동을 줄 수 있는 연설의 능력이 있다면 설득력은 자연스럽게 갖추어 질 수 있다.

또한 기독교육행정가는 자신이 먼저 좋은 예를 보여주는 솔선수범을 실천할 수 있어야 한다. 자신이 구성원의 이상적인 모델(Model)이 되어야 한다. 가장 좋은 교육은 바로 솔선수범하는 모델링의 교육이다. 행정가가 먼저 업무에 최선을 다하고, 손해를 보고, 헌신하고 그 다음 구성원들에게 따라오라고 할 때 설득력이 생기고, 구성원들은 행정가의 권위를 인정하고 존중하게 되어 있다.

(12) 창의력(Creativity)

기독교교육행정가는 창의력이 있는 사람이어야 한다. 창의력은 다른 사람들이 생각해내지 못한 내용을 생각해서 현실화하는 것을 말한다. 행정가는 다른 사람들의 것을 도입해서 선용하는 것도 중요하지만, 더 나아가서 다른 사람들이 생각해내지 못한 창조적인 것들을 생각하고, 연구해서 현실에서 이루어질 수 있도록 노력해야 한다. 성공하는 조직의 공통점은 창의적인 행정가가 있었다는 것을 잊지 말아야 한다.

(13) 열정(Passion)

기독교교육행정가는 자신이 맡은 일에 대해서, 그리고 자신이 맡은 사람들에게 열정이 있어야 한다. 조직은 리더의 스타일을 닮게 되어 있다. 리더가 열정이 있는 사람이라면, 그 조직 구성원들도 리더를 닮아서 열정 있는 모습으로 변해 간다. 즉, 리더의 스타일이 조직 문화를 결정한다고 말해도 과언이 아니다. 열정적인 리더 아래서 활기가 넘치는 역동적인 조직이 될 수 있다. 아무리 능력이 많은 리더라 하더라도 열정 있는 모습이 없다면 구성원들이 리더의 모습에서 힘을 내기가 어렵게 된다. 그리고 이것은 업무에 지장을 줄 수가 있어서 조직의 목표를 달성하는 데 차질을 빚는 변수로 작용할 수 있다.

(14) 비전(Vision)

기독교교육행정가는 반드시 비전을 가지고 있어야 한다. 비전은 '본다'라는 의미를 가지고 있는 라틴어이다. 리더는 무엇을 보느냐가 중요하다. 보는 것이 중요한 이유는 보는 것이 행동으로 연결되기 때문이다. 보는 것은 바로 조직의 목적, 목표와 연관이 된다. 목적은 조직이 나아가야 할 방향에 대한 큰 그림이다. 그리고 목표는 그 큰 그림 안에 이루어져 있는 작은 그림들이다. 다시 말하면 목적이 '숲'이고, 목표는 '나무'인 것이다. 행정가는 큰 그림과 같은 조직의 궁극적인 방향을 설정할 수 있어야 한다. 그리고, 작은 그림과 같은 세부적이 목표들을 세워 나가고 그것들을 조직의 구성원들에게 제시하고 그 목표대로 이끌고 나갈 수 있어야 한다.

(15) 부지런함(Industriousness)

기독교교육행정가는 부지런한 삶을 살아야 한다. 행정가가 인정받기 위해서 부지런한 모습을 갖추어야 한다. 예를 들어, 아침 9시가 교사 출근시간인데, 교장이 9시보다 더 늦게 가면 안 된다. 적어도 30분 전에는 먼저 가서 교사들을 기다릴 수 있어야 한다. 교회의 목회자들도 마찬가지이다. 목회자가 주일 아침에 교사모임에 참석할 때 헐레벌떡 들어오면 안 된다. 교사들이 오기 전에 먼저 와서 교사들을 기다릴 때, 인정을 받을 수 있는 것이고, 쉽게 구성원들을 이끌고 나갈 수 있는 권위를 부여받게 되는 것이다.

(16) 정확성(Accuracy)과 명확성(Clarity)

기독교교육행정가는 정확성과 명확성을 가지고 자신에게 맡겨진 업무를 감당해야 한다. 정확성과 명확성은 비슷한 말이다. 정확성은 자신의 업무를 감당할 때, 오류나 실수 없이 해 나가는 능력을 말하며, 명확성은 자신의 업무를 감당할 때, 세부적인 면, 세세한 면까지 꼼꼼하게 잘 해나가는 능력을 말한다. 기독교교육행정가가 정확성과 명확성을 갖출 때, 구성원들은 일을 함에 있어서 행정가를 존중하고 신뢰할 수 있다. 그리고 행정가가 정확하고 명확하게 일처리를 하는 사람이라면, 구성원 자신들도 자신에게 부여된 업무를 정확하고 명확하게 하려고 노력할 것이고, 그 결과 조직의 목표를 빠른 시일 내에 달성할 수 있을 것이다.

정리문제

1. 기독교교육행정가로서 갖추어야 할 자질은 무엇인가?
2. 일반교육행정가는 없어도 되지만, 기독교교육행정가는 반드시 갖추어야 할 자질은 무엇인가?
3. 기독교교육행정가의 자질을 높이기 위해서는 어떻게 해야 하는가?

제10장

기독교교육행정가의 실천론
-문제해결능력-

제10장 기독교 교육행정가의 실천론 - 문제해결능력

교육행정가로서 사역하다 보면 여러가지 문제를 만날 때가 있다. 리더는 문제 속에서 좌절하거나 문제 속에 파묻히는 존재가 아니라, 합리적인 방법으로 문제를 해결해야 하는 존재이다. 교육행정가로서의 능력은 평안할 때 드러나는 것이 아니다. 학교 안에, 교회 안에 문제가 발생되었을 때 드러나는 것이다. 문제를 만났을 때 해결하는 방법은 우연히 나오는 것이 아니다. 문제에 대한 진지한 성찰과 체계적인 사고의 흐름, 정확한 데이터를 바탕으로 나오는 것이다. 따라서 이번 장에서는 문제해결의 합리적인 단계를 간단히 살펴보고, 구체적인 한 가지의 사례를 적용해 봄으로 말미암아 학교교육 현장에서, 교회교육 현장에서 일어날 수 있는 다양한 문제에 대처하는 능력을 배양해보도록 하겠다. 문제해결의 단계와 내용은 Bernhardt, V. L. (2004), Data Analysis—for Continuous School Improvement. (2nd ed.). Larchmont: Eye on Education, Inc.을 참고하면서 기독교교육현장에 맞게 수정하고 재창조하였다.

1. 문제해결의 단계와 내용

문제해결의 단계는 8가지로 나눌 수 있다.

그 중 첫 번째는 문제를 사실적으로 정의하는 것이다. 지금 해결해야 하는 문제가 무엇인지 최대한 구체적으로, 가능한 한 객관적으로 정의해보는 것이다. 문제를 사실적으로 정의하는 것을 통해 추상적으로 인식해왔던 문제가 해결될 수 있음을 인식할 수 있게 된다.

두 번째는 문제와 관련 있는 구성원들의 상황을 분석하는 것이다. 학교문제의 경우, 문제와 관련되어 있는 구성요소들은 부모(가정), 교사, 학생, 교육환경, 학교행정가, 학교가 위치하고 있는 지역의 주요인사 정도 된다. 이들의 상황을 분석하면 각 요소에 따른 문제의 원인들을 쉽게 찾아낼 수 있게 된다.

세 번째는 문제해결을 위한 질문 만들기와 답변을 위한 데이터 종류 찾기이다. 문제의 원인을 밝히는 구체적인 질문을 만들고, 이에 대해 객관적인 데이터를 통해 답변하는 것은 문제해결로 나아가는 데 중요한 지표를 제공해 준다. 학교의 경우 객관적인 데이터는 교사, 학생, 부모 대상으로 하는 설문조사 자료나 인터뷰 자료, 학교통계 자료 등을 들 수 있다.

네 번째는 데이터 분석하기이다. 세 번째 단계에서 언급한 데이터를 철저하게, 전문적으로 분석하는 과정을 통해서 문제해결의 실마리를 찾아낼 수 있다.

다섯 번째는 문제해결을 위한 긍정적인 면과 한계적인 면을 분석하기이다. 이제는 문제해결의 방법을 찾기 위해서 학교환경과 학교구성원들이 가지고 있는 긍정적인 면, 추진력이 될 만한 것들을 나열해보고, 반대로 문제해결을 위해 한계가 되는 면, 해결로 나아가지 못하도록 막는 장애물은 무엇인지 나열해보는 것이다. 이 과정을 통해 문제해결의 구체적인 근거들을 찾아낼 수 있다.

여섯 번째는 문제해결을 위한 실행계획 세우기이다. 이 과정은 문제해결에 대한 목적을 세우고, 그 목적에 따른 구체적인 목표들을 세우는 것이다. 그 다음 실천할 수 있는 전략을 세우고, 그 전략을 시행할 주체를 설정하고, 전략을 실천했을 때 평가할 수 있는 기준을 마련하고, 전략을 시행할 때 활용자원은 무엇인지 분석하고, 완료일과 실행시간표를 계획하는 것이다.

일곱 번째는 실행계획 실천하기이다. 실행계획에 따라 실제적으로 실천해서 문제해결을 위해 노력하는 것이다.

여덟 번째, 전략을 실천했으면 이에 따른 결과들을 평가할 수 있어야 한다. 그래야 문제가 실제로 해결되었는지를 정확히 파악할 수 있게 된다.

2. 사례 연구

위에서 문제해결의 단계와 내용을 살펴 보았다. 이것을 실제 학교 현장에서 일어날 수 있는 문제에 적용해보면서 어떻게 문제해결의 단계로 나아갈 수 있는지 확인해 보도록 하자.

(1) 문제를 사실적으로 정의하기

문제: 우리 학교는 기독교 정신을 바탕으로 지방에 설립된 기독 직업 학교이다. 학교 부적응자를 대상으로 설립된 대안 고등학교이며, 총 학생 수는 100명이다. 이들 대부분은 어려운 집안 환경 속에 있는 아이들이기 때문에 학비는 받지 않는 무료교육을 시행하고 있다. 이들은 대학 진학을 목표로 하는 아이들이 아니라, 졸업 후에 바로 취업을 목표로 하는 아이들이다. 그런데 문제는 졸업 후에 취업률이 좋지 않다는 것이다. 지난 5년간 평균적으로 졸업하는 학생들 중에 40 퍼센트 정도가 일자리를 구하지 못했다. 이 학교는 취업을 목표로 하는 학교이기에 취업을 못할 경우에는 다른 선택의 여지가 없게 되는 것이다. 빨리 취업을 하고 경제적인 활동을 통해서 돈을 벌고, 자신 뿐만 아니라 집안의 경제적인 문제를 해결해야 하는데, 그렇지 못한 아이들이 많이 발생하고 있기에 학교설립과 교육목적에 부합되지 않는 문제들이 발생하게 되는 것이다.

취직이 잘 안 되는 이유는 여러 가지 있겠지만, 가장 기본적으로 이 학교의 커리큘럼에서 찾아볼 수 있다. 이 학교의 커리큘럼은 학생들의 필요에 맞추지 못하거나 예산 부족으로 말미암아 취업을 위한 전문적인 컴퓨터 교육과 같은 실제적이고 체계화된 직업 교육을 시행하지 못하고 있다. 이 학교의 중요한 직업 교육은 실제 업무에서 필요한 컴퓨터 교육이어야 한다. 왜냐하면, 학교 근처에 많은 전자 회사와 컴퓨터 관련 회사가 위치하고 있고, 매년 일에 바로 투입될 수 있는 준비된 직원들을 공채로 뽑고 있기 때문이다.

더 안타까운 것은 이 학교의 행정가들은 학교 주변에 졸업생들이 갈 수 있는 여러 전자 회사와 컴퓨터 관련 회사들과 네트워크를 형성하지 못하고 있고 학교 홍보를 하지도 못했다는 것이다. 학교 행정가들은 정기적으로 지역에 있는 회사들에 방문하지 않았고, 회사 인사담당자들을 만나서 회사들이 요구하는 입사자격 등을 제대로 파악하지도 않았다. 게다가 학교 행정가들은 지역에 다양한 리더들과 유력한

인사들과 만나서 교제하는 정치적인 업무도 게을리 했다.

이 학교에 다니는 학생들 대부분이 생활이 어려운 집안 환경을 가지고 있기 때문에 무상교육을 실시하고 있다. 그렇기 때문에 학교 운영에 필요한 자금, 교사 월급 등은 외부 기부금에 의존할 수 밖에 없는 형편이다. 학교 자금의 부족으로 말미암아 전문적인 컴퓨터 교육을 위해 필요한 최신식의 컴퓨터 기자재를 충분히 마련하기가 힘들고, 이에 따라 체계적이고 전문적이며, 학생 개개인의 수준을 고려한 수준별 컴퓨터 교육이 이루어지지 못하고 있는 형편이다. 이 학교는 100명의 학생 있는데, 컴퓨터는 10대가 있다. 컴퓨터 한 대당 10명의 학생이 사용하고 있는 것이다. 이 학교가 가지고 있는 10대의 컴퓨터 조차도 최신식이 아닌, 구식의 모델들이다. 게다가 이 학교에서 컴퓨터를 가르치고 있는 두 명의 교사들은 한글 프로그램이라든가, MS-Word 프로그램 사용법 등을 가르치고 있는데, 일반인들도 쉽게 습득할 수 있는 기본적인 내용들이다. 이 교사들은 컴퓨터 교육을 할 수 있는 전문적인 컴퓨터 교사 자격증을 가지고 있지 않은 사람들이다.

마지막으로, 이 학교는 학교교육과 가정교육이 연계되지 못하고 있는 상황이다. 대부분 경제적으로 어려운 가정에서 온 아이들이기 때문에 부모들이 아이들의 학업에 대해 큰 관심을 가지고 있지 않으며, 편부, 편모 가정이 많기 때문에 부모 상담조차 힘든 형편이다. 부모들은 당장의 생계 문제 때문에 학생들의 학업성취나 장래 취업 문제에 대해 관심을 가질 여력이 없다.

(2) 문제와 관련있는 구성요소들의 상황 분석하기

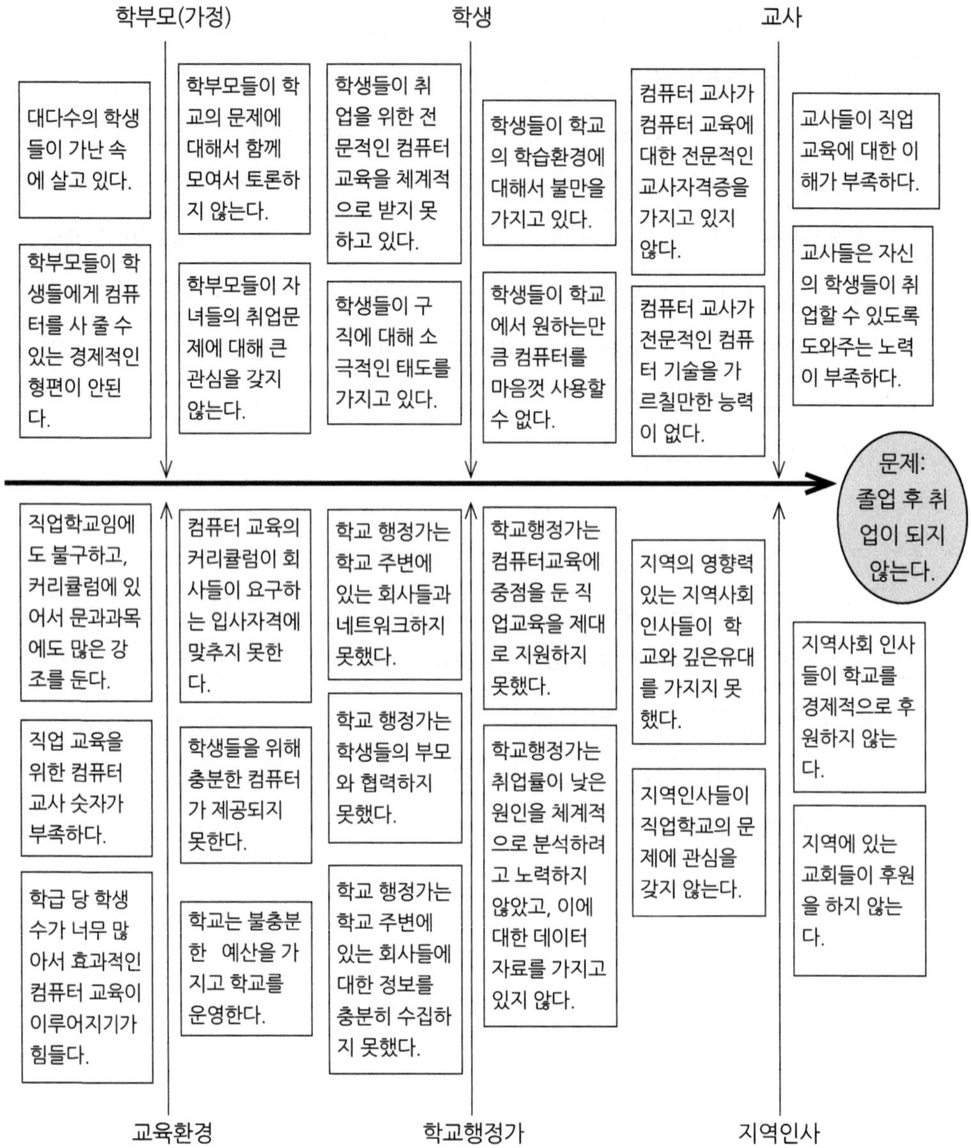

(3) 문제해결을 위한 질문만들기와 답변을 위한 데이터 종류 찾기

문제해결을 위한 질문	답변을 위한 데이터 종류
7년 동안 이 학교 졸업생의 미취업률은 어떻게 변화되어 왔는가?	학생 통계학적 자료
최근 이 학교 졸업생의 미취업률과 지역에 있는 다른 직업학교들의 미취업률과는 어떠한 차이가 있는가?	학생 통계학적 자료, 주변 학교의 학생 통계학적 자료
학교 행정가, 교사, 부모, 학생들은 취업의 문제에 관심을 가지고 있는가?	교사 토론 자료, 학교 행정가 업무일지록 학생대상 설문 자료, 부모 대상 설문 자료
이 학교 졸업생 중에 취업에 성공한 학생들의 학문적인 특징은 무엇인가?	성별에 따른, 집안의 경제적인 배경에 따른 학업성취도 자료
문과과목의 성적과 취업과는 연관성이 있는가?	성별에 따른, 집안의 경제적인 배경에 따른 학업성취도 자료, 학생 통계학적 자료
학교 행정가는 어떻게 학교 인근에 있는 회사들과 네트워크를 맺고 있는가?	학교 행정가 대상 설문 자료, 회사 임원 대상 설문 자료
학교 인근에 있는 회사들이 요구하는 전문적인 기술은 무엇인가?	회사 임원 대상 설문 자료 및 인터뷰 자료
컴퓨터 교육에 초점을 맞춘 직업교육에 관한 학교 물리적인 조건은 어떠한가?	학교 통계 자료 (예: 1인 교사 당 학생 수, 1대 컴퓨터 당 학생 수, 1인 학생 당 사용할 수 있는 컴퓨터 시간)
컴퓨터 교육에 초점을 맞춘 직업 교육에 대한 학생들의 인식은 어떠한가?	학생 대상 설문 자료
컴퓨터 교육에 초점을 맞춘 직업교육에 대한 교사들의 인식은 어떠한가?	교사 대상 설문 자료
학교에서 이루어지고 있는 컴퓨터 교육이 회사들의 입사기준에 적합한가?	컴퓨터 교사 대상 인터뷰 자료, 컴퓨터 교사의 수업계획서, 회사 임원 대상 설문자료 및 인터뷰 자료

(4) 데이터 분석하기

7년 동안 학교 졸업생의 미취업률의 데이터 변화상황 분석하기

↓

최근 이 학교 졸업생의 미취업률의 데이터와 지역에 있는 다른 직업학교들의 미취업률의 데이터 분석하기

↓

문제에 대한 관심도에 관한 데이터 분석하기

↓

이 학교 졸업생 중에 취업에 성공한 학생들의 학문적인 특징을 학생 데이터에서 찾기

↓

성별에 따른, 집안의 경제적인 배경에 따른 학생들의 성적을 분류하고 분석하기

↓

학교 행정가가 학교 인근에 있는 회사들과 네트워크를 맺는 구체적인 방법 분석하기

↓

학교 인근에 있는 회사들이 요구하는 전문적인 기술 조사하기

↓

컴퓨터 교육에 초점을 맞춘 직업교육에 관한 학교 물리적인 조건 (예: 1인 교사 당 학생 수, 1대 컴퓨터 당 학생 수, 1인 학생 당 사용할 수 있는 컴퓨터 시간) 분석하기

↓

컴퓨터 교육에 초점을 맞춘 직업 교육 수업환경에 대한 학생들의 만족도 조사하기

↓

컴퓨터 교육에 초점을 맞춘 직업 교육 수업환경에 대한 학생들의 관심도 조사하기

↓

학교에서 이루어지고 있는 컴퓨터 교육의 커리큘럼이 회사들의 입사기준에 맞는지 아닌지 적합도 평가하기

↓

이 모든 데이터들은 서로 연관되어 있는지, 이 모든 데이터가 문제해결에 도움을 주는지 종합적으로 평가하기

(5) 문제해결을 위한 긍정적인 면과 한계적인 면 분석하기

긍정적인 면	한계적인 면
(1) 직업학교임에도 불구하고 문과과목이 많은 학교 커리큘럼에 대해 많은 학생들이 만족하지 못하고 있다. (2) 학생들이 컴퓨터 교육에 초점을 맞춘 체계적인 직업교육의 필요성을 강력하게 느끼고 있다. (3) 많은 학생들이 좋은 학습 능력을 가지고 있다. (4) 학교에서 부족하지만은 컴퓨터 교육이 이미 실행되고 있다. (5) 학교 행정가는 지역에 있는 회사들과의 네트워크 필요성을 느끼고 있다. (6) 많은 전자회사와 컴퓨터 관련 회사들이 학교 주변 지역에 위치하고 있다. (7) 학교 주변에 경제적으로 도움을 받을 수 있는 교회들이 위치하고 있다. (8) 지역 인사들을 찾아서 교제하기가 쉬운 곳이다.	(1) 직업학교임에도 불구하고 문과과목이 많은 학교 커리큘럼은 학교의 설립이념을 바탕으로 한 것이다. (2) 많은 학생들이 가난한 가정 환경을 가지고 있어서 그들의 부모가 개인 컴퓨터를 사 줄 능력이 안 된다. (3) 부모들은 교사들과의 교제의 필요성을 느끼지 못한다. (4) 컴퓨터 교사는 컴퓨터 교육에 대한 전문교사 자격증을 가지고 있지 않다. (5) 현재 시행되고 있는 컴퓨터 교육의 커리큘럼은 회사의 입사요건을 맞추지 못하고 있다. (6) 컴퓨터 교사들이 자신들의 가르침을 직업교육과 연결시키지 못하고 있다. (7) 많은 교사들은 직업교육에 대해 무관심한 편이며, 학생들의 취업문제에 적극적으로 나서지 않는다. (8) 컴퓨터 교육을 하기에는 한 반에 학생들이 너무 많다. (9) 학생들의 컴퓨터 교육을 위한 충분한 컴퓨터가 없다. (10) 학교는 상태가 좋지 않은 오래된 컴퓨터를 가지고 있다. (11) 학교는 좋은 컴퓨터를 살 수 있는 충분한 예산을 가지고 있지 않다. (12) 지역인사들은 이 학교의 미취업률에 관심이 없다.

(6) 문제해결을 위한 실행계획 세우기

목적: 학교 졸업 후 졸업생들의 취업률을 높인다!

목표:

(1) 학부모가 학교와 긴밀한 관계를 가지면서 자녀들의 취업에 관심을 가진다.

(2) 컴퓨터 교육에 초점을 맞춘 직업교육의 커리큘럼을 회사의 입사조건에 맞춘다.

(3) 컴퓨터 교육에서 컴퓨터 한 대당 5명의 학생이 사용한다.

(4) 많은 교사들이 직업교육에 깊은 관심을 가지며, 학생들의 취업을 위해 최선의 노력을 다한다.

전략 및 실천	주체	평가 기준	활용 자원	완료일	시간표											
					8월	9월	10월	11월	12월	1월	2월	3월	4월	5월	6월	7월
재정후원을 위한 지역인사와 지역교회와네트워크하기	학교 행정가	지역인사와 교회 담임목사의 인터뷰와 설문조사	지역인사와 지역교회의 전화번호, 이메일 정보	11/30	X	X	X	X								
재정후원 요청서 쓰기	학교 행정가	여러 후원기관에 보낸 재정후원 요청서 개수	인터넷 정보	11/30	X	X	X	X								
컴퓨터 교사 자격증을 가지고 있는 전문적인 직업교육 교사 선발하기	학교 행정가, 교사 선발팀	컴퓨터 교사 선발을 위해 확보된 예산, 선발된 교사의 객관적인 자질 (경력과 학력, 가지고 있는 전문 자격증 종류)	교사모집 홍보를 위한 매스미디어(인터넷 홈페이지, 신문, 라디오, 잡지, 안내책자 등)	1/31					X	X						
교사들 간의 협동작업 촉진하기	학교 행정가, 교사	교사들의 인터뷰와 설문조사	교사회의, 교사단합 대회	6/30	X	X	X	X	X	X	X	X	X	X	X	
학부모와 협력하기	학교 행정가, 교사, 학부모	부모들의 인터뷰와 설문조사	학생 통계 데이터	6/30	X	X	X	X	X	X	X	X	X	X	X	
지역에 있는 회사들과 협력하기	학교 행정가	회사 임원들의 인터뷰와 설문조사	회사 안내 전화번호부, 인터넷 사이트	6/30	X	X	X	X	X	X	X	X	X	X	X	

(5) 학교 행정가가 지역에 있는 회사들과 네트워크 한다.

(6) 지역인사들과 지역교회들을 통해 재정적인 후원을 받는다.

(7) 실행계획 실천하기

위에서 수립한 실행계획을 실제로 실천한다. 물론 학교행정가가 학교의 리더로서 이 문제를 해결하기 위해 앞장서지만, 학교의 구성원이자 이해관계자인 교사와 학생과 부모와 지역인사들과 협력해야 한다.

(8) 실천 평가하기

가장 직접적인 평가는 취업률을 살펴봄으로 이루어질 수 있다. 만약 졸업생들의 취업률이 점점 올랐다면 실천은 성공적인 것이다. 물론 실천에 대한 평가는 단기적, 중기적, 장기적으로 나누어서 이루어져야 한다. 단기적 평가는 1~2년 단위로 이루어지는 것이고, 중기적 평가는 3~5년 단위로 이루어지는 것이고, 장기적 평가는 6~10년 단위로 이루어지는 것이다.

정리문제

1. 문제해결을 위한 합리적인 단계와 내용은 무엇인가?
2. 내가 소속된 학교가 가진 중요한 문제 하나를 뽑아서 문제해결을 위한 단계에 적용해봄으로 문제해결방안을 마련해보자!
3. 내가 소속된 교회가 가진 중요한 문제 하나를 뽑아서 문제해결을 위한 단계에 적용해 봄으로 문제해결방안을 마련해보자!

<부록1> 교육행정학 연구방법론

교육행정학은 이론과 실제가 융합된 학문이기 때문에 이론을 바탕으로 실제 학교 현장에서 다양한 연구를 수행하며 발전해왔다. 다양한 연구를 수행할 때 가장 우선적으로 필요한 것이야 당연히 연구의 기초가 되는, 문헌연구를 바탕으로 한 이론이겠지만, 그 이론을 검증하고, 수정하고, 다른 이론으로 발전시키기 위해서는 교육의 현장에서 적절한 연구방법론을 사용해서 다양한 연구과제를 수행해야 하는 것이다. 그렇기 때문에 연구방법론을 제대로 이해하고, 연구 상황에 맞는 최적의 연구방법론을 선택해서 사용할 수 있는 능력은 학문하는 사람으로서는 필수적으로 갖추어야 하는 능력이다.

구체적으로 연구방법론을 선정함에 있어서는 연구가 어떻게 진행되는지, 어떤 문제와 해결책이 있는지, 증거로 받아들여지기 위한 어떤 기준이 있는지를 고려해 보아야 한다.

교육연구에 있어서 두 가지의 접근, 즉 양적연구조사와 질적연구조사는 가장 널리 인식되며 사용되고 있다. 양적연구조사는 숫자로 이루어진 자료 수집 과정과 연구 디자인, 그리고 통계학적인 절차에 의해서 사회현상을 체계적으로, 경험적으로 연구하는 것을 의미한다(Vockell & Asher, 1995). 그러나 양적인 연구들에 의해서 설명할 수 없는 사회 현상은 많이 있다. 예를 들어, 특수교육을 받고 있는 학생들의 주관적인 경험들을 전통적인 질문지를 통해서 연구하는 것은 매우 힘들다. 그렇기 때문에 질적연구조사가 필요한 것이다. 질적연구조사는 장기간 동안 복잡하고 심리적인 조사를 통해서 중요한 사회 현상을 설명하는 방법이다. 그래서 질적연구조사자는 열려진 마음을 가지고, 관찰하는 태도를 가지고 연구에 임해야 한다(Slavin, 1992).

이 부록에서는 교육행정학 연구를 수행하는 사람들이 질적연구조사와 양적연구조사를 가장 쉽게 이해할 수 있도록 중요한 부분만 추려서 간단하게 요약해서 정리해보고자 한다.

1. 기본 철학

질적연구조사는 어떻게 개인이 자신의 세계를 인식하는지에 초점을 맞추면서 연구대상과 교류를 하게 된다. 반면에 양적연구조사는 물리적이고, 사회적인 실재를 객관적으로 관찰할 수 있다는 신념을 가지고 실증주의 철학을 강조한다. 따라서 양적연구조사자는 발견되어질 수 있는 객관적인 실재에 관심을 가지게 된다.

다른 중요한 차이점은 질적연구조사가 깊이 있는 연구에 대한 철학적인 관심을 둔다면, 양적연구조사는 일반화가능성에 대해 관심을 둔다. 질적연구조사는 비교적 적은 수의 샘플을 바탕으로 깊은 연구를 하는 것에 관심을 두기 때문에 우리는 질적연구조사의 결과를 일반화해서 다른 상황에 적용하기는 매우 힘들다. 그렇기 때문에 질적연구조사에 있어서 일반화가능성의 문제를 계속 생각하고 고려하는 것은 매우 중요하다. 물론 질적연구조사는 일반화가능성의 여부보다는 더 깊은 연구에 강조점을 둔다(Slavin, 1992).

2. 목표

질적연구조사는 언어로 된 설명과 복잡한 데이터의 분석을 통해서 사회현상을 설명하는 것을 목표로 한다(Suter, 2012). 그래서 질적연구조사의 궁극적인 목표는 인간 행동과 경험을 조금 더 이해하고, 사람들이 의미를 만드는 과정을 이해하고, 그 의미가 무엇인지를 기술하는 것이다(Bogdan & Biklen, 1998). 더 나아가 다양한 현실의 모습을 기술하고, 근거를 중심으로 한 이론과 통찰력을 발전시키고, 문화적 연구, 페미니즘 연구, 포스트 모더니즘 연구, 비판 이론 연구와 같은 개념적인 체계에 의존하는 연구를 통해 사회 안에 있는 약자에게 힘을 불어 넣어줄 수 있는 기능을 감당한다(Castellan, 2010).

반면에 양적연구조사는 언어로 된 설명을 통해 복잡한 사회 현상을 설명하기보다는 숫자의 척도와 통계적인 검증을 통해 가설들을 테스트하는 것을 목표로 한다(Suter, 2012). 그래서 양적연구조사의 궁극적인 목표는 인간 행동의 사실들을 수집하는 것이다. 그럼으로 말미암아 원인을 기술하고, 인간 행동을 예측할 수 있도록 도와주는 이론에 대해 과학적인 증명을 해 주는 것이다(Bogdan & Biklen, 1998). 기술적인 전문 용어를 사용하면, 양적연구조사의 목표는 변수들 간의 관계, 통계적인 기술, 사실수립, 예측, 통제, 가설 검증을 보여주는 것이다(Castellan, 2010).

3. 방법

질적연구조사의 세 가지 방법은 사례연구(case studies), 민족학적 연구(ethnographic studies), 그리고 현상학적 연구(phenomenological studies)이다.

(1) 사례연구

사례연구는 시간과 활동(예: 프로그램나 이벤트)에 의해 한정된 하나의 실체 혹은 현상을 탐구하는 데 중요한 기회를 제공하거나 일정 시간 안에서 다양한 데이터 수집 과정을 통해서 얻어진 세부적인 정보를 모으는 것이다(Shirley et al., 1999). 따라서, 사례연구는 객관적인 관찰자에 의해서 보관되어 있는 개인의 경험과 행동의 서술적인 기록이다 이 사례연구를 통해 세워진 이론을 개선하거나 더 세밀한 조사를 위해 제안해야 할 점을 찾아낼 수 있다(Castellan, 2010).

(2) 민족학적 연구

민족학적 연구는 특정한 시간 동안 자연스러운 환경 안에서 변질되지 않은 하나의 문화적 그룹을 선정해서 조사하는 것이다. 여기서 말하는 문화적 그룹은 일반적인 사회 경험이나 살고 있는 장소나 사회적 관심을 공유하는 그룹을 의미한다. 예를 들어, 독특한 문화를 공유하고 있는 아프리카의 한 부족이나, UN 난민수용소에 있는 아이들 그룹이 민족학적 연구의 대상이 될 수 있다(Shirley et al., 1999).

(3) 현상학적 연구

현상학적 연구는 연구자로 하여금 장기간동안 집중적으로 작은 그룹의 사람들을 세세하게 조사하는 결과를 통해서 인간 경험을 측정할 수 있는 기회를 제공한다(Shirley et al., 1999). 그래서 현상학적 연구의 궁극적인 목표는 연구되어지는 개인들의 생생한 경험들을 이해하는 것이다.

반면에 양적연구조사의 세 가지 방법은 실험(experiments), 유사실험(quasi-experiments), 그리고 설문조사(surveys)이다.

1) 실험

진실험(true experiments)은 실험조건에 대한 대상자의 무작위 할당(random assignment)과 실험 통제의 사용으로 특징지워진다. 구체적으로, 진실험은 행동 연구의 설계를 위한 이상적인 모형을 대표한다. 왜냐하면, 실험은 통제 그룹의 사용과 무작위 할당의 사용을 통해서 내적 타당도를 침해하는 모든 위협을 사실상 배제하기 때문이다. 이 진실험의 방법은 연구자가 종속변수에 대한 독립변수의 효과에 대해 인과적인 유추를 할 수 있도록 허용한다(Shavelson, 1996). 진실험은 시간의 흐름에 따른 처치그룹(treated groups)과 통제그룹(control group)의 차이를 보기 위해 노력한다. 통제그룹은 연구자가 어떠한 처치를 해서 변화된 것 빼고 시간의 흐름에 따라 일어나는 변화를 보여준다. 이러한 변화는 외부의 사건, 대상에 의한 성숙, 측정에 있어서의 변화, 사건 검사의 영향 등을 포함한다. 통제그룹은 이러한 변화를 감지해냄으로 인해서 작동한다. 게다가 진실험은 어떤 그룹이든지 동일한 배정의 기회를 제공해 줌으로 말미암아 그룹 간의 차이를 통제한다(Dooley, 2000).

진실험은 사전실험 통제그룹형태(the protest-only control-group type), 사전-사후실험 통제그룹형태(the pretest-posttest control-group type), 요인실험형태(factorial experimental type)로 구성된다. 첫 번째로, 사전실험 통제그룹형태는 연구대상자를 통제그룹이나 실험그룹에 무작위로 배치하는 것을 필요로 한다. 그리고 실험그룹에 연구자가 어떠한 처치를 시행한다. 그러나 어떠한 처치 이외의 것들에는 통제그룹이나 실험그룹이 동일한 조건 하에 있어야 한다. 그래야 정확한 측정이 가능하며, 제대로 된 연구결과가 나올 수 있다. 두 번째로, 사전-사후실험 통제그룹형태는 연구자가 어떠한 처치를 하기 전에 관찰하고 처치 후에 사후검사를 통해서 변화를 확인하는 것이다. 마지막으로 요인실험형태는 실험계획에 있어서 실험에 영향을 미치는 변수의 모든 조합에 대해서 실험하는 형태를 말한다(Shavelson, 1996).

2) 유사실험

유사실험은 실험 조건에 연구대상자들을 무작위로 배치하지 않는 점을 제외하고는 진실험과 거의 모든 특징들을 공유한다. 유사실험은 실험에 방해가 되는 위협들을 조사하는 데 사용하는 데이터를 수집함으로 말미암아 내적 타당도를 높이려고 노력한다.

이 유사실험은 비동등성 통제그룹 실험형태(nonequivalent-control-group experiment type)와 시간계열 실험형태(time series experiment type)를 가지고 있다. 비동등성 통제그룹 실험형태에서 연구대상자는 통제그룹이나 실험그룹에 무작위로 배정되지 않는다. 그러나 사전검사와 각각의 처치, 그리고 사후검사는 받아들인다. 시간계열 실험형태에서는 연구자에 의해 처치가 시행되기 전과 후에 여러 번 관찰을 하게 된다. 연구자의 처치 전 여러번 관찰은 통제그룹의 기준선을 설정해주며, 처치 후 여러 번의 관찰은 일정한 변화가 있었는지를 확인하게 해 준다(Shavelson, 1996).

3) 설문조사

설문조사는 모집단으로부터 뽑아낸 작은 표본을 바탕으로 연구 대상의 특징을 측정하고 파악하기 위한 의도를 가지고 데이터 수집을 위해 설문지의 방법을 사용하는 양적연구조사의 방법이다(Shirleyetal.,1999). 설문조사의 방법은 단면설문조사와 추적설문조사로 나뉘어질 수 있다. 단면설문조사는 한 번에 같은 시간에 데이터를 수집하는 것이다. 그럼으로 말미암아 연구자가 설문조사 시간에 표집모집단에 대한 연구에서 발견된 것을 일반화할 수 있도록 돕는 방법이다. 반면에, 추적설문조사는 한 번이 아니라 두 번 혹은 그 이상 데이터 수집을 하는 것이다. 추적설문조사는 패널, 트렌드(동향, 흐름), 코호트(통계적으로 동일한 특색이나 행동 양식을 공유하는 집단) 조사의 형태로 나뉘어질 수 있다. 패널 조사는 같은 설문응답자가 다른 시간에 또 다시 같은 설문에 응답하고 그 데이터를 수집하려고 할 때 사용된다. 여기서 설문응답자를 집합적으로 '패널'이라고 부른다. 트렌드 조사는 각각의 측정 지점에서 새로운 응답이 나오는 것을 통해 동향, 흐름을 파악하는 연구방법이다. 코호트 조사는 특정 요인에 노출된 집단과 노출되지 않은 집단을 추적하는 것이고, 그럼으로서 어떤 원인이 어떤 결과를 가져오는가를 파악하고 연구하는 방법이다 (Dooley,2000).

4. 연구가설

질적연구조사에서 연구가설은 연구자가 가지고 있는 관점에 따른다. 연구자는 자기 자신만의 관점을 가지고 어떤 상황 속에 들어가서 무엇이 발생되는지를 보기를 원한다. 즉, 연구자는 현장에서 무엇이 관찰되는지에 관심을 가진다. 그렇기 때문에 연구자는 문헌들을 검토하면서 특정한 연구의 틀을 세워 나가기보다는 현장에서 발견되는 근거를 중심으로 하는 이론을 발전시키기를 원한다(Castellan, 2010).

양적연구조사에서는 분명한 증거들을 가지고 연구가설을 증명하는 것에 초점을 맞춘다. 여기서 연구가설은 연구가 수행되기 전에 결과가 어떻게 될 것이라고 예측하거나 추측하는 것이다. 양적연구조사에서 연구가설은 보통 문헌의 검토를 따른다. 그래서 연구자는 테스트하기 위한 가설들을 만들기 위해 다른 연구들의 이론들과 결과물들을 사용한다. 연구가설을 기초로 해서 연구자는 연구수행에 대한 세부적인 계획을 세우고, 연구설계를 해 나간다(Castellan, 2010).

따라서, 질적연구조사는 가설들을 발생시키고, 알리고, 탐구하는 데 초점을 맞추지만, 가설들을 테스트하고 증명하는 데에는 관심이 없는 반면에, 양적연구조사에서는 명확한 증거들을 통해서 가설들을 테스트하고 증명하는 것에 관심이 있다(Slavin, 1992).

5. 연구 참여자

질적연구조사는 의도적인 표본추출을 시도한다. 그래서 연구참여자는 연구자가 관심을 가지고 있는 이론을 발전시키기가 용이한 사람들이라고 믿어지기 때문에 선발된 것이다. 반면에 양적연구조사에서는 연구참여자는 무작위로 선정된 것이다. 그래서 양적연구조사에서 연구참여자는 모든 모집단 구성원들을 대상으로 하기가 현실적으로 불가능하기 때문에 모집단의 일부분인 것이다. 편향(bias)의 문제를 피하기 위해서 무작위 표본추출을 통해서 표본이 선정되는 것이다. 무작위 표본추출은 동일한 표집 가능성을 가지게 되는 제일 좋은 방법이며, 연구에 있어서 전체 모집단의 특성들을 가장 효율적으로 파악할 수 있는 방법이다(Castellan, 2010).

6. 연구자의 특성과 역할

질적연구조사에서 연구자는 연구참여자에 의해서 발견된 의미들을 이해하고 해석하는 데 중점을 두는 질적이고, 해석적이며, 기능적인 사고와 관점을 가져야 한다(Shulman, 1986). 질적연구조사 연구자의 역할은 세부적인 활동과 관련이 있는 사회의 조직들과 사회의 문화들이 이루어지는 구체적인 방식을 발견해내는 것이다(Erickson, 1986). 반면에 양적연구조사 연구자는 관측가능한 대상들 사이의 관계적인 법칙들을 발견하는 것을 시도하는데 초점을 맞춘 실증주의적인 사고를 가져야 한다(Shulman, 1986). 양적연구조사 연구자는 연구에 임할 때 중립적인 위치에 서야 객관적인 증거들을 발견해낼 수 있다. 예를 들어, 효과적인 가르침에 대한 연구를 시행할 때, 양적연구조사 연구자의 역할은 중립적인 위치에 서서 매년 시행되는 교사평가나 학생평가 자료 등을 통해 가르침과 효과성의 인과적 관계를 측정해야 하는 것이다.

7. 연구 데이터의 형태들

질적연구조사의 데이터 형태들은 관찰기록, 인터뷰 기록, 기록된 문서들, 그리고 사진이다(Vockell & Asher, 1995).

(1) 관찰기록

연구자들은 연구대상자가 하는 행동을 볼 수 있고, 말하는 것을 들으며 관찰할 수 있다. 예를 들어, 연구자는 학생 교환 프로그램에서 인종, 사회적 위치, 성별의 차이에 따른, 그리고 학생들이 참여하는 프로그램의 종류에 따른 특징을 찾기 위해서 교사의 태도들을 관찰할 수 있다. 이 뿐만 아니라, 연속적인 관찰은 일상동안 만나는 문제들의 종류를 파악할 수 있으며, 이 문제들을 하루 동안, 한 주 동안, 한 달 동안, 그리고 일년 동안 어떻게 다룰 수 있는지를 알려준다. 관찰기록에서 나타날 수 있는 문제는 바로 반작용(reactivity)의 문제이다. 반작용은 연구대상자들이 자신이 관찰되고 있다는 것을 인식하며 자신의 행동이나 행위를 변화실 때 나타나는 현상이다(Vockell & Asher, 1995).

(2) 인터뷰 기록

인터뷰는 연구자가 연구대상자에게 대화가 일어나고 계속된다는 것을 인지시키는 것을 제외하고는 일상의 대화와 유사하다. 비공식 인터뷰의 목적은 인터뷰 받는 대상이 자신의 언어로 인터뷰를 진행하는 사람에게 말하게 하는 것이다. 인터뷰 과정에서 영상이나 음성으로 기록을 남기는 것은 인터뷰 자료들을 비교검토를 할 수 있도록 도와준다(Vockell & Asher, 1995). 물론 인터뷰는 질적연구조사 뿐만 아니라 양적연구조사에서도 쓰이지만, 질적연구조사에서의 인터뷰는 연구자에 의해 예상되는 답변이 꼭 나오리라는 보장이 없고, 인터뷰 받는 사람이 자신의 이야기를 상세하게 말하면서 인터뷰의 방향을 주도한다. 그래서 질적연구조사에서 인터뷰를 진행하는 사람은 보통 몇 개의 준비된 질문들을 가지고 있고, 인터뷰를 통해 어떤 정보를 알고 싶은지 인지하고 있지만, 이 정도 외에 다른 것은 준비할 수 있는 것은 없다. 질적연구조사에서 인터뷰를 진행하는 사람은 "네 혹은 아니오"와 같은 답변이 나오는 질문이나 단순한 응답이 나오는 질문은 피하도록 노력한다. 반면에 양적연구조사에서 인터뷰를 진행하는 사람은 "네 혹은 아니오", "선호한다 혹은 의견이 없다 혹은 별로다"와 같은 몇 개의 범주 안에서 응답을 하도록 유도한다(Slavin, 1992).

인터뷰는 '표적집단(focus group)'이라고 불리우는 작은 그룹에서 이루어질 수 있다. 표적집단은 연구의 특정한 주제에 대한 세부적인 의견과 지식과 개인적인 경험을 모으기 위해서 연구자에 의해서 선택되고 모여진 개인들의 집합을 의미한다. 표적집단 인터뷰에서는 어떤 통제가 일어난다. 왜냐하면 인터뷰 참여자들이 극단적인 견해나 거짓을 억제하기 위해 서로서로 살피기 때문이다. 표적집단 인터뷰는 그룹이 함께 하기 때문에 인터뷰를 진행하는 사람에 의해 평가받는다든가 하는 두려움은 별로 느끼지 않으며 즐겁게 참여할 수 있다. 표적집단 인터뷰에 참여하는 사람들은 그룹 안에 다른 사람이 무슨 말을 하는지 듣게 되고, 이로 말미암아 자신의 견해를 다시 생각하게 만드는 기회를 가지게 된다(Thomas, Nelson, & Silverman, 2011).

(3) 기록된 문서들, 사진

보켈과 어셔(Vockell & Asher, 1995)에 의하면, 학교의 상황에서 기록된 문서들은 가르침의 자료들, 신문들, 교사 노조의 협상 기록들, 계약서들, 건물 건축 및 수리 계획서, 세금 보고서, 각종 성적표, 교과서 등을 들 수 있다. 사진은 오늘날 질적연구조사에 있어서 매우 중요한 데이터이다. 예를 들어, 교사의 행동에 관한 연구를 한다고 가정하면, 교실에서 학생들이 앉는 의자의 배열이 찍혀진 사진을 통해 담임교사의 성격을 파악할 수 있고, 자신의 반을 어떻게 운영하기를 원하는지를 대강 파악할 수 있게 된다(Slavin, 1992).

반면에 양적연구조사의 데이터는 양적이고, 수량화할 수 있는, 계산할 수 있는 데이터이다. 양적연구조사에서 사전에 형성된 개념이나 이론들은 어떤 데이터를 수집할 것인지를 결정하는 데 사용된다. 숫자로 나타낸 데이터는 사회 환경을 묘사하기 위해 만들어지고, 연역적인 추리는 데이터를 분석하는 데 사용된다. 통계적인 유추의 절차는 표본으로부터 발견한 것들을 일반화하는 데 사용된다(Castellan, 2010). 구체적으로, 양적연구조사의 데이터는 명목척도(nominal), 서열척도(ordinal), 등간척도(interval), 비율척도(ratio)로 나뉘어질 수 있다.

1) 명목척도

명목척도는 이름이나 어떤 범주를 나타내기 위해서 숫자를 사용하는 것을 말한다. 그래서 명목척도를 사용하는 것은 사람이나 사물을 그룹화하는 과정이고 같은 그룹 속에 있는 구성원들은 같은 속성을 공유하고 있다고 간주된다(Shavelson, 1996).

2) 서열척도

서열척도는 사람이나 사물에 연속적인 서열을 매기기 위해 숫자를 사용하는 것이다. 예를 들어, 학교에서 교사는 그의 학생들에게 성적을 통해 차례대로 서열을 매길 수 있다. 가장 높은 점수를 얻은 학생에게는 '1'을 부여할 수 있고, 가장 낮은 점수를 얻은 학생에게는 '30'을 부여할 수 있다(Shavelson, 1996). 그래서 서열척도 데이터는 변수에서 사람이나 사물의 순위에 대한 정보를 제공해준다고 말할 수 있다.

3) 등간척도

등간척도는 척도간의 간격이 일정하나, '0'은 임의적이기 때문에 아무런 기준을 가지고 있지 않다. 따라서 등간척도에서 덧셈과 뺄셈은 가능하지만, 곱셈이나 나눗셈은 할 수 없다. 온도를 생각하면 쉽게 등간척도를 이해할 수 있다. 구체적인 예를 들면, 만약에 화씨(Fahrenheit)로 온도를 잰다고 하자. 50 ℉ 와 51 ℉ 사이의 간격은 90 ℉와 91 ℉ 사이의 간격과 같다. 그러나 0 ℉ 는 온도가 부재한 것을 의미하지는 않는다.

4) 비율척도

비율척도는 두 척도 사이에 비율이 존재하는 것을 나타난다. 그리고 등간척도와는 달리 '0'이 절대적인 기준이 되기 때문에 비율척도에서는 덧셈과 뺄셈 뿐만 아니라, 곱셈과 나눗셈도 할 수 있다. 키나 몸무게를 생각하면 비율척도를 이해할 수 있다. 예를 들어, 100 킬로그램의 몸무게를 가진 사람은 50 킬로그램의 몸무게를 가진 사람보다 50 킬로그램의 몸무게가 더 나간다고 볼 수 있다.

정리문제

1. 연구조사방법론을 이해해야 하는 필요성은 무엇인가?
2. 질적연구조사의 구체적인 내용은 무엇인가?
3. 양적연구조사의 구체적인 내용은 무엇인가?

참고문헌

1. Bogdan, R. C., & Biklen, S. K. (1998). *Qualitative research in education: An introduction to theory and methods (3rd ed.)*. Needham Heights, MA: Allyn & Bacon.
2. Castellan, C. M. (2010). Quantitative and qualitative research: A view for clarity. *International Journal of Education*. 2(2), 1–14.
3. Dooley, D. (2000). *Social research methods(4th ed.)*. New York: Pearson Custom Publishing.
4. Erickson, F. (1986). Qualitative methods in research on teaching. In M. C, Wittrock (ed.), *Handbook of research on teaching*(pp. 119–161). New York: Macmillan Publishing Company.
5. Shavelson, R. J. (1996). *Statistical reasoning for the behavioral sciences(3rd ed.)*. Boston, MA: Allyn and Bacon Inc.

6. Shirley, A. et al. (1999). *A judge's desk book on the basic philosophies and methods of science: Model curriculum*. Reston, VA: State Justice Institute.

7. Shulman. (1986). Paradigms and research programs in the study of teaching:A contemporary perspective. In M. C, Wittrock (ed.), Handbook of research on teaching (pp 3-36). New York: Macmillan Publishing Company.

8. Slavin, R. E. (1992). *Research methods in education(2nd ed.)*. Needham Heights, MA: Allyn and Bacon.

9. Suter, W, N. (2012). *Introduction to educational research: A critical thinking approach*. Thousand Oak, CA: SAGE Publications, Inc.

10. Thomas, J., Nelson, J., & Silverman, S. (2011). *Research methods in physical activity(6th ed.)*. Champaign, IL: Human Kinetics.

11. Vockell, E. L., & Asher, J. W. (1995). *Educational research(2nd ed.)*. Englewood Cliffs, NJ: Prentice-Hall Inc.

<부록2> 교회 정관 샘플

(샘플 1: S시 Y교회)

제1장 총칙

제1조(명칭) 우리 교회는 (소속교단) (교회명)라 부른다.

제2조(위치) 우리 교회는 (주소)에 위치한다.

제3조(목적과 범위) 우리 교회는 전문에서 명시한 사명과 역할을 이루어가는 것을 목적으로 삼는다.

제2장 교인

제4조(자격)

1. 교회에서 정한 등록절차를 거쳐 교인 자격을 취득한다. 본인이 이적을 요청하거나 제명 처분을 받았을 경우에는 교인 자격을 상실한다. 특별한 사정없이 6개월 이상 우리 교회 예배에 참석하지 아니한 교인(이하 '장기결석 교인'이라 칭한다)은 의결권과 선거권 및 피선거권이 중지된다.
2. 당회는 매년 장기결석 교인명부를 작성 관리하며 연말 공동의회에 보고한다. 장기결석 교인이 아니라는 사실에 대한 증명은 주장하는 자에게 있다.

제5조(책임과 의무) 교인은 사도신경을 고백하고 받아들이며 성실한 예배 참여와 교회의 치리에 복종하고 헌금과 봉사를 통해 성도의 책임을 갖는다. 또한, 교인은 예수그리스도 중심의 공동체인 영적 가족이다. 그 안에서 교인들은 평등하며 서로 사랑하고 협력하여 선을 이루어가는 공동체를 만들어갈 의무가 있다.

제6조(권리) 예수 그리스도는 교회의 머리이시고 교회는 그의 몸이다. 예수 그리스도의 몸에 속한 교인은 교회의 주인이며 모든 권리를 가진다. 또한 교회의 주체로서 교회 회무에 참여하며 교회 정관이 규정한 바에 따라 각종 회의의 의결권과 선거권 및 피선거권을 가진다.

제3장 조직

제7조(편성)

1. 우리 교회에 목사, 장로, 안수집사, 권사, 서리집사, 그리고 기타 교회가 정한 직분과 직책 및 위원회, 부를 비롯한 각종 조직을 둘 수 있다.
2. 목회와 교회운영은 분리하는 것을 원칙으로 한다.

제8조(담임목사의 지위와 권한)

1. 담임목사는 우리 교회의 대표자이며 목회 활동 전반을 담당한다.

2. 목회 활동이란 설교와 가르침으로 성도를 양육하고 보호하는 목양의 기능과 성도를 가족으로 돌보는 사역 그리고 예식 집전 등 교회 전반적인 활동으로 교회를 섬기는 것을 의미한다.

3. 교회가 균형 잡히고 건강한 교회의 모습을 갖추기 위해 담임목사는 목회 활동에 전념하고 교회 운영에는 당회원 개인의 자격으로만 참여한다.

제9조(담임목사의 임기 및 사직)

1. 임시 담임목사의 임기는 2년을 넘을 수 없다.

2. 임시 담임목사 기간이 끝난 뒤 당회 의결로 소집된 공동의회에서 의결권 있는 공동의회 회원 과반수 출석과 투표수 3분의 2이상 찬성을 얻어 노회의 위임을 받을 경우 특별한 이유가 없으면 만 70세까지 시무한다.

3. 위 2항의 특별한 이유란 목사가 사직을 원할 경우, 청빙할 때 시무기간을 교회와 협의한 약정이 있어 그 기한이 지났을 경우, 공동의회에서 불신임 당하였을 경우를 말하며 이런 경우는 70세 이전에 시무를 그만둘 수 있다.

제10조(담임목사 청빙)

1. 청빙위원회는 담임목사 임기 만료 1년 3개월 전에 구성하여 청빙 절차를 진행한다. 담임목사와 후임목사는 최소 3개월간 공동사역을 한다. 담임목사 결원이 생긴 때에는 1개월 이내에 청빙위원회를 구성하여 청빙 절차를 진행한다. 임시 담임목사의 청빙은 공동의회에서 의결권 있는 공동의회 회원 과반수 출석과 투표수 3분의 2이상 찬성을 얻어야 한다.

2. 새로 청빙 받은 임시 담임목사는 공동의회에서 의결권 있는 공동의회 회원 과반수 출석과 투표수 3분의 2이상 찬성을 얻어 위임목사가 된다. 그렇지 못할 경우 즉시 해임된다.

제11조(담임목사 해임)

1. 담임목사는 본인이 당회에 사직 의사를 표시할 경우 당회 결의로 그 직을 면할 수 있다. 또는 공동의회에서 의결권 있는 공동의회 회원 과반수 출석과 투표수 3분의 2이상 찬성하는 경우 그 직을 면한다.

2. 해임 발의는 당회 재적인원 과반수 이상 또는 의결권 있는 공동의회 회원 4분의 1이상의 요청이 있어야 한다. 발의가 있으면 공동의회에 해임안을 상정하며 의결권 있는 공동의회 회원 과반수 출석과 투표수 3분의 2이상 찬성으로 해임된다.

제12조(장로)

1. 장로는 교인의 신앙생활을 돌아보는 일, 교회 활동이 신앙적인 방향으로 나아가도록 돕

는 일 그리고 치리하는 일을 한다.

2. 장로는 만 35세 이상의 남자 중 입교인으로 흠없이 5년을 경과하고 상당한 식견과 통솔력이 있으며 디모데전서 3:1~7에 해당한 자로 한다. 선출은 공동의회에서 의결권 있는 회원 과반수 출석과 투표수 3분의 2이상 찬성으로 한다.

3. 장로 정년은 만 70세로 한다. 장로는 취임 후 만 7년간 시무장로로 헌신하며, 본인의 의사에 따라 1회에 한하여 신임을 물어 연임할 수 있다. 신임은 공동의회에서 의결권 있는 회원 과반수 출석과 투표수 3분의 2이상 찬성으로 한다. 시무 기간을 마친 장로는 본인의 의사와 교회의 필요에 따라 사역 장로로 헌신할 수 있으며, 당회에서 발언권은 있으나 의결권은 없다.

4. 장로의 면직은 본인이 사직서를 제출하는 경우 당회 의결로 면직되며, 안수집사 3분의 2이상 또는 권사 3분의 2이상의 사직 요청에 따라 공동의회에서 의결권 있는 회원 과반수 출석과 투표수 3분의 2이상 찬성하는 경우에도 그 직을 면한다.

제13조(안수집사)

1. 안수집사는 교회 운영과 구제, 봉사활동에 종사한다.

2. 안수집사는 만 35세 이상의 남자 중 입교인으로 선한 명예와 진실한 믿음과 지혜와 분별력이 있어 존중을 받고 행위가 복음에 합당하며, 그 생활이 다른 사람의 모범이 될 만하고, 디모데전서 3:8~13에 해당하는 자로 한다. 선출은 공동의회에서 의결권 있는 회원 과반수 출석과 투표수 3분의 2이상 찬성으로 한다.

3. 안수집사 정년은 만 70세로 한다.

4. 안수집사의 면직은 본인이 사직서를 제출하는 경우 당회 의결로 면직되며, 당회 재적인원 3분의 2이상 사직 요청에 따라 공동의회에서 의결권 있는 회원 과반수 출석과 투표수 3분의 2이상 찬성하는 경우에도 그 직을 면한다.

제14조(권사)

1. 권사는 교인을 심방하며, 고난 당하는 자를 위로하고 권면하며, 교회를 돌아보며 봉사한다.

2. 권사는 여신도 중 만 45세 이상 된 입교인으로 행위가 성경에 적합하고 교인의 모범이 되며 본 교회에서 충성되게 봉사하는 자로 한다. 선출은 공동의회에서 의결권 있는 회원 과반수 출석과 투표수 3분의 2이상 찬성으로 한다.

3. 권사 정년은 만 70세로 한다.

4. 권사의 면직은 본인이 사직서를 제출하는 경우 당회 의결로 면직되며, 당회 재적인원 3분의 2이상 사직 요청에 따라 공동의회에서 의결권 있는 회원 과반수 출석과 투표수 3분

의 2이상 찬성하는 경우에도 그 직을 면한다.

5. 만 70세 이상 된 여자 집사로서 아래 조건에 한 가지 이상 해당 된 자로 본인이 동의할 경우 당회 결의에 따라 명예권사라 호칭하며 권사에 준 한 역할을 할 수 있다.

(1) 우리 교회에서 집사로 임명된 지 10년 이상 된 자

(2) 우리 교회에서 집사로 7년 이상 봉사경력을 지닌 자

(3) 해당 구역장과 교구 교역자가 추천한 자

제15조(감사)

1. 감사는 교회 재정과 사무일체에 관한 감사활동에 종사한다.

2. 감사는 시무장로 중에서 선임하며 임기는 2년으로 한다. 감사는 필요하면 세례교인 중에서 업무보조를 위한 위원을 3명까지 둘 수 있다. 위원은 감사의 추천에 의해 당회에서 승인한다. 재정 부분에 대하여 필요할 경우 외부감사를 받을 수 있다.

3. 감사는 분기별로 실시하며 공동의회에서 그 결과를 보고한다.

제16조(부교역자)

1. 부교역자는 담임목사의 목회활동을 보좌하는 부목사, 강도사, 전도사, 협동목사를 말하며 전임과 비전임으로 둘 수 있다.

2. 부교역자는 담임목사의 추천에 의하여 당회 의결로 청빙한다. 임기는 2년이며 담임목사의 요청에 의하여 당회 의결로 1년씩 재임용할 수 있다. 단, 교육전담 책임목사를 둘 경우에는 임기를 따로 정할 수 있다.

3. 당회의 요청 또는 의결권 있는 공동의회 회원 과반수 이상이 특정 부교역자의 해임을 담임목사에게 요청하면 담임목사는 해당 부교역자를 해임하여야 한다.

4. 부교역자의 근무조건은 청빙할 때에 정한다.

제17조(사무장과 사무직원)

1. 교회의 관리 및 사무를 위해 유급 사무직원을 둘 수 있다.

2. 사무직원은 당회 의결로 채용되며 관리위원회에 소속한다.

3. 임기 및 보수 등의 근무 조건은 채용할 때에 정한다.

4. 필요하면 당회 결의로 사무장을 둘 수 있다.

제18조(위원회와 부)

1. 교회의 제반업무를 원활히 수행하기 위하여 위원회, 부를 비롯한 각종 조직을 둘 수 있다.

2. 각 위원회 및 부의 신설과 폐지는 당회에서 결정한다.

제4장 회의

제19조(공동의회) 우리 교회 최고 의결기구로 다음과 같이 공동의회를 조직하고 운영한다.

1. 공동의회 회원은 우리 교회에 등록된 만 19세 이상의 세례교인으로서 우리 교회에 만 1년 이상 출석한 자로 한다.

2. 공동의회 임원과 임기

공동의회 의장은 당회장이 겸임하고, 서기는 당회 서기가 겸임한다.

3. 소집 및 회기

(1) 공동의회는 의장이 소집하며 정기회와 임시회를 둔다.

(2) 정기회는 매년 12월에 개최하며 각종 예산과 결산의 의결 및 감사보고를 받는다.

(3) 임시회는 의장, 당회, 또는 의결권 있는 공동의회 회원 3분의 1이상의 요청이 있을 때에 소집한다.

(4) 회의 소집을 할 때 의장은 시일, 장소, 안건 등을 1주일 전에 주보, 예배광고, 홈페이지 등 한 가지 이상의 방법을 통하여 공고하여야 한다.

(5) 공동의회는 그 작정된 시간에 출석한 회원으로 개회하며 출석회원 과반수 찬성으로 의결한다. 단, 이 정관 및 기타 운영세칙이 정한 특별요건이 있는 경우는 그에 따른다.

4. 공동의회의 할 일

(1) 담임목사의 신임과 해임 여부

(2) 각종 임직자의 선출과 신임 및 해임

(3) 각종 예산과 결산의 승인, 감사 보고의 승인

(4) 교역자의 보수 총액

(5) 재산의 취득과 처분

(6) 교회 정관의 제정과 개정

(7) 교단, 총회, 노회의 탈퇴와 변경

(8) 기타 안건

5. 다음과 같은 경우에는 당회 재적인원 과반수 이상 의결로 당회원 중에서 임시 회장을 선출하여 임시공동의회를 소집하고 개최한다.

(1) 위 4항 제1호 담임목사의 신임과 해임 여부가 안건인 경우

(2) 당회 재적인원 3분의 1이상의 요청 또는 의결권 있는 공동의회 회원 3분의 1이상의 요청으로 임시회 소집을 요청하였으나 공동의회 의장이 임시회를 개최하지 않을 경우

6. 공동의회에서 의결권을 행사할 회원을 확정하기 위해 기준일에 의한 교인명부의 확정 및 열람과 폐쇄를 한다. 위 4항 제5호 중 재산 처분의 경우에는 의결권 있는 공동의회 회원 과반수 이상 찬성으로 의결한다. 위 4항 제7호는 의결권 있는 공동의회회원 과반수 출

석과 투표수 3분의 2이상 찬성으로 의결한다.

7. 공동의회 의장은 투표 관련 사무를 처리하기 위해 선거관리위원회를 구성할 수 있다.

제20조(제직회)

1. 제직회는 담임목사, 장로, 안수집사, 권사, 서리집사로 구성한다. 은퇴자는 본인이 원할 경우 발언권 회원의 자격으로 회의에 참가할 수 있다. 제직회 의장은 공동의회 의장이 겸임하며, 서기는 안수집사 중에서 선임한다.

2. 매분기 마지막 주에 정기적으로 열리며, 당회나 제직회원 3분의 1이상의 요청이 있을 경우에는 임시로 소집한다. 회의 소집을 할 때 의장은 시일, 장소, 안건 등을 1주일 전에 주보, 예배광고, 홈페이지 등 한 가지 이상의 방법을 통하여 공고하여야 한다.

3. 제직회는 그 작정된 시간에 출석한 회원으로 개회하며 출석회원 과반수 이상 찬성으로 의결한다. 단, 이 정관 및 기타 운영세칙이 정한 특별요건이 있는 경우는 그에 따른다.

4. 제직회의 할 일

(1) 각 부서의 보고 청취

(2) 교회 운영의 실무적 사안에 관한 협의 조정

(3) 교회 예산과 결산의 심의

(4) 기타 당회가 요청한 사항

제21조(당회)

1. 당회는 담임목사와 시무장로로 구성하며, 필요할 경우에 원로장로 및 사역장로는 발언권 회원으로 참석할 수 있다.

2. 당회장은 담임목사가 한다. 당회장 유고 또는 빈자리가 된 때에는 당회 재적인원 3분의 2이상 결의로 당회원 중에서 당회장을 선임할 수 있다. 유고 또는 빈자리가 된 당회장은 재적요건에서 제외한다. 이 때의 당회장은 의결권 있는 공동의회 회원 과반수 출석과 투표수 과반수 이상의 동의를 받아야 하며, 임기는 이 정관 제10조 제1항에 의한 담임목사 청빙절차 완료시까지한다.

3. 소집 및 회기

(1) 정기 당회는 매월 마지막 주에 열리며, 임시 당회는 당회장이 필요하다고 인정할 때와 당회 재적인원 3분의 1이상의 요청이 있을 경우에 열린다.

(2) 당회 재적인원 3분의 1이상의 요청이 있었으나 당회장이 회의를 소집하지 않을 경우에는 가장 빠른 시일 내에 당회 재적인원 과반수 이상 의결로 서기장로가 당회장 직무를 대행하여 임시 당회를 개최한다. 이때, 당회장은 재적요건에서 제외한다.

4. 당회는 당회장과 시무장로 과반수의 출석으로 개최한다. 단, 위 2항 당회장 유고 또는 빈자리가 된 때와 위 3항 제2호의 경우에는 예외로 한다. 당회 의결방식은 만장일치를 원칙으로 하되, 만장일치가 안될 경우에는 무기명 비밀투표로 하며 재적인원 과반수 이상 찬성으로 의결한다.

5. 서기 장로의 선출과 해임은 당회 재적인원 과반수 찬성으로 의결하며, 임기는 2년으로 한다.

6. 당회의 할 일

(1) 교인의 신앙과 행위를 맡아서 보살핀다.

(2) 교인의 입회와 퇴회를 결정한다.

(3) 예배와 성례를 거행한다.

(4) 장로, 안수집사, 권사의 임직 및 취임을 주관한다.

(5) 교회헌금의 종류와 그 시기 및 방침을 정한다.

(6) 권징하는 일을 한다.

(7) 신령적 유익을 도모하며 각 기관을 감독한다.

(8) 노회에 총대를 파송하며 청원과 보고를 한다.

(9) 교회 정관 관련 사항의 개정안 심의를 한다.

(10) 교회의 정책적 사안 심의 및 의결을 한다.

(11) 교회 예산과 결산 심의를 한다.

(12) 공동의회가 위임한 사항을 처리한다.

(13) 기타 안건을 처리한다.

7. 당회는 결의사항을 기록하여 당회록으로 보관하며 공개를 원칙으로 한다. 단, 출석 당회원 3분의 2이상 결의로 비공개할 수 있다.

제22조(자치회)

1. 교인들은 연령 혹은 목적에 따라 안수집사회, 권사회, 전도회 등 자치회를 구성할 수 있다.

2. 자치회를 구성하고자 하는 교우들은 자치회 규칙과 구성원을 명시한 기획안을 당회에 제출하여 심의를 받는다. 자치회의 해산은 권징 절차에 준한다.

제23조(정족수) 위 모든 회의의 정족수는 공동의회 회원 중에서 6개월 이상 장기결석 회원을 제외한 회원을 기준으로 한다.

제5장 재정

제24조(원칙) 교회의 재정은 다음과 같은 원칙하에서 운영한다.

1. 전도, 선교, 교육, 구제 및 교회운영을 위한 예산과 지출은 교회 존재 목적에 맞도록 서로 균형이 잡히도록 한다.
2. 재정은 검소하고 절약하는 자세로 사용하며, 재정 담당자들은 재정 사용 내역을 책임있고 투명하게 공개하여야 한다. 결산은 내부감사를 받아야 하며, 필요하면 외부기관의 감사를 받을 수 있다.
3. 교회의 재정은 매월 공개되어야 하며 서류는 10년간 보관한다.
단, 교인들의 헌금명부나 비밀이 보장되어야 할 특정 선교지역에 대한 지원 내역 등은 비공개할 수 있다.
4. 차입경영은 최대한 자제해야 한다.

제25조(회계연도) 우리 교회의 회계연도는 매년 12월 1일부터 다음연도 11월 30일까지로 한다.

제26조(헌금관리) 교회 내로 유입되는 모든 헌금은 교회명의의 단일계좌로 입금한다. 필요한 각종 사업별 지출은 단일계좌에서 사업별 계좌로 이체한 다음 사업별 계좌에서 집행한다.

제27조(교회 재산)

1. 교회 재산의 취득, 매도, 증여, 교환, 용도변경 등 제반 사항은 재정위원회 동의와 당회 의결을 거쳐 공동의회에서 최종적으로 결정된다. 단, 단위당 5천만원 이하의 범위 내에서 발생하는 재산관리 사항 또는 공동의회에서 위임한 사항에 대해서는 당회 의결로 집행할 수 있다.
2. 모든 재산의 등기는 교회 명의로 한다.
3. 관리위원회는 재산관리대장을 비치하고 정기감사 때뿐만 아니라 교인들의 열람요청이 있을 때에도 응해야 한다.
4. 어떤 경우에서든 교회 분립과 분열로 인한 재산 분할은 불가하다.

제28조(예산편성)

1. 수입예산을 정하고 그에 따른 범위 내에서 지출예산을 편성한다. 재정위원회에서 수립하고 당회 의결과 제직회 심의를 거쳐 공동의회의 승인을 받는다.
2. 예비비의 다른 지출 항목으로의 전용은 재정위원회 의결과 당회 의결을 거치며 사후에 제직회에 보고한다.

제29조(재정위원회)

1. 전반적인 재정정책 및 예산과 결산을 관장하며 수입과 지출에 관한 사무를 종합관리한다.

2. 재정위원장은 당회에서 시무장로 중에 선출하며, 위원장 임기는 2년으로 한다. 위원은 세례교인 중에서 전문 식견을 가진 자를 위원장 추천으로 당회장이 임명한다.

3. 재정위원회 업무는 다음과 같다.

(1) 재정운영계획, 회계서류관리, 교인헌금 및 기타 수입관리, 분기별 재정결산, 금융기관거래

(2) 주별 수입 및 지출, 재정 잔고 현황의 결산

(3) 전임사역자의 보수 지급 및 퇴직사례금 관리

(4) 기타 지출에 관한 업무

제30조(전임, 비전임 사역자의 보수) 목사, 부목사, 강도사, 전도사, 사무직원 등 전임, 비전임 사역자의 보수는 다음과 같이 책정한다.

1. 연봉제를 원칙으로 하며 구체적인 지급방식은 청빙 할 때 정한다.

2. 전임사역자에게는 퇴직사례금을 지급한다. 퇴직사례금은 퇴직연금제도를 이용할 수 있다. 1년 근속 시 연봉 기준 12분의 1을 퇴직사례금 지급 기준으로 한다.

3. 급여 성격을 제외한 비용들은 실제 지출된 비용만 정산하며 그 지출된 비용은 지출 증빙을 첨부한다.

제31조(예산과 결산)

1. 예산은 재정위원회에서 작성하여 당회 의결과 제직회 심의를 거쳐 공동의회에서 확정한다.

2. 결산은 재정위원회에서 작성하고 당회 의결과 제직회 심의를 거쳐 감사의 보고서와 함께 공동의회에서 확정한다.

제32조(재정 집행)

1. 모든 재정 집행은 예산의 범위 내에서 효과적이고 효율적으로 하되, 예산 범위 이외의 지출은 당회 승인을 거쳐 집행되어야 한다.

2. 재정 집행은 재정위원장 동의를 얻어 해당 부서장이 집행한다.

제6장 권징

제33조(권징의 원칙) 교회의 질서와 순결을 유지하기 위해 권징은 필요하다. 모든 권징은 오직 하나님께서 성경을 통해 계시한 뜻에 근거해야 한다.

제34조(권징의 과정) 교회 내외에서 반성경적 행위로 그리스도의 뜻을 훼방하는 자가 있을 경우에, 당회는 이를 심방하고 수차례 권면해야 한다. 본인이 회개치 않는다는 점이 확인될 때, 당회가 정한 치리회에서 권징안을 당회에 넘기고 의결을 거쳐 확정한다. 당회에 적법한

절차를 거치지 않은 교회 내외의 권징 및 고소절차는 무효로 한다.

제35조(책벌의 종류) 당회가 정하는 책벌은 권계, 견책, 정직, 면직, 수찬정지, 제명, 출교이다. 출교는 처음부터 끝까지 회개하지 아니하는 자에게만 한다. 단, 해벌은 그 회개 여하에 의하여 행하거나 이에 준할 수 없는 경우에는 그 치리회가 의논하여 결정한다.

제7장 부칙

제1조(효력) 이 정관은 공동의회를 통과함과 동시에 그 효력을 발생한다. 이 정관 시행과 동시에 기존 정관은 효력을 상실한다. 이 정관은 이를 개정할 당시의 교인들에게만 적용되는 것이 아니라 이후에 교회에 등록한 교인들에게도 적용되어 법적 효력이 미친다.

제2조(시행세칙) 이 정관에서 명시하지 않은 사항은 당회 의결에 의해 따로 시행세칙을 정할 수 있다.

제3조(개정)

1. 이 정관은 당회 의결을 거친 후 공동의회에서 의결권 있는 회원 과반수 출석과 투표수 3분의 2이상 동의로 개정할 수 있다.
2. 이 정관을 개정할 경우에는 개정 당시 사역자(담임목사와 장로)의 임기는 개정 후 새 정관의 규정을 적용받지 않는다.

제4조(경과조치) 이 정관 시행 전 모든 임직자 중 시무장로는 공동의회에서 개인별 재신임을 얻어 취임하며, 이 정관의 규정을 새로 적용받는다.

(샘플 2: N시 N교회)

제1장 총칙

제1조 (이름) 본 교회의 이름은 (교회명)로 한다.

제2조 (주사무실 소재지) 교회의 주된 사무실은 (주소)에 둔다.

제3조 (공동소속활동) 교회는 예수님의 복음 선포를 위해 (교단명)에 가입하고 (노회명)에 참여한다.

제4조 (목표와 비전) 교회는 하나님의 뜻을 이 땅에 이루는 것을 목표로 하며, 하나님이 기뻐하시는 일들, 즉 예배, 선교, 구제, 교육 및 성도의 교제 등을 통하여 하나님이 다스리시는 나라 건설을 비전으로 삼는다.

제5조 (신앙고백) 교회는 신, 구약성경을 통전적인 하나님의 말씀으로 믿고 이를 신앙고백의 근거로 삼는다.

제6조 (구성원칙) 교회의 머리는 예수 그리스도시며 은사와 믿음에 기초한 모든 등록 교인의 자유롭고 평등한 공동체로서 구성한다.

제2장 조직

제1절 교인

제7조 (교인) ① 교인의 자격은 (교회명)교회의 기본 정신과 정관에 동의하여 교회가 시행하는 소정의 등록절차를 이수하여 수료함으로 자격을 취득한다.

② 본인이 이적과 이명을 요청하였거나 제명의 처분을 받았을 경우 교인의 자격을 상실한다.

③ 교인의 신급은 당회가 심사하여 다음과 같이 정한다.

원입교인: 예수를 믿기로 결심하고 등록교인이 된 후 공동예배에 참석하는 자

유아세례교인: 세례교인(입교인)의 자녀(2세 미만)로서 유아세례를 받은 자

세례교인(입교인): 유아세례교인으로서 입교한(15세 이상) 자 또는 원입교인(15세 이상)으로서 세례를 받은 자

④ 교인의 이명, 복권 등 자격 변동에 관하여는 총회 헌법에 정하는 절차에 따른다.

제8조 (권리와 의무) ① 교인은 신급과 연령구분에 따라 성찬참례권, 의결권, 선거권 및 피선거권을 가진다.

② 교인은 공동예배와 순모임 및 남녀선교회에 참석하고 교회의 치리에 따르며 헌금과 봉사 등 교회의 비전을 이루는데 힘쓸 책임과 의무를 가진다.

③ 교인이 연락 없이 1년 이상 본 교회에 출석치 않을 때 의결권, 선거권 및 피선거권을 제한한다.

제2절 직분 조직

제9조 (총론) ① 다양한 은사를 통하여 한 몸으로 구성된 교회를 섬기기 위해 목사, 전도사, 장로, 집사, 권사, 서리집사의 직분을 둔다. 모든 직분은 차별이 없으며 구별될 뿐이다.

② 직분의 충실한 수행과 다수 교인의 참여기회를 부여하기 위해 소정의 임기 및 신임제도를 둔다.

③ 모든 직분의 시무 정년은 65세가 되는 해의 말일로 한다. 시무가 아닌 봉사의 정년은 따로 두지 않는다.

제10조 (목사) ① 목사는 하나님이 교회를 돌보도록 구별한, 목회활동을 직업으로 하는 전문사역자이다.

② 목사는 총회에서 목사의 자격을 취득한 사람을 원칙으로 한다.

③ 교회는 상호 유기적인 관계 속에서 협력하여 목회의 조화와 균형을 도모하기 위하여 팀 목회를 추구하며, 전문사역을 통하여 담당 분야의 전문능력을 발휘할 수 있도록 필요에 따라 몇 사람의 부목사를 둔다.

④ 담임목사와 전임목사는 당회와 공동의회의 결의를 통해 청빙하며, 부목사는 당회와 제직회의 결의를 통해 청빙한다. 담임목사 청빙 때 공동의회에서 투표인의 2분의 1이상으로 청빙하고, 위임기간을 1년으로 두며 위임투표 시 공동의회에서 투표인의 3분의 2이상 찬성으로 위임목사로 추대한다.

⑤ 담임목사는 매 6년마다 공동의회에서 투표인의 3분의 2이상 찬성으로 재신임여부를 결정한다. 담임목사 재신임 공동의회 시 임시공동의장은 당회가 위촉한다. 담임목사는 6년 시무 후 안식년을 갖되, 기간은 1년 범위 안에서 당회가 결정한다. 세부사항은 별도의 규정에 의한다.

⑥ 부목사의 임기는 2년으로 하며, 당회와 제직회의 결정으로 연임할 수 있다.

⑦ 원로목사는 추대하지 않는다.

⑧ 은퇴한 목사는 교회의 공식적인 회의에 참석하지 않는다.

⑨ 전임사역자 및 장로의 친족(직계비속과 사위와 배우자를 포함한다)은 전임사역자로 청빙할 수 없다.

⑩ 담임목사가 재신임을 얻지 못하면 6개월의 안식기간을 주고 당회는 즉시 청빙위원회를 구성하여 담임목사를 청빙한다.

제11조 (장로) ① 장로는 교인을 대표하고 정책과 감사와 권징 등을 담당하며 교회의 성결과 평화를 위해 섬기는 사역자이다.

② 시무장로는 당회의 결의로 노회에 선출인원수를 산정 받아 공동의회에서 총 투표수 3분의 2 이상의 득표로 선출하며, 피선된 후 6개월 이상 당회 아래서 교육을 받고 노회고시에 합격한 후 안수하여 임직한다.

③ 총회가 인정하는 타 교회에서 장로 임직을 받은 사람으로서 시무장로로 피선된 경우에는 안수를 생략하고 서약함으로 취임할 수 있다.

④ 시무장로는 무흠 세례교인(입교인)으로 7년을 경과하고 40세 이상 된 자로서 선거공고일 현재 본 교회에 등록하여 지속적으로 출석한 지 5년 이상이 경과하고 교회 부서에서 3년 이상 봉사한 장로, 안수집사, 권사 중에서 선출한다.

⑤ 시무장로의 임기는 6년 단임으로 한다.

⑥ 원로장로는 추대하지 않는다.

⑦ 시무장로는 급여를 받으며 봉사할 수 없다.

⑧ 총회가 인정하는 타 교회에서 장로 임직을 받은 사람은 교회에 등록한 지 1년이 경과한 후 이명증서나 해당 교회의 주보와 요람을 통해 확인한 후 당회의 결의를 통해 장로로 봉사할 수 있다.

제12조 (전도사) ① 전도사는 전임목사와 부목사의 목회를 보좌하는 사역자이다.

② 전도사는 총회에서 인정하는 신학교 학업 중이거나 수료한 자 중에서 당회가 청빙한다.

③ 전도사의 임기는 전임 전도사 2년, 파트 전도사 1년으로 하며, 당회의 결정으로 연임할 수 있다.

제13조 (집사/권사) ① 집사/권사는 구제 및 전도 활동, 교우 심방 및 교제 등 교회의 덕을 세우는 데 힘쓰는 사역자로서 시무안수집사/시무권사는 교회의 재정운영에 참여하는 것을 원칙으로 한다.

② 시무안수집사/시무권사는 당회의 결의로 공동의회에서 총 투표수 과반수의 득표로 선출하며, 피선된 후 3개월 이상 당회 아래서 교육을 받고 안수하여 임직한다.

③ 시무안수집사/시무권사는 무흠 세례교인(입교인)으로 5년을 경과하고 35세 이상 된 자로서 선거공고일 현재 본 교회에 등록하여 지속적으로 출석한 지 3년 이상이 경과하고 교회부서에서 1년 이상 봉사한 교인 중에서 선출한다.

④ 총회가 인정하는 타 교회에서 집사/권사 안수를 받은 사람으로서 시무안수집사/시무권사로 피선된 경우에는 안수를 생략하고 서약함으로 취임할 수 있다.

⑤ 시무안수집사/시무권사의 임기는 6년 단임으로 한다.

⑥ 임직을 받은 해가 65세일 경우 당회의 결의를 통해 임기를 1년 연장할 수 있다.

⑦ 총회가 인정하는 타 교회에서 집사/권사 안수를 받은 사람은 교회에 등록한 지 1년이 경과한 후 이명증서나 해당 교회의 주보와 요람을 통해 확인한 후 당회의 결의를 통해 안수집사와 권사로 봉사할 수 있다.

⑧ 교회는 필요한 경우 서리집사를 둘 수 있다. 서리집사의 자격과 요건은 당회에서 별도로 정한다.

제14조 (시무사임과 사직) ① 자의 사임은 시무장로/시무안수집사/시무권사가 특별한 사정이 있을 때 시무를 사임할 수 있다.

② 권고사임은 교인의 과반수가 시무를 원치 않으면 당회의 결의로 권고 사임케 한다.

③ 장로/안수집사/권사가 범법을 하지 아니하였으나 교회에 덕이 되지 못할 줄 알면 자의사직 할 수 있다.

제15조 (시무의 휴무) ① 시무장로/시무안수집사/시무권사가 휴무코자 할 경우 당회의 허락을 받아야 한다. 단 휴무기간은 최장 2년으로 하며 휴무기간은 임기에 포함하지 않는다.

제16조 (시무의 복직) ① 자의 사임한 시무장로/시무안수집사/시무권사가 복직하려면 당회원 3분의 2이상의 결의로 복직할 수 있다.

② 권고사임의 경우는 권고사임의 이유가 해소되어야 하며 당회원 3분의 2이상의 찬성이 있은 후 1년이 지나도록 별 이의가 없음이 확인되면 당회가 복직을 허락할 수 있다.

③ 자의사직 장로/안수집사/권사의 복직에는 당회의 결의로 시무신임을 얻어야 하며 임직 때와 같은 서약을 한다.

제3절 회의체 조직

제17조 (공동의회) ① 교회는 18세 이상 등록 세례교인(입교인)을 회원으로 하는 공동의회를 둔다.

② 공동의회는 다음과 같이 소집하되 일시, 장소, 주요 안건을 회의 1주일 전에 교회에 광고하여야 한다.

정기 공동의회: 매년 1회 이상 개최하며 예산, 결산을 확정하고 감사결과를 심의한다.

임시 공동의회

가. 당회의 소집 결의가 있을 때

나. 제직회의 소집 청원이 있을 때

다. 세례교인(입교인) 3분의 1이상의 소집청원이 있을 때

라. 상회의 요구가 있을 때

③ 공동의회의 결의사항은 다음과 같다.

당회가 제안한 사항

제직회가 청원한 사항

세례교인(입교인) 3분의 1이상이 청원한 사항

상회가 요구한 사항

예산 및 결산

담임목사 및 전임목사 청빙 및 재신임 결정

선출직 직분자의 선거

정관개정의 의결

교회 재산 처분에 관한 사항

④ 공동의회는 출석 인원으로 개회하고 달리 규정이 없는 한 다수결로 의결하며, 인선에 관한 사항은 무기명 투표를 원칙으로 한다.

⑤ 공동의회 의장은 당회장이, 서기를 당회 서기로 함을 원칙으로 한다.

제18조 (당회) ① 당회는 담임목사, 부목사 및 장로로 구성한다. 다만, 부목사는 의결권을 제한할 수 있다.

② 당회는 다음 사항을 심의 및 의결한다.

교회의 장단기 정책 수립에 관한 사항

교회의 예산, 결산 심의에 관한 사항

목사 청빙 및 재신임, 전도사 청빙 및 연임에 관한 사항

서리집사, 순장, 교사, 찬양대원, 제직회 각 부서장 등 주요인선에 관한 사항

제직회 각 부서 및 소속기관, 단체의 감사에 관한 사항

교회 주요 재산(채권, 채무포함)의 취득, 증여, 임대 및 처분에 관한 사항(단 처분은 공동의회의 의결을 득해야 한다.)

교인의 권징에 관한 사항

1) 정의: 권징은 예수그리스도께서 교회에 주신 권리를 행사하며 그 법도를 시행하는 것으로써 각 치리회가 헌법과 헌법이 위임한 제 규정 등을 위반하여 범죄한 교인과 직원 및 각 치리회를 권고하고 징계하는 것이다.

2) 목적: 권징의 목적은 하나님의 영광과 권위를 위하여 범죄를 미연에 방지하고 교회의 신성과 질서를 유지하고 범죄자의 회개를 촉구하여 올바른 신앙생활을 하게 함을 목적으로 한다.

3) 권징의 사유와 죄과, 책벌 등 권징 절차는 총회 헌법을 준용하여 따른다.

성례에 관한 사항

③ 당회장은 담임목사가 맡는다.

④ 당회는 서기를 두며 장로 중에서 호선한다.

⑤ 당회는 다음의 경우에 당회장이 소집하며 당회서기를 통하여 개회 2일 전까지 안건을 통지하는 것을 원칙으로 한다. 다만, 전원 참석의 경우에는 소집절차를 생략할 수 있다.

당회장이 소집을 요구할 때

당회원 과반수가 소집을 요구할 때

상회가 소집을 요구할 때

⑥ 당회는 당회장을 포함하여 당회원 과반수의 출석으로 개회한다.

⑦ 당회는 위 ②항의 각 사항을 규정하기 위한 각종 규정을 제정 또는 개정할 수 있다. 당회는 위 규정을 제·개정하기 위하여 별도의 위원회를 둘 수 있다.

제19조 (제직회) ① 제직회는 목사, 장로, 전도사, 집사, 권사, 서리집사로 구성한다. 시무장로는 제직회에 참석할 수 있으며 의결권은 제한한다.

② 제직회장은 당회장이 하되 경우에 따라서 부목사 중에서 호선할 수 있다.

③ 제직회의 심의, 의결사항은 다음과 같다.

당회 및 공동의회에서 결정된 예산과 정책의 집행에 관한 사항

부목사의 청빙에 관한 사항

분기별 재정 수지 결산에 관한 사항

각 부서활동의 지원에 관한 사항

교회 주요 재산의 관리에 관한 사항

기타 중요사항

④ 제직회는 분기에 1회 이상 소집하는 것을 원칙으로 하며, 다음 각 호의 경우 일주일 전에 광고하여 소집한다.

제직회장이 소집을 요구할 때

제직회원 3분의 1이상이 소집을 요구할 때

당회가 소집을 요구할 때

상회가 소집을 요구할 때

⑤ 제직회 활동을 위해 필요한 각 부서를 설치하며, 부서장은 집사, 권사 중에서 선임하되 필요한 경우 교인(성도)중에서 임명할 수 있다.

⑥ 제직회는 출석인원으로 개회하고 달리 규정이 없는 한 다수결로 의결하며, 인선에 관한 사항은 무기명투표를 원칙으로 한다.

제4절 기타조직(기관, 단체)

제20조 (필요한 조직 활동) 교회는 예수 그리스도의 지체로 파송된 교회의 사명을 효율적으로 달성하기 위해, 교인들이 자율적으로 필요한 기관이나 단체를 교회 안에 구성하여 활동하거나, 외부기관, 단체 등을 적극 지원하는 것을 장려함으로써 교회의 사명을 다하도록 노력한다.

제21조 (교회 내의 조직) 교회 안의 모든 기관, 단체는 회칙(정관), 사업계획 등을 당회에 제출하여 인준을 받은 후 자율적으로 활동하며, 사업성과와 재정 등에 대하여 연 1회 이상 감사를 받는 것을 원칙으로 한다.

제22조 (교회 밖의 조직) 교회는 교회의 목표를 연합으로 달성하기 위해 필요하다고 인정되는 외부기관, 단체 등의 활동을 적극 후원하며, 정기적으로 주요 추진 결과를 확인하여 그 유익함이 입증될 때는 지속적인 예산책정 등을 통해 장려해 나가는 것을 원칙으로 한다.

제3장 재산 관리

제23조 (재산) 교회의 재산이라 함은 교회 소유의 부동산, 동산 및 기타 일체의 재산을 말한다.

제24조 (재산관리) 교회의 재산에 대한 매매, 증여, 기증 기타 일체의 행위는 당회의 결의로써 한다. 교회재산에 관련된 행위의 의결 정족수는 재적 당회원 3분의 2 이상으로 한다.

제25조 (대표자) 교회재산의 처분 등 법률행위는 당회의 의결을 거쳐 당회장이 대표하여 한다.

제4장 재정 및 행정사무

제26조 (재정원칙) ① 교회의 재정은 치우치지 않고 선교, 교육, 구제 및 교회 운영에 있어서 균형 있게 배분하여 사용하는 것을 원칙으로 하며, 교회 재정의 최소 3분의 1이상은 교회 밖의 사역을 위해 실제로 집행되는 것을 원칙으로 하되 교회 분립 시 일정 기간은 유예할 수 있다.

② 교회의 재정 및 수입으로 발생한 수익에 대하여 교회를 위해 사용하는 것을 원칙으로 하며, 그 수익은 교회 내 회원들에게 분배하지 않는다.

③ (연말결산 잉여금 관리) 연말 결산에서 잉여금이 발생하면 당회에서 의결하여 운영하되 그 기준은 재정 기준의 규정을 따라야 한다.

제27조 (투명 공개 관리) ① 교회 재정 및 회계 관리는 내부 집행(신청 및 사용, 보고) 단계에서부터 투명성이 보장되어야 함은 물론, 정확한 근거자료를 제시하여 내부감사 및 외부감사에 착오가 발생되지 않도록 관리하여야 한다.

② 회계 담당 부서는 2개월마다 재정사용결과를 집계하여 당회와 제직회에 보고하여야 하며 그 내용을 교회 홈페이지에 등재하여 공개하여야 한다.

③ 기타 재정 관리를 위해 필요한 사항은 별도로 정하는 관리 기준에 따른다.

제28조 (예·결산 처리) ① 당회에서 교회의 전체 예산 규모와 원칙을 결정하기 위한 절차는 다음과 같이 한다.

매년 예산 확정을 위해 예산위원회를 둔다.

예산위원회는 제직회 각 부서 등의 예산 청원을 제출받아 당회의 예산원칙, 규모에 부합하는 예산 초안을 작성한다. 예산위원회의 초안을 당회에서 심의하여 공동의회에 상정하고 공동의회의 결의로 예산을 확정한다.

② 공동의회에서 예산을 수정하기 위해서는 계수조정 없이 의견을 첨부하여 당회에 통지하는 것을 원칙으로 하며, 당회는 공동의회의 의견을 반영한 수정안을 작성한 후 공동의회에

재상정한다.

③ 교회의 회계연도는 1월 1일부터 12월 31일까지로 한다.

④ 결산은 회계담당부서에서 작성하고 당회에서 심의한 내용을 감사보고서와 함께 공동의회에 제출하여 확정한다.

⑤ (추경 예산) 추가 예산 집행이 발생 했을 때 제직회의 심의를 거쳐 당회에서 의결하여 집행한다.

제29조 (사무국) 교회는 효율적인 행정관리를 위하여 사무국을 두며 필요한 사무직원 및 관리직원을 두어 상시 근무하게 한다.

제30조 (감사) ① 당회에서 제직회의 예산 사용에 대한 감사를 위한 절차는 다음과 같이 한다.

당회는 매년 감사를 위한 감사위원회를 둔다.

감사위원회의 위원장은 당회원 중 1인이 담당한다.

감사위원은 최대 8명을 두며 감사위원장의 추천을 통해 당회가 임명한다.

감사위원회는 연 1회 이상의 감사를 실시하며 상황에 따라 특별 감사를 실시할 수 있다.

② 감사위원의 임기는 2년으로 하며 감사위원장의 청원에 따라 1회 연임할 수 있다.

③ 교회는 최소 3년마다 회계관리 부분을 외부 감사기관에 의뢰하여 감사를 받아야 한다.

제5장 정관개정 등

제31조 (정관의 개정) 정관의 개정 절차는 다음과 같다.

① 개정안의 발의

당회의 요청이 있을 때

등록교인 3분의 1이상의 요청이 있을 때

② 심의가 필요한 경우 발의된 개정안의 심의를 위한 기구를 둔다.

③ 정관개정은 공동의회의 총 투표수 3분의 2이상으로 의결한다.

제32조 ① 교회는 목회자 등의 사례 등에 관한 연구를 위해 목회자 사례연구회를 둘 수 있다.

② 목회자 사례연구위원회 보고서는 별도의 개정이 있을 때까지 유효하다.

제33조 (일반관례) 이 정관에서 정하지 않은 사항은 총회와 노회의 관계규정 및 일반 관례에 따른다.

부칙

제1조 (시행일) 이 정관은 공동의회에서 통과한 날부터 시행한다.

제2조 (경과규정) 이 정관의 시행과 동시에 교회의 기존 정관은 그 효력을 상실한다.

(샘플 3: S시 M교회)

제1장 총칙

제1조 (명칭, 소재지) 본 교회의 이름은 (교회명)라 칭하고, (주소)에 소재한다.

제2조 (소속) 본 교회는 (총회) (노회) 소속으로 총회의 헌법을 존중하고 따른다.

제3조 (목적) 본 교회는 하나님을 즐거워하며, 하나님께서 성경을 통해 가르쳐 주신 바른 교회상을 정립하고, 하나님 사랑과 이웃 사랑을 몸으로 실천하여 하나님께 영광을 돌리는 것을 목적으로 한다.

제2장 교인

제4조 (교인) 교인은 그 신급에 따라 원입인, 학습인, 유아세례교인, 입교인(세례교인)으로 구분한다.

제5조 (등록절차) 다른 교회의 입교인이 본 교회에 등록하여 교회가 정한 소정의 교육과정을 이수하고, 무흠히 6개월이 경과하면 본 교회 입교인이 된다.

제3장 교회의 직원

제6조 (항존직원) 항존직원은 목사(말씀과 치리에 봉사하는 장로), 교인의 대표인 장로와 집사인데, 그 시무는 호적상의 생일기준으로 70세 되는 해 말까지로 한다.

제7조 (담임목사와 부목사) 담임목사는 교회를 대표하며, 공동의회에서 출석 교인 3분의 2 이상 찬성으로 청빙한다. 부목사는 담임목사를 보좌하는 임시목사로서 임기는 3년으로 하며, 당회원 3분의 2이상의 찬성으로 연임할 수 있다.

제8조 (담임목사와 장로의 안식년) 담임목사와 장로가 6년을 시무한 후에는 휴식과 영적 재충전을 위하여 3월 이상 1년 미만의 적정한 기간 동안 안식휴가를 갖는다.

제9조 (장로 집사 권사의 권고사임과 사직) 당회가 교인 태반의 불신임과 무관하게 장로 또는 집사와 권사를 권고사임 혹은 사직시키고자 하면 당회원 3분의 2이상의 찬성을 얻어야 한다.

제10조 (장로의 선택) 40세 이상 65세 이하의 남자 입교인으로 무흠히 7년을 경과하고 헌법 교회정치 제46조에 합당한 자로, 당회의 결의로 노회의 허락을 받아 공동의회에서 투표수 3분의 2이상의 득표로 선출한다.

제11조 (집사의 선택) 35세 이상 65세 이하의 남자 입교인으로 무흠히 5년을 경과하고 헌법 교회정치 제55조에 합당한 자로, 당회의 결의로 공동의회에서 투표수 3분의 2이상의 득표로 선출한다.

제12조 (권사) 권사는 교회의 임시직원으로서 정년은 70세까지이다

제13조 (권사의 선택) 45세 이상 65세 이하의 여자 입교인으로 무흠히 5년을 경과하고 헌법 교회정치 제68조에 합당한 자로, 당회의 결의로 공동의회에서 투표수 3분의 2이상의 득표로 선출한다

제14조 (서리집사) 무흠 입교인으로 2년을 경과하고 25세 이상 70세 미만인 자로 신앙과 덕행에 본이 되는 자를 당회가 서리집사로 임명할 수 있으며, 임기는 1년으로 한다.

제15조 (협동직원) 다른 교회에서 장로, 집사 권사로 시무하다가 본 교회에 이명하여 출석하게 된 자는 등록 후 1년이 경과하면 당회 결의에 의하여 협동직원이 될 수 있고, 등록 후 3년이 경과하면 협동장로는 장로로(2년이 경과하면 협동집사. 협동권사는 집사. 권사로) 취임을 위한 피선거권이 주어진다.

제16조 (은퇴직원) 60세 이상인 항존 직원이 정년 전에 스스로 은퇴를 자원하여 합법적으로 은퇴자의 지위를 부여받은 자나, 정년에 의해 은퇴한 자를 은퇴목사(장로, 집사, 권사)라고 칭한다.

제17조 (은퇴장로 예우) 다른 교회의 은퇴 장로로서 본 교회에 이명하여 출석하게 된 자는 등록 후 1년이 경과하면 당회의 결의로 본 교회의 은퇴장로와 같은 대우를 할 수 있다.

제18조 (직원 후보자의 선정) 직원 후보자의 선정에 있어 당회가 적당한 배수의 공천을 통해 후보자를 정할 수 있다. 그 자세한 자격 기준과 절차는 당회가 정하는 바에 따른다.

제19조 (후보자 공보제작) 후보자가 선정되면 후보자의 얼굴사진, 성명, 연령, 등록일, 장립일 등 간단한 신상정보를 공보로 만들어 교회에 알릴 수 있다. 공보상의 게재 순서와 표시 내용은 당회가 정한다.

제4장 공동의회

제20조 (회원) 본 교회의 무흠 입교인이 회원이 된다.

제21조 (소집) 공동의회는 다음과 같은 경우에 당회의 결의로 당회장이 소집하되, 시일. 장소. 안건을 1주일 전에 공고하여야 한다.

1. 정기회--연 1회 1월에 개회한다.
2. 임시회--1) 제직회의 청원이 있을 때
   2) 무흠 입교인 3분의 1이상의 청원이 있을 때

3) 상회의 지시가 있을 때

4) 당회가 부의한 안건을 처리 하고자 할 때

제22조 (개회성수) 공동의회 개회는 예정한 시일과 장소에 회집한 회원으로 가능하나, 회집한 수가 너무 적으면 회장은 시일을 다시 정하여 회집하게 할 수 있다.

제5장 당회

제23조 (조직) 시무목사와 장로로 구성한다.

제24조 (개회 성수) 목사 1인, 장로 2인 출석으로 개회 성수가 된다.

제25조 (회집) 매월 마지막 주일에 정기당회를 개최하며, 필요시 다음과 같은 경우에 당회장의 소집으로 임시당회를 가질 수 있다.

1. 당회장이 필요로 할 때
2. 장로 중 2인 이상의 소집 청원이 있을 때
3. 노회가 소집을 지시할 때

제26조 (당회의 직무) 헌법 교회정치 제85조에 의하고 교회의 제반 사무와 교회의 기본 재산을 관리한다.

제27조 (위원회) 당회는 상설위원회와 임시위원회를 두어 당회의 기능을 효율적으로 수행한다. 각 위원회의 조직과 구성, 위원의 임명은 당회가 하며, 각 위원회는 회의록과 함께 그 활동상을 기록하여 보존하고, 당회에 정기적으로 보고하며 당회의 지도를 받도록 한다.

제6장 제직회

제28조 (회원) 제직회의 회원은 시무목사, 장로, 집사, 권사로 하고, 당회의 결의로 강도사, 전도사, 서리집사, 협동장로, 협동집사, 협동권사에게 회원권을 줄 수 있다.

제29조 (소집) 제직회는 다음과 같은 경우에 제직회장이 소집한다.

1. 회장이 제직회를 필요로 할 때
2. 회원 3분의 1이상의 요청이 있을 때

제30조 (개회성수) 제직회 개회는 교회에 공고한 후, 예정시간에 출석한 자로 한다.

제31조 (제직회 안건) 제직회의 의결 사항은 다음과 같다.

1. 공동의회에서 의결한 예산 집행사항
2. 예산 추가 경정사항
3. 보통재산과 특별헌금 관리사항
4. 기타 중요사항

제32조 (회의) 매 분기마다 정기제직회를 실시하며, 필요시 임시회의를 소집할 수 있다. 경우에 따라서는 확대제직회를 개최할 수 있는데, 이때는 당회의 결의로 은퇴장로, 은퇴집사, 은퇴권사에게도 회원권을 부여할 수 있다.

제7장 재정

제33조 (회계연도) 본 교회의 회계연도는 매년 1월 1일부터 12월 31일까지로 한다.

제34조 (예산수립) 담임목사의 익년 목회계획을 받아 각 위원회가 부서별 예산요청서를 제출하면, 이를 결산에 반영하여 예산위원회가 12월 중으로 예산을 수립하고 당회를 거쳐 공동의회에서 최종적으로 결정한다.

제35조 (회계보고) 매분기마다 정기제직회를 통하여 분기별로 결산을 하고, 연말 총결산은 재정부가 정리한 것을 당회와 제직회를 거쳐 공동의회에서 승인받아야 한다.

제36조 (영수증) 모든 지출은 지출 결의서에 담당 부서장과 위원장의 서명을 받아 출납하여야 하며, 지출된 금액에 대하여는 영수증이나 증빙자료를 남겨야 하고, 부득이한 경우 내역을 소명할 수 있는 별도의 자료를 첨부하여야 한다.

제37조 (재정관리) 교회의 일반재정은 재정부가 관리하고 특별위원회가 운용하는 재정은 위원회별로 관리하되, 위원회 활동 기간 중 당회와 제직회에 진행상황을 보고하여야 한다. 특별위원회 재정은 위원회 활동이 끝난 후 공동의회의 승인을 받아 일반재정으로 전환할 수 있다.

제8장 재산관리

제38조 (명의) 본 교회의 모든 재산은 (교회명) 명의로 등기한다.

제39조 (관리) 기본 재산의 취득, 매도, 증여, 교환, 담보 또는 용도를 변경하고자 하는 결의는 당회에서 3분의 2이상의 결의와 공동의회에서 3분의 2이상의 결의로 하되, 사택이나 교육시설의 매입, 매도, 임대차, 권리설정 등은 당회의 3분의 2이상의 결의로 시행하고, 당 해 결산 공동의회에서 추인을 받도록 한다.

제40조 (동산의 관리) 교회재산 중 동산은 관리부서가 품목과 수량, 상태, 이력 등을 기록한 대장을 만들어 비치 관리한다.

제41조 (교회당 사용) 예배와 교육, 성도의 친교 같은 통상적인 사용목적 외에 다른 목적으로 타 기관이나 개인이 교회당의 사용을 요청할 때는 당회의 허락을 받아야 한다.

제9장 감사

제42조 (범위) 본 교회는 감사위원회를 두어 교회재정 및 교회 예산을 지원받는 부서의 회계 및 행정, 서무 기타 제반 분야에 대하여 감사하게 하며, 감사위원회는 그 감사 결과를 년 1회 이상 당회와 공동의회에 보고하여야 한다.

제43조 (외부감사) 재정이 일정 규모 이상으로 증가하면 외부 감사를 의뢰할 수도 있다.

제44조 (위원구성) 감사위원은 장로, 집사, 권사를 포함하는 복수로 구성하고 임기는 1년으로 하되 1회 연임할 수 있다.

제10장 유급직원, 유급봉사자

제45조 (관리인, 사무원) 세례교인으로서 60세 이하인 자를 원칙으로 하며, 당회의 결의로 임용한다. 근로조건, 급여, 임기 등 계약내용은 별도의 규정에 의한다.

제46조 (유급봉사자) 교회의 모든 봉사는 가급적 무급의 자원하는 마음으로 할 것이나 성가대지휘자, 성악전공자, 기악전공자, 식당봉사자 등 특수직능의 봉사자는 유급봉사자를 둘 수 있다. 세례교인으로서 60세 이하인 자를 원칙으로 하며, 해당위원회의 추천으로 당회가 정한다. 임기는 1년으로 하며 연장할 수 있다.

제47조 (당회원의 가족) 당회원과 그의 직계 존비속은 유급직원이 될 수 없다.

제11장 교회의 의례와 예전

제48조 (임직식) 직원의 임직식은 감사예배와 함께 거행하되 하나님께 드리는 예배와 사람을 축하하는 예식, 축하연과는 분리한다.

제49조 (임직식 준비) 규모에 따라 준비위원회를 구성하여 운영할 수 있으며, 모든 경비는 교회의 부담으로 하고 개인에게 부담시키지 않는다. 다만 임직자가 당사자로서 하나님께 감사하는 것은 자신의 방법대로 하면 된다.

제50조 (결혼식) 교인의 결혼식은 당사자 모두 학습인 이상이어야 하며, 원칙적으로 교회당에서 다른 교인과 함께 담임목사의 주례로 예배할 것이나, 혼주측이나 교회의 사정상 다른 장소에서 거행하는 것을 양해할 수 있다.

제51조 (장례식) 본 교회 교인과 그의 직계존비속의 장례는 교회주관으로 담임목사가 주례하며, 그 외의 경우에는 위로예배를 드릴 수 있다.

제12장 부칙

제52조 (미규정사항) 본 정관에 명시되지 아니한 사항은 필요한 경우 위원회별 세칙을 마련하여 시행하며, 헌법과 본 정관에도 규정되지 않은 사항은 사안에 따라 당회나 공동의회를

통해 결정한다.

제53조 (효력) 본 정관은 공동의회에서 2/3 이상의 찬성으로 통과되고, 통과 즉시 발효된다.

제54조 (개정) 본 정관의 개정은 당회의 결의나 공동의회원 3분의 1이상의 서면상의 요구로 발의되고, 공동의회에서 3분의 2이상의 찬성으로 개정된다.

(샘플 4: Y시 Y교회)

제1장 총칙

제1조(명칭) 본 교회는 (교회명)라 칭한다.

제2조(소속) 본 교회는 (교단명) (노회명)에 소속한다.

제3조(위치) 본 교회는 (주소)에 위치한다.

제4조(목적) 본 교회는 신구약 성경이 신앙과 생활에 관한 유일의 법칙임을 고백하는 칼빈주의 정통신학 위에서 예배, 선교, 교육, 봉사의 사명을 수행하는 것을 목적으로 한다.

제2장 공동의회

제5조(조직) 공동의회는 18세 이상의 무흠 세례교인(입교인)으로 조직한다.

제6조(임원) 공동의회 의장은 당회장으로, 서기는 당회서기로 한다.

제7조(회의) 의장은 1주일 전에 공동의회 소집을 공고하고, 개회는 출석수로, 의결은 다수결로 한다. 단, 장로선택은 투표회원 3분의 2이상, 집사, 권사선택은 투표 회원 2분의 1이상의 득표를 요한다.

제8조(안건) 공동의회는 다음과 같은 사안을 의결한다.

1. 예산 · 결산안, 추가경정예산안심의 의결
2. 교역자 청빙
3. 항존직 선출
4. 상회 및 각위원회에서 제시한 사항 및 기타 주요 사항

제3장 당회

제9조(조직) 당회는 본 교회의 시무목사, 장로로 조직한다.

제10조(임무) 당회의 임무는 다음과 같다.

1. 교인의 영적 생활을 돌보며, 예배와 세례 · 성찬식을 관장한다.
2. 교회학교, 찬양대, 교구(구역)등 공적 조직원을 임명하고 그들을 지도 감독하며, 교회의

신령적 유익을 도모한다.

3. 장로, 집사, 권사를 임직하고 서리집사의 임명과 이명증서교부와 접수를 관장하며 접수시 해당 당회에 접수를 통지하며 기타 인사행정을 관장한다.

4. 교회 재정을 감독하고 각종 헌금수집 방안을 협의실시하며 교회 부동산의 취득·관리·처분에 관한 사항을 관장한다.

5. 노회에 파송할 총대를 선정하고, 교회 현황을 보고하며, 청원건을 제출한다.

6. 교회의 평화와 질서를 유지하며 행정과 권징(치리회는 헌법에 준함)을 관장한다.

제11조(회의)

1. 매월 정기 당회를 소집하고, 임시 당회는 당회장이 필요로 할 때, 또는 회원 과반수의 요청이 있거나 상회의 요청이 있을 때 이를 소집한다.

2. 재적회원 과반수로 개회하고 출석회원 과반수로 의결한다. (다만, 담임목사 청빙은 출석회원 3분의 2이상의 찬성을 요한다.)

3. 원로목사, 원로장로, 은퇴장로는 언권회원으로 당회에 출석할 수 있다.

제12조(특별위원회) 본 교회는 다음과 같은 위원회를 둔다.

기획위원회-당회장, 당회 서기, 총무위원장, 예배위원장, 교육위원장, 선교위원장, 재정위원장으로 구성하며, 당회장이 위원장이 되어 교회의 조직과 운영을 기획하고, 교역자 청빙, 직원 채용 및 그 보수와 관련된 업무를 분장한다.

인사위원회-당회원 전원으로 하되 부목사 및 전도사, 직원은 별도위원을 선임하여 운영할 수도 있다.

장학위원회-당회장, 당회서기, 총무위원장, 교육위원장, 재정위원장

예결위원회-장로는 당회에서 참가범위를 결정하고, 안수집사 및 권사는 재정부 인원을 제외한 각 1인으로 한다.

공천위원회-장로 4명, 안수집사 3명, 권사 2명, 교육기관 부장 2명

감사위원회-위원장 1명, 행정감사위원 1명, 재정감사 1명 (상시 편성하지 않고 필요시 편성 및 운영할 수 있다.)

제13조(특별위원회 구성 및 규정) 특별위원회의 구성 및 규정은 당회에서 결정하며, 필요시 운영할 수 있다

제14조(부설기관) 본 교회는 다음과 같은 부설기관을 둔다.

1. (이름)경로대학

제15조(부설기관 규정) 본 교회 부설기관의 규정은 따로 정한다.

제4장 제직회

제16조(조직) 본 교회 제직회는 시무목사, 장로, 집사, 권사, 서리집사, 전도사로 조직한다. 단, 은퇴한 장로, 집사, 권사는 언권회원이 된다.

제17조(임원) 본 교회 제직회는 다음의 임원을 둔다.

1. 회장 1인
2. 서기 1인
3. 부서기 1인
4. 회계 1인(지출)
5. 부회계 1인(수입)

제18조(선거) 제직회의 회장은 담임목사로 하고, 서기 이하 임원은 제직회에서 선출한다.

제19조(회의) 정기 제직회는 격월로 회장이 소집하며, 임시 제직회는 회장이 필요하다고 생각할 때, 또는 제직회원 3분의 1이상의 요청이 있을 때 이를 소집한다.

제20조(회의) 제직회의 개회는 출석수로, 의결은 다수결로 한다.

제21조(부서) 제직회에는 다음과 같은 부서를 두고 그 소관 업무를 수행한다.

1. 총무위원회-본 교회의 행정, 기획 및 업무전반에 대하여 총괄한다. 위원회 내에 총무부, 기획전산부, 역사기록부를 둔다.
2. 예배위원회-본 교회의 예배 관련 업무를 담당한다. 위원회 내에 예배부, 방송부, 미화부, 안내부를 둔다.
3. 음악위원회-찬양대와 찬양단의 지도 감독 및 대내외 찬양관련행사를 총괄한다.
4. 교육위원회-본 교회 교회학교 및 청, 장년에게 구원의 확신을 가지게 하고 참된 예배자가 되게 하며 교육부서에 대한 발전적인 교육방향을 제시하고 교회교육을 총괄한다.
5. 선교위원회-본 교회의 국내, 외선교 업무를 담당한다. 위원회 내에 선교부를 둔다.
6. 전도위원회-지역 실정에 맞는 장년 전도 및 교회학교별 각종 전도방안을 수립 시행할 수 있도록 하고 각종 전도대를 조직운영 및 지도 감독한다. 위원회 내에 전도부, 특별전도대, 심방부를 둔다.
7. 새가족위원회-등록한 교인에 대한 교육 및 양육을 담당한다. 위원회 내에 영접부, 양육부를 둔다.
8. 봉사위원회-대내외 각종 봉사 및 교회 내 응급환자 조치와 의료봉사 업무를 담당한다. 위원회 내에 봉사부, 의료부를 둔다.
9. 관리위원회-교회의 동산(비품,차량), 및 주차관리를 담당한다. 위원회 내에 차량관리부, 비품관리부를 둔다.

10. 시설위원회-교회 내 모든 건물과 사택 관련 시설에 대한 유지, 보수업무를 관장한다. 위원회 내에 재산관리부를 두며 승강기 및 소방책임자를 임명 관장해야 한다.

11. 사회위원회-교회 내 자치기관 및 교회학교를 제외한 각부를 관장하며 교회 내 형편이 어려운 성도를 파악하고 지원하며 대외업무를 검토 관장한다. 위원회 내에 천사사랑부, 두리두리부, 농아부, 자선부, 동아리부, 경로대학을 둔다.

12. 경조위원회-교회 성도의 길흉사를 관장하며 부활 동산을 관리 및 통제한다. 위원회 내에 경조부, 접대부를 둔다.

13. 재정위원회-본 교회의 회계 관련 업무를 분장한다. 위원회 내에 회계(지출)와 부회계(수입)를 둔다.

제22조(제직회 실행부서장) 제직회의 실행부서의 위원장은 시무장로로 하되 시무 장로수에 따라 위원회를 임시통합 운영하거나 증, 감 할 수 있다.

제5장 교회 직분 및 직원

제23조(직분과 직원)

1. 본 교회의 직분은 항존직과 임시직으로 나눈다.
   ① 항존직: 목사, 장로, 집사, 권사
   ② 임시직: 전도사, 서리집사
2. 교회의 원활한 행정을 위해 유급직원을 둘 수 있다.

제24조(정년)

1. 항존직의 정년은 70세로 한다. 단, 본인의 의사로 그 이전에도 사임할 수 있다.
2. 유급직원의 정년은 60세로 하고 건강상태에 따라 당회에서 연장하고 제직회에 보고한다.
3. 은퇴자 선물: 원로장로, 장로, 안수집사, 권사 은퇴패 또는 공로패를 증정한다.

제25조(휴가)

1. 담임목사 및 부교역자에게는 7일간의 휴가를 허용한다.
2. 유급 직원에게 5일간의 휴가를 허용한다. (6개월 이상 근무자)

제26조(안식년) 본 교회의 안식년은 시무기간을 10년으로 한다. (기간은 3개월 이내)

제27조(임용) 본 교회 직분과 직원의 임용 및 퇴임에 관한 업무는 당회와 총무위원회가 주관하되 최종 의결은 당회원 과반수의 찬성을 요한다.

제6장 선거와 임명

제28조(항존직)

1항 자격

1. 장로: 상당한 식견과 통솔능력이 있는 자로 안수집사, 권사 임직 후 3년이 경과한 45세 이상인 자라야 한다.

2. 집사: 교우들의 신임을 받고 진실한 신앙과 지혜의 분별력이 있고 서리집사로 연속하여 5년 이상 임명되고 40세 이상인 자라야 한다.

3. 권사: 신앙생활이 교인의 모범이 되고 각종 봉사를 기쁨으로 하며 전도 및 심방 능력이 있고 서리집사로 연속 5년 이상 임명되고 45세 이상인 자라야 한다.

4. 장로, 집사, 권사 공예배 출석은 교인들의 본이 되어야 하며, 십일조는 반드시 하는 자라야 한다.

2항 선거 및 교육

1. 항존직은 본 교단의 헌법에 준하여 선출하되, 피택자가 예정 인원에 미달 된 때에는 배수를 공천하여 투표한 결과 정원보다 많은 수가 피택권 내에 들었을 때에는 득표순으로 예정 인원만 선출한다.

2. 항존직을 선출할 때에는 주보에 4주 전에 광고하여 교인들에게 선거 일시를 주지시킨다.

3. 장로는 피선된 후 6개월 이상, 당회 아래서 교양을 받고 노회 고시에 합격하여야 한다.

4. 집사와 권사는 3개월 이상 당회 아래서 교양을 받고 시취 후 안수한다.

제29조 목사(청빙, 위임 및 사직)

1항 본 교회 담임목사 지원 시 정관 제29조를 확인하고 이 규정에 동의한 목사에 한해 지원서를 제출해야 한다.

2항 본 교회에 청빙 된 담임목사는 3년 시무 후 당회 의결을 거쳐 공동의회 투표자의 3분의 2이상 위임 찬성 시 위임한다.

3항 위임 부결시 담임목사로 시무한다.

4항 위임목사 사직

1. 교회적으로나 사회적으로 물의가 있거나 본 교회 위임목사로서 교회 부흥이 곤란하다고 당회가 의결하여 공동의회에서 투표자의 과반 이상이 시무 반대 시 자의 사직하여야 한다.

2. 4항 1은 총회 헌법에 우선하여 준수하여야 하며 이를 위해서 시무 전 본 규정에 기명날인 한다.

제30조(전입자) 타 교단이나 본 교단의 타 교회에서 전입한 항존직은 다음과 같은 절차로

취임할 수 있다.

1. 본 교단의 타 교회에서 전입해 온 항존직은 이명 증서를 접수한 날로부터 1년이 경과한 뒤, 당회의 심의를 거쳐, 공동의회에서 장로의 경우 투표회원 3분의 2이상, 집사·권사의 경우 투표회원 2분의 1이상의 득표로 신임을 얻어 취임할 수 있다.

2. 타 교단에서 전입한 항존직은 총회 헌법에 준하여 임직 절차를 밟아 취임(안수)할 수 있다.

제31조(서리집사) 서리집사는 교구별로 구역장의 추천을 받아, 당회의 심의를 거쳐 당회장이 임명하되, 다음 각 항에 해당하는 자로 한다.

1. 30세 이상(기혼자) 69세 이하의 교인 중 무흠 세례교인(입교인)으로서 1년이 도래하는 자로 본 교회가 실시하는 소정의 서리집사 교육을 수료한 교인

2. 타 교회(교단 무관)에서 서리집사로 봉직하다가 본 교회에 6개월 이상 출석한 자는 당회심사 후, 본 교회가 실시하는 소정의 서리집사 교육을 수료한 교인

3. 본교회 출석 청년(미혼)은 35세 이상 시 서리집사 대상이 됨

제32조(교회조직) 교회 조직원 임명 절차는 다음과 같다.

1. 해당 위원회는 매년 11월 15일까지 대상자를 선정하여 공천위원회(당회 경유)에 제출한다.

2. 당회는 공천위원회에서 제출된 '임명제청서'를 심의한 후 12월 첫째 주 중에 위의 부서 및 교구의 직분자들을 임명한다.

제7장 교인

제33조(명칭) 본 교회 교인은 본 교회 공동예배에 출석하면서 성부, 성자, 성령 삼위일체이신 하나님을 믿는 자들로 하고, 교인이라 부른다.

제34조(신급) 본 교회 교인의 신급은 당회가 심사하여 다음과 같이 정한다.

1. 원입교인: 예수를 믿기로 결심하고 공동예배에 참석하는 자

2, 유아세례교인: 세례교인(입교인)의 자녀로 2세 미만에 유아세례를 받은 자

3. 세례교인(입교인): 유아세례교인으로 15세가 되어 입교 문답을 거친 자 또는 세례를 받은 자

제35조(의무) 교인의 의무는 공동예배 출석과 헌금 및 교회 치리에 복종하는 것이다.

제36조(권리) 입교인은 성찬 참예권과 공동의회 회원권을 갖는다. 단, 공동의회 회원권은 18세 이상일 때 주어진다.

제37조(이명) 교인은 이주하거나 기타 사정으로 본 교회를 떠날 때는 6개월 이내에 소속 당

회에 이명 청원을 하여야 한다.

제38조(출타) 본 교회 교인은 학업, 병역, 직업, 해외(여행)근무 등의 사유로 인하여 6개월 이상 본 교회를 떠나야 할 경우에는 당회에 이를 신고하여야 한다.

제39조(자격정지, 실종) 교인이 신고 없이 교회를 떠나 교인의 의무를 이행치 않고 6개월이 경과하면 공동의회 회원권이 정지되고 1년을 경과하면 실종 교인이 된다.

제40조(복권) 교인 중 자격 정지된 자가 다시 본 교회로 돌아왔을 때는 6개월이 경과한 후 당회의 결의로 복권될 수 있고, 실종되었던 교인은 1년이 경과한 후 복권될 수 있다.

제8장 자치기관

제41조(자치기관) 본 교회는 다음과 같은 자치기관을 둔다. (이하 생략)

제42조(기타 자치기관) 장로협의회, 안수집사회, 권사회, 항존직 은퇴자회 등은 기타 자치기관으로서 당회는 그 기관의 규정 혹은 회칙을 검토한 후 존치를 허락할 수 있다.

제43조(자치기관 정관) 각 자치기관은 필요할 경우 자체의 정관을 제정하여 당회의 인준을 받는다.

제9장 교회학교

제44조(교회학교) 본 교회는 아래와 같은 교회학교를 둔다.

1. 영 · 유아부 2. 유치부 3. 초등부 4. 중 · 고등부 5. 청년1부 6. 청년2부 7. 장년부

제45조(운영규정) 교회학교 운영규정은 따로 정한다.

제10장 찬양대

제46조(찬양대) 본 교회는 아래의 찬양대를 둔다. (이하 생략)

제47조(지도위원) 각 찬양대와 찬양단은 음악위원장이 지도 감독하며, 단(대)장은 당회에서 임명한다.

제48조(중창단) 본 교회는 예배를 돕기 위해 자생적으로 조직되는 남성중창단, 여성중창단, 혼성중창단을 자비량 봉사단체로 간주한다. 다만, 본 교회 이름으로 대외적인 활동을 할 때에는 음악위원장의 지도를 받으며, 그 사실을 담임목사에게 보고한다.

제49조(찬양대 규정) 찬양대 규정은 따로 정한다.

제11장 결혼식 주례 및 건물사용,관리

제50조 결혼식 주례 및 교회시설이용 결혼식은 신랑, 신부 두 사람이 세례교인이어야 한다.

제51조 교회 소방안전 관리 책임자를 임명하고 필요한 교육을 받게 하고 규정에 의거 점검해야 한다.

제52조 교회 승강기 안전관리를 위해 책임자를 임명하고 승강기 안전관리 규정에 의거 점검 및 수리를 해야 한다.

제53조 타교회 또는 타기관으로부터 교회 건물사용 요청시 당회 승인을 받아야 한다.

제54조 주일 결혼식에 대해서는 교회 광고를 하지 아니한다.

제12장 기타 규정은 다음과 같다

(1) 교회 재정 관리규정 (2) 교회 장학규정 (3) 교회 당직(일직)규정 (4) 교회 차량 관리규정 (5) 동산 관리 및 장례 규정 (6) 소방안전 관리규정

제13장 부칙

제1조(개정) 본 정관은 당회의 결의로 개정할 수 있다.

제2조(발효) 본 정관은 년 월 일부터 발효한다.

저자소개

학력 | 연세대학교 신과대학 졸업
장로회신학대학교 신학대학원 목회학 석사 졸업
장로회신학대학교 대학원 기독교교육학 석사 졸업
미국 보스턴대학교(Boston University) 신학 석사 졸업
미국 플로리다대학교(University of Florida) 교육학 박사 졸업
미국 하버드대학교(Harvard University) 케네디 스쿨 NGO 전문교육연수 수료

경력 | 前 동안교회 청소년부 전도사, 목사
前 대한민국 공군 군종목사
前 평화교회 교육 협력목사
前 인도네시아 주님의교회 목사
前 플로리다 게인스빌 한인교회 교육목사, 부목사, 청년유학부 목사
前 세광교회 교육총괄 목사, 청년부 목사
前 여전도회전국연합회 계속교육원 강사
前 연세대학교 강사
現 플로리다 게인스빌 한인교회 협동목사
現 서소문교회 청년부 목사
現 전국 청소년수련회, 부흥회, 교사대학 및 세미나 강사
現 한국기독교교육학회 임원
現 다음세대를 위한 번개탄TV 감사
現 코리아바이블로드선교회 이사
現 대한민국교육봉사단 공동대표
現 두레자연중,고등학교 이사
現 더작은재단 자문교수
現 기독교교육리더십연구소 소장
現 장로회신학대학교 교수

저서 | 비전을 심어주는 청소년 사역 매뉴얼 (쿰란출판사, 2007)
비전으로 인생을 연주하라 (예영 커뮤니케이션, 2009)
출애굽기, 그 다음은 뭐였더라? (공저, 하늘산책, 2011)
기독교교육행정학의 이론과 실제 (민영사, 2015)
너는 커서 어떤 나무가 될래? (생명의 말씀사, 2016)
교회교육 현장으로 나가다 (공저, 동연, 2016)
2016 대림절 묵상집 "주님을 기다리며" (공저, 동연, 2016)
이 시대에 필요한 기도 트렌드 (민영사, 2017)
제4차 산업혁명시대의 교육목회 (공저, 기독한교, 2017)
(개정판) 기독교교육행정학의 이론과 실제 (민영사, 2018)
청소년 사역자 (공저, 민영사, 2019)
사춘기 자녀 웃으며 키우기 (두란노, 2020)
재난 시대를 극복하는 한국교회 (공저, 킹덤북스, 2020)
코로나19를 넘어서는 기독교교육 (공저, 동연, 2020)
기독교 학교, 교회에서의 인사행정 (민영사, 2021)

*저자 특강 문의) 이메일: newant99@gmail.com

기독교교육행정학의 이론과 실제(제3판)

지은이	김성중
펴낸날	2015년 9월 1일 초판
	2018년 9월 1일 개정판
	2021년 8월 15일 제3판
펴낸이	김동현
펴낸곳	민영사
주소	서울시 성동구 독서당로 39길 43 1층
전화	(02) 711-1224~5
팩스	(02) 711-1226
등록	2014년 1월 1일 제2014-000001호
Home	http://www.minyoungsa.com
E-mail	myspub@hanmail.net

값 10,000원

ISBN 979-11-86378-38-0 93230